国外技术性贸易措施影响规律与应对策略

中华人民共和国 WTO/TBT 国家通报咨询中心
中华人民共和国 WTO/SPS 国家通报咨询中心 著

中国质检出版社
中国标准出版社

北 京

图书在版编目（CIP）数据

国外技术性贸易措施影响规律与应对策略/中华人民共和国 WTO/TBT 国家通报咨询中心，中华人民共和国 WTO/SPS 国家通报咨询中心著. —北京：中国质检出版社，2016.9

ISBN 978－7－5026－4345－4

Ⅰ.①国…　Ⅱ.①中…　②中…　Ⅲ.①技术贸易—研究—国外
Ⅳ.①F746.17

中国版本图书馆 CIP 数据核字（2016）第 207375 号

中国质检出版社
中国标准出版社 出版发行
北京市朝阳区和平里西街甲 2 号（100029）
北京市西城区三里河北街 16 号（100045）
网址：www.spc.net.cn
总编室：（010）68533533　发行中心：（010）51780238
读者服务部：（010）68523946
中国标准出版社秦皇岛印刷厂印刷
各地新华书店经销
*
开本 880×1230　1/16　印张 13.5　字数 370 千字
2016 年 9 月第一版　2016 年 9 月第一次印刷
*
定价：280.00 元

编写委员会

主　　编　张沁荣

副 主 编　张宝峰　石宝祥　陈洪俊　韩建平
　　　　　陈　锐

执行副主编　马列贞　张　蓉　林　海　聂爱萍

委　　员（按姓氏笔画排列）

山　巍　马　昕　王　琳　王　智
王力舟　王金凤　王金钢　石长华
石璐璐　刘　颖　孙文康　李书舒
李仕平　李建伟　李建军　杨　松
张宇君　张际文　武跟平　林　伟
金弘曼　郑　浩　赵文胜　赵明刚
胡　波　黄　婷　黄冠胜　崔　路
宿忠民　彭　栋　焦　阳　曾　弢
蔡宝亮　阚　宏

主要编写人员

（按姓氏笔画排列）

邓　杰	石长华	石璐璐	白云霞	邢春水
吕　超	朱　虹	许海彬	李　慧	李　明
李文妍	李书舒	李京蕾	沈　华	张　蓉
张　菊	张宇君	陈慧敏	苑晓玲	林海燕
郑　浩	胡　亮	钟少颖	徐　勋	唐明文
黄　婷	蒋国辉	程光伟	程鉴冰	褚　栋

前言 PREFACE

技术性贸易措施为世界贸易组织（WTO）《技术性贸易壁垒协定》（《TBT 协定》）管辖的技术法规、标准、合格评定程序（TBT 措施）和《实施卫生与植物卫生措施协定》（《SPS 协定》）管辖的食品安全和动植物卫生措施（SPS 措施）的统称。根据 WTO 发布的《世界贸易报告 2012“贸易与公共政策：近距离观察 21 世纪的非关税措施”》，TBT 和 SPS 措施已经成为对国际贸易影响最大的非关税措施和最主要的贸易障碍。调查表明，2005～2014 年，我国平均每年有 32.6%的企业在出口过程中受到国外技术性贸易措施的影响，造成直接损失共计 5528.8 亿美元，新增成本 2191.3 亿美元，技术性贸易措施已成为仅次于汇率对中国出口影响第二大的贸易障碍。

为充分享受和履行 WTO 赋予我国的权利和义务，国务院于 2002 年在国家质检总局设立中华人民共和国 WTO/TBT－SPS 国家通报咨询中心。2003 年，由国家质检总局牵头、17 个部委参加成立了全国技术性贸易措施部际联席会议，承担组织协调全国技术性贸易措施工作，自 2005 年起开展年度“国外技术性贸易措施对我国出口企业影响调查”，分析和研究我国出口企业受国外技术性贸易措施影响的实际损失情况和相关需求，为政府和行业的决策与应对提供技术支持，每年发布《中国技术性贸易措施年度报告》，调查结果受到国内外政府、企业和研究机构的高度关注。

2015 年恰逢该项工作开展十周年，为研究调查数据蕴含规律，在对 2005～2014 年国民经济发展及全球技术性贸易措施发展趋势分析的基础上，从全国、行业、进口国、企业规模、省份等多维度对历年调查数据开展研究，并围绕“一带一路”、长江经济带、京津冀协同发展等国家宏观经济战略，提出技术性贸易措施服务国家发展战略的思路和建议。

本书客观还原过去十年技术性贸易措施对我国出口企业的实际影响情况，科学分析技术性贸易措施对贸易的短期抑制作用及中长期对技术进步和产业转型升级的积极作用，梳理技术性贸易措施对经济和产业的独特影响规律，把握全球经济形势和我国外贸发展全局，找准技术性贸易措施工作与产业需求共振的脉搏，厘清政府和市场在应对技术性贸易措施方面分别发挥的作用。全书依托技术性贸易措施从业专家和社会智库，致力于为今后我国技术性贸易措施相关工作开展奠定坚实的基础。

本书的撰写得到国家质检总局、海关总署、国家统计局、全国组织机构代码管理中心、有关省（市）商务部门、北京科技大学经济管理学院等有关单位的大力支持和指导帮助，由中华人民共和国 WTO/TBT－SPS 国家通报咨询中心，中国科学院科技政策与管理科学研究所，上海、宁波、深圳、江苏、广东、山东、河南、湖北、浙江、河北、黑龙江、重庆、新疆出入境检验检疫局，江苏省、广西壮族自治区标准化研究院等多家机构、30 余位专家学者参与研究和编撰。在此，特向所有对本书做出贡献的单位和专家表示衷心的感谢！

作　者

2015 年 11 月 6 日

目录 Contents

第一章　2005～2014年中国国民经济与全球技术性贸易措施发展趋势

内部资源禀赋和外部政治经济环境是一个国家选择发展道路的关键决定因素。改革开放后，中国实际上走的是一条出口导向的发展路径，这是基于中国劳动力资源丰富与缓和的国际政治经济形势的内外部条件的必然选择。2001年中国加入世界贸易组织后，中国经济发展的超高速度、中国对国际经济规则的适应能力和中国对国际政治经济治理体系的重塑能力都超出了西方世界的预期。尤其是在2008年全球金融危机之后，中国与西方世界的关系以及中国在国际经济治理体系中的地位都在发生深刻的变化。这种外部条件的改变和中国人口红利逐步消失的内部条件的变化要求中国必须调整出口导向的发展模式。

技术性贸易措施是国际贸易规则制度体系的重要组成部分，是政府针对信息不对称、负外部效应及社会公共物品供应不足等市场扭曲行为进行干预的重要手段，是创新技术产业化、市场化的关键环节，是企业参与国际合作与竞争、保障产业利益和经济安全的重要方法，在我国经济发展进入新常态、面临新挑战的新形势下，科学分析和客观把握技术性贸易措施的利弊影响，有利于深刻理解和全面认识技术性贸易措施工作对经济社会发展不可替代的贡献作用，对推动外贸健康发展、促进经济转型升级具有重要意义。

第一节　国际贸易体系的调整和中国的角色

一、全球视野：国际经济治理结构的调整和转换

在过去的20多年中，全球经济正在经历一场结构性转变：经济中心从西方发达国家逐步向东方新兴国家倾斜。新兴和发展中国家经济体正在成为全球经济发展的新引擎，南南合作加强，并引领了新的贸易格局（见图1－1和图1－2）。金融危机时新兴经济体的增长速度超过了发达国家，同时也使得人均收入趋同的趋势得到了加强。

目前，大部分发展中国家已经平稳度过了本轮金融危机。到2012年年底，许多新兴国家经济都已经基本恢复到它们危机前的水平。但是，一些发达国家仍然面临困境，如高失业率、经济增长疲软和不平衡的增长等，以及大量的财政稳固需求（见图1－3～图1－6），这都说明发达国家的经济仍然处在持续的深度调整过程中。

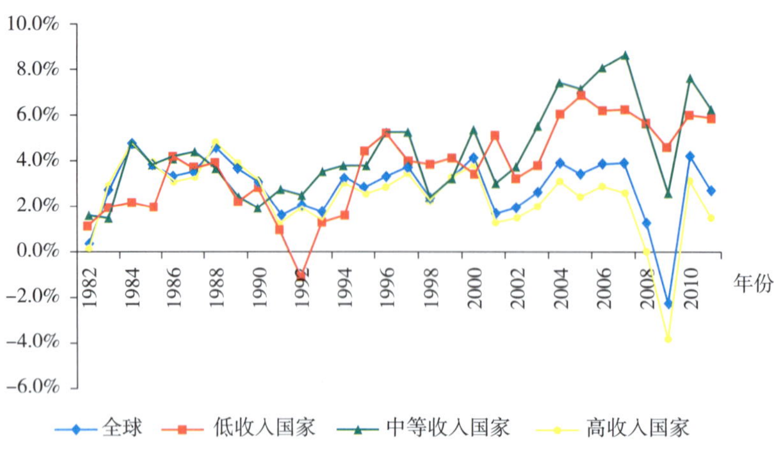

图 1－1　不同收入国家 GDP 增速

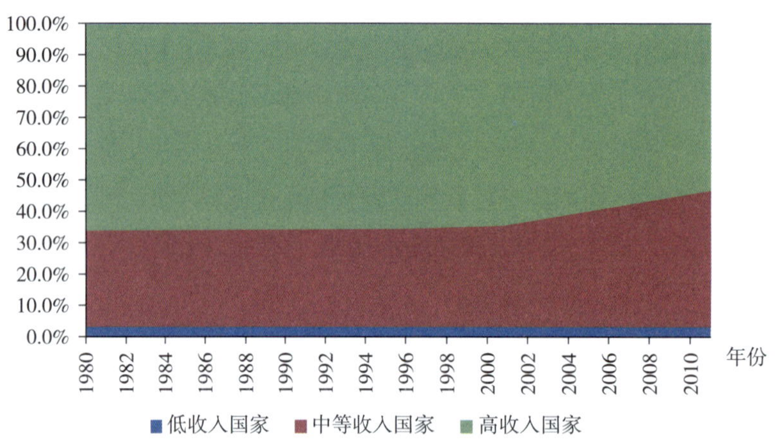

图 1－2　不同收入国家 GDP 占全球 GDP 比重

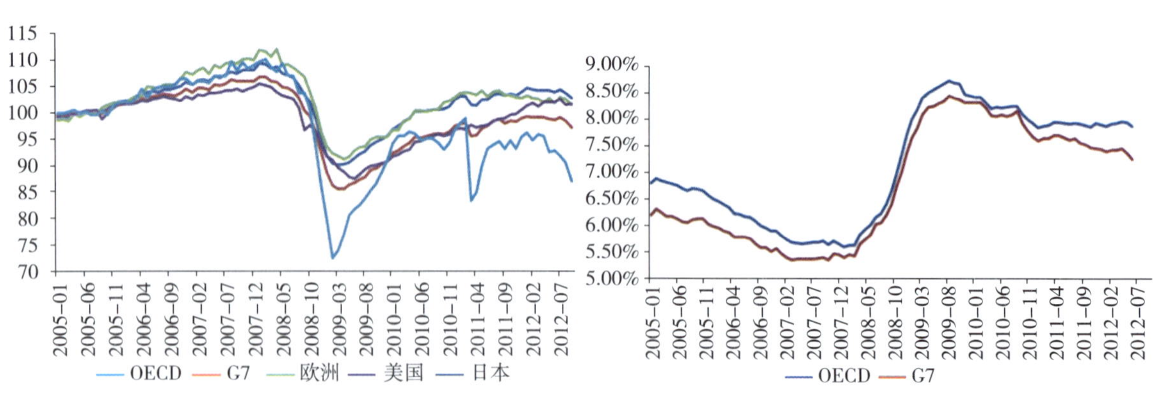

图 1－3　发达国家的工业生产指数变动情况

图 1－4　发达国家失业率变化情况

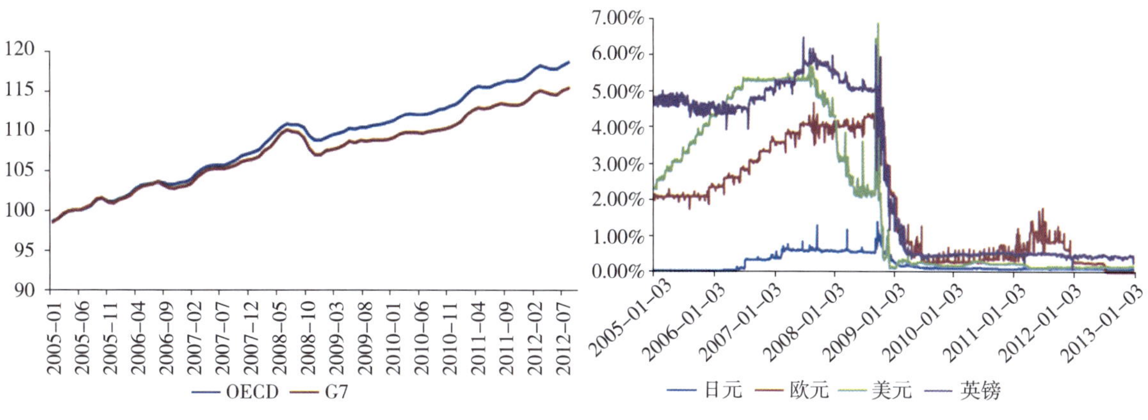

图 1-5 发达国家通货膨胀率情况

图 1-6 各主要国家货币伦敦隔夜拆解利率

当前，各主要发达国家经济持续低迷，工业生产指数还没有恢复到危机前的水平，并有下行趋势。失业率居高不下，生产者物价指数不断攀升。在此情况下，各国贸易保护主义逐渐抬头，除了反倾销、反补贴、保障措施等传统的贸易救济案件日渐增多，数量庞大的技术性贸易措施构成的贸易壁垒，也给国际贸易绕上了重重锁链。这些年，技术性贸易措施覆盖领域不断扩展，影响产业不断延伸，“道德壁垒”“绿色壁垒”“低碳壁垒”等新形式技术性贸易措施层出不穷，有些国家甚至刻意抹黑“中国制造”，把产品质量与安全问题政治化、国际化，并以保证进口产品质量和食品安全为由，设置专门或隐蔽性针对中国的技术性贸易措施，借机限制我国产品进口。

二、中国角色：成为全球治理安排中一个积极主动的主要利益攸关方

（一）中国在国际贸易体系中的新角色：积极维护多边贸易体制，践行国际贸易规则

自 1978 年实施改革开放政策以来，中国在全球化经济中充分利用自身优势，经历了快速的结构变化，成为全球最大的制造业生产国和产品出口国。许多产业迅速靠近技术前沿。市场机制的引入和贸易的开放创造了强劲的激励机制，促进了资源的有效配置和生产率提高。过去 20 年中，中国的出口额（以美元计算）以年均 17%的速度增长，已经成为全球最大的货物出口国，并极大提升了中国在全球市场，特别是工业制成品市场上的份额。中国在工业制成品贸易中的比重在过去 10 年翻了一番。目前，在世界各个主要市场中，中国都是最大进口来源国之一（见图 1-7）。中国对高关税国家的出口增速尤为明显（见图 1-8），这表明中国正在向那些政治形势多变的市场出口产品，将来有可能带来更多的贸易摩擦。

鉴于中国贸易总额占 GDP 的比重要高于其他规模较大的经济体，国际贸易环境对中国未来的发展至关重要，推动建设开放的全球贸易体系仍然是中国重要的政策目标。在多哈回合谈判未取得成功的情况下，世界上出现了大量的双边和区域自由贸易协定，特惠协定数量从 1990 年的大约 70 份增加到近 2014 年的 300 份，这对中国未来的贸易构成了重大挑战，因为在关键的国际市场（见图1-9），中国的出口商越来越难以享受到其他出口商同样的最惠国市场准入待遇。中国应该采取多边与区域安排并重的策略遵守和保护现有的多边协议，同时利用多边渠道推动全球市场进一步开放，中国还应该积极推进加入 WTO 政府采购协议的谈判，以此作为改善采购程序、

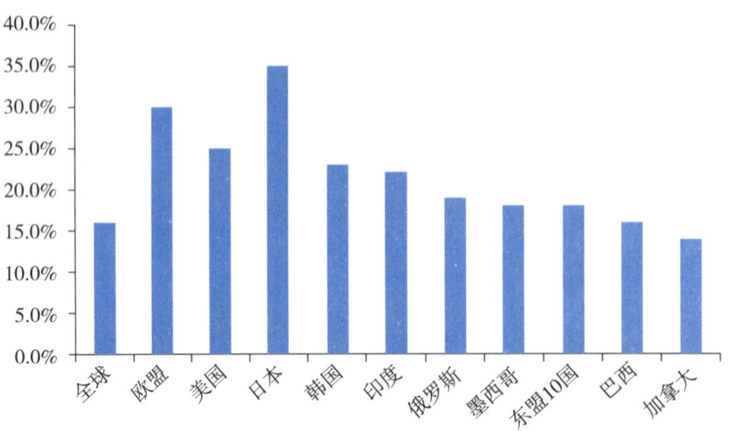

图 1-7　中国在十大制成品进口市场上的份额

资料来源：联合国 COMTRADE 数据库。

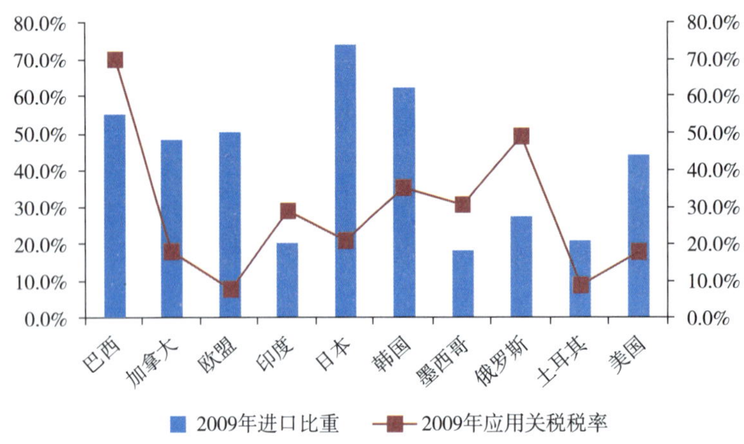

图 1-8　中国在十大进口市场中的十大最受保护行业的份额

资料来源：联合国 COMTRADE 数据库和联合国贸发会议 TRAINS 数据库。

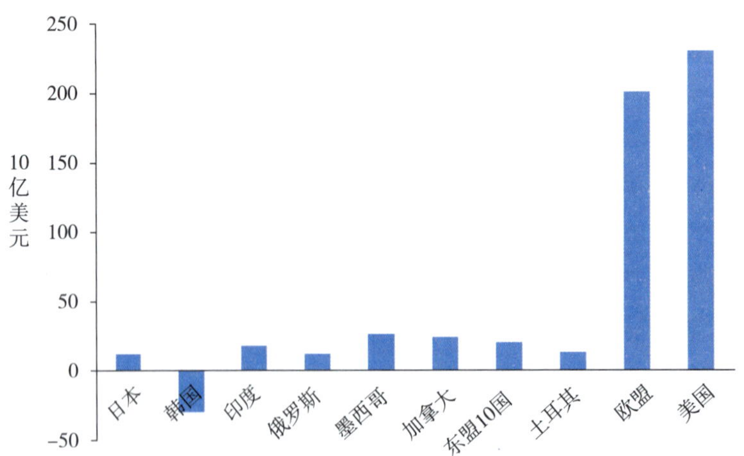

图 1-9　中国对主要贸易伙伴的工业制成品贸易顺差

资料来源：联合国 COMTRADE 数据库。

提高透明度、降低成本和提高政府采购质量的措施之一。与此同时，中国应该积极参加区域贸易协议，引入贸易便利化安排，并在可能的情况下倡导“开放的区域主义”，即要求把区域性合作伙伴之间商定的关税水平以最惠国待遇的形式提供给非成员国的国家或地区。

（二）中国在国际金融体系中的新角色：积极推动人民币成为全球储备货币

人民币国际化可以规避汇率风险，降低贸易成本。目前，我国的外汇储备高度集中于美元资产，无论是美国国债价值下跌还是美元汇率大幅贬值，都会导致中国外汇储备大幅缩水。实现人民币国际化，可以使人民币成为国际结算的主要货币之一，其自身既是一种计价货币又是一种储备货币，减少外汇储备可以在一定程度上缓解因外汇储备过多而导致的流动性过剩问题，有助于内外均衡。与此同时，对外贸易的快速发展使外贸企业持有大量外币债权和债务，这些都会因外币汇价动荡而产生巨大的风险，汇价的波动会给企业生产经营带来不利影响。实现人民币国际化后，可以减少因使用外币引起的财富流失，可以用本国货币进行对外贸易和投资，企业能够有效地规避汇率风险，降低贸易成本，推动和扩大中国的对外贸易（见图1—10）。

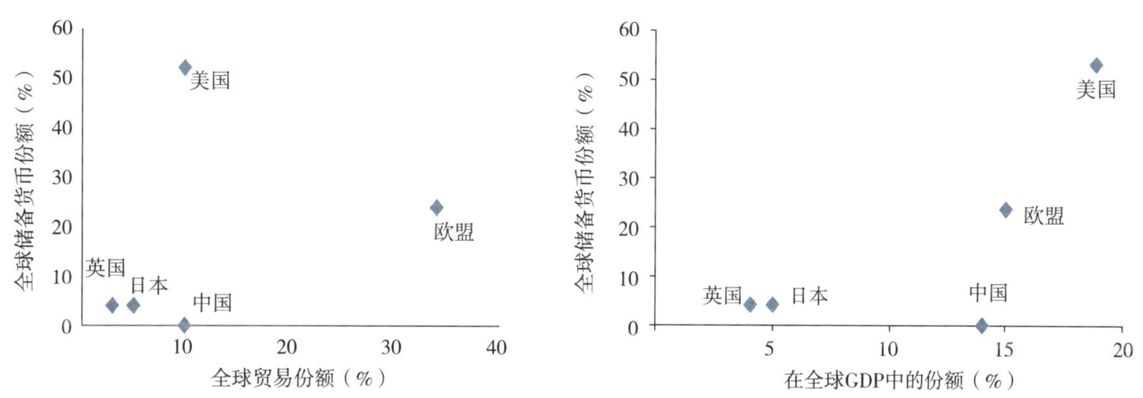

图1－10 世界主要国家和地区在全球储备货币中的地位

（三）技术性贸易措施在中国经济转型和融入世界经济治理体系中的作用

中国经济发展正在从投资和出口驱动为主，转向以国内消费驱动为主。从需求差异理论来看，中国消费者日益增长的质量安全、健康环保的需求，急需升级完善包括技术法规、标准和合格评定程序在内的技术性贸易措施体系。同时，“互联网＋”引导着消费、生产、物流等社会经济各个领域快速变革，跨境电子商务等新业态迅猛发展，打破了固有商业模式和利益格局。这些因素促使买家驱动对全球价值链分工格局重构，成为中国企业逐渐向价值链和高附加值两端升级的重大机遇，导致市场、资源、人才、技术、标准等的国际竞争更加激烈。而技术性贸易措施作为创新技术产业化、市场化的关键环节，成为参与国际合作与竞争、保障产业利益和经济安全的重要手段，尤其是技术标准更是成为国际经济和科技竞争制高点。此外，“中国制造2025”不仅规划升级现有的传统产业，而且制定了促进高端先进制造业跨越式发展的宏伟蓝图，包括智能制造、绿色制造，战略性新兴产业将重点获得资源和政策的青睐，也对国内技术性贸易措施工作提出了新的更高要求。

第二节　中国进出口贸易宏观数据分析

面对当今世界经济全球化浪潮，商品大量跨国界移动，资本也频繁在世界各国间流动，对外贸易成为一国开放程度的重要表现，更成为经济增长的主要影响因素。自改革开放以来，中国经济快速发展，国内生产总值增长了30多倍，取得了举世瞩目的成就。与此同时，对外贸易也保持高速发展，对外贸易总额连年递增，特别是2001年我国正式加入世界贸易组织至今，对外贸易额加速增长，2013年跃居世界第一货物贸易大国。对外贸易已成为我国开放型经济体系的重要组成部分和国民经济发展的重要推动力量。

近年来，随着中国经济发展进入新常态。中国的对外贸易也进入了稳增长、调结构、提质量为特征的新常态。根据外贸形势，中国政府适时调整、发布外贸政策。2014年5月，国务院办公厅发布《关于支持外贸稳定增长的若干意见》，从优化外贸结构、改善外贸环境、强化政策保障、增强企业竞争力、加强组织领导等5个方面，提出了16条政策措施。2015年3月28日，国家发展改革委、外交部、商务部联合发布《推动共建丝绸之路经济带和21世纪海上丝绸之路的愿景与行动》，积极探讨建设新的自由贸易区，助推外贸增长。2015年3月，国务院发布《关于加快培育外贸竞争新优势的若干意见》，要求努力巩固传统优势，加快培育竞争新优势，实现外贸持续发展和转型升级，促进我国经济持续健康发展。

2005～2014年中国对外贸易主要有以下几个特点：

一、进出口额不断增长，外贸依存度高

2014年我国的进出口总额264334.5亿元人民币，较2005年增长126.1倍，年均增幅达12.6%。其中，出口年均增长13.0%，进口年均增长12.2%（数据源参见附表1－1）。从图1－11可看出2005～2008年我国对外贸易增长势头较猛，2009年受世界金融危机影响，我国对外贸易首次出现负增长，2010年至2014年一直保持稳定增长态势。这在一定程度上体现了我国对外贸易发展过程中具有一定的抗风险能力，经济发展较为稳定，不易受到金融危机的冲击。据世界贸易组织（WTO）公布数据显示，2013年，中国超越美国成为全球货物贸易第一大国，进出口总额比美国高出2500亿美元。2014年，中国进出口增速比全球贸易增速高出2.7个百分点，也高于美国、欧盟、日本、印度、巴西等主要经济体的增速，出口占全球份额为12.7%，比2013年提高0.6个百分点，全球第一货物贸易大国地位进一步巩固。

外贸依存度亦称“外贸依存率”或“外贸系数”，指一国对贸易的依赖程度，一般用进出口总值在国民生产总值或国内生产总值中所占比重来表示。比重的变化意味着对外贸易在国民经济中所处地位的变化。外贸依存度分为出口依存度和进口依存度。出口依存度为出口总额与国民生产总值之比；进口依存度为进口总额与国民生产总值之比。

我国对外贸易依存度从2005年到2008年均超过50%（见图1－12），这表明中国在国际市场中的外贸交易十分活跃，且对外开放程度也十分显著。2008年以后，我国对外贸易依存度数据开始逐年收缩，趋于平缓。但从总体上来说，我国对外贸易依存度仍处在一个较高的水平，且出口贸易依存度一直高于进口贸易依存度。较高水平的进口依存度说明我国较大比例的国内需求的满

足依赖于国际市场，而较高的出口依存度说明国内生产对国际市场需求的依赖程度大，经济效益的实现与国际环境有着密切的联系。

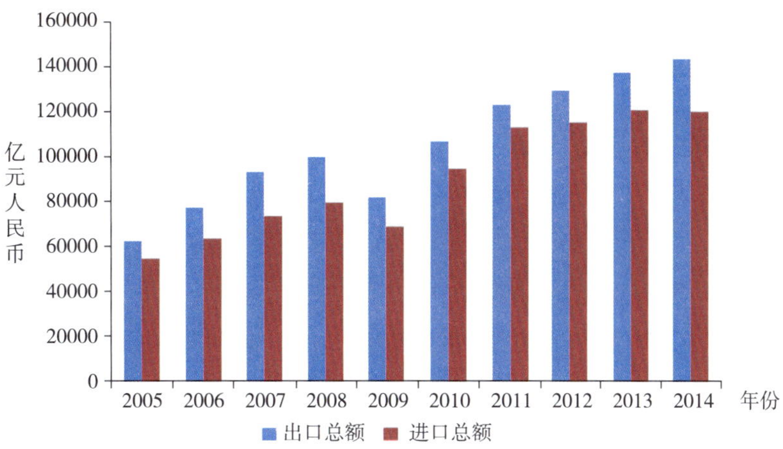

图 1－11　2005～2014 年我国进口总额和出口总额

数据来源：国家统计局。

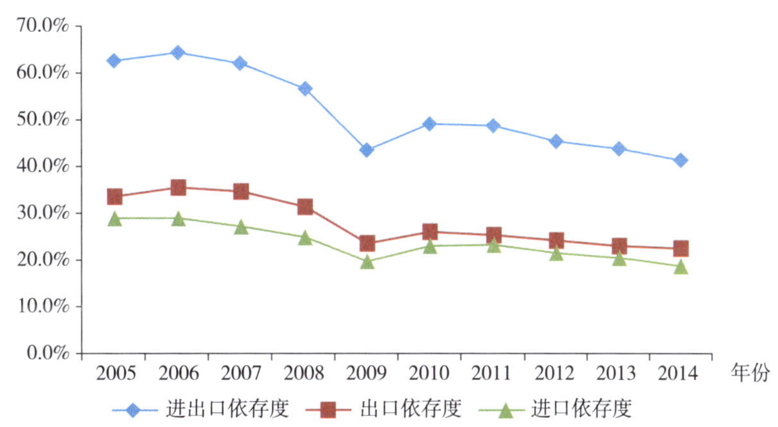

图 1－12　2005～2014 年我国外贸依存度

数据来源：根据国家统计局数据整理。

二、进出口市场以发达国家为主，并逐步开拓新兴市场

国家统计局历年数据统计显示（见附表 1－2），2005～2014 年间，我国对外贸易伙伴排名前十位的国家（地区）以发达国家为主，主要有美国、中国香港、日本、韩国、中国台湾、德国、澳大利亚、马来西亚、俄罗斯和巴西，贸易额占我国对外贸易总额的 50%以上（见图 1－13）。

对发达国家进出口保持稳定的同时，我国在开拓新兴市场方面也取得了一定成效。巴西、泰国、印度尼西亚、越南和南非等国家与我国的进出口贸易额逐年递增，已成为我国前 20 位贸易伙伴之一。以巴西为例，2005 年，巴西与我国的进出口总额为 148.2 亿美元，2014 年增长至 865.8 亿美元，增幅达 484.2%。另据我国商务部每年发布的《中国对外贸易发展情况》显示，我国近年对东盟、印度、俄罗斯、非洲和中东欧国家进出口增速均快于整体增速。自贸区战略促进出口的效果明显，2014 年对自贸伙伴（不含港澳台地区）出口增长 10.6%，占出口总额的比重为

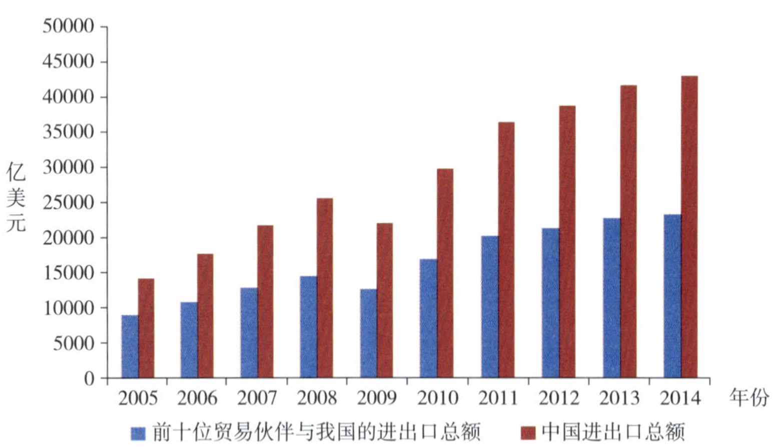

图 1-13　2005～2014 年我国与主要贸易伙伴的进出口额

13.4%，较 2013 年上升 0.6 个百分点。

值得注意的是，由于新兴经济体自身存在的政治、经济结构等问题，决定了其经济高速增长的同时，也蕴藏着巨大的风险。据国际货币基金组织数据，2014 年印度、南非、巴西财政赤字率分别达到 7.2%、4.4%和 3.3%，泰国政局持续动荡，还有部分国家政府更迭，这些都会导致其国内宏观经济政策发生调整，对我国外贸出口企业带来一定的风险。因此，我国在实现出口市场多元化的同时，也应注意规避风险。

三、进出口商品结构稳定，机电化矿产品进出口比重最大

根据国际贸易标准分类，国际贸易商品分为初级产品和工业制成品两大类。2005～2014 年，我国工业制成品出口总额稳步增长，从 2005 年的 7129.2 亿美元增长至 2014 年的 13128.5 亿美元，年均增长 8.4%，占出口总额的 90%以上。初级产品的进口总额涨势较快，从 2005 年的 1477.1 亿美元增长至 2014 年的 6474.4 亿美元，年均增长 33.8%，占出口总额百分比也从 2005 年 22.38%升高至 2014 年的 33.0%以上（见表 1-1）。这说明我国已经形成了以工业制造业进出口为主导，并附之以初级产品进口的国际分工贸易模式。

表 1-1　2005～2014 年我国进出口商品结构表（国际贸易标准分类）

指　标		2005 年		2013 年		2014 年	
		出口	进口	出口	进口	出口	进口
货物进出口总额/亿美元		7619.5	6599.5	22090.0	19499.9	23427.5	19602.9
初级产品	贸易额/亿美元	490.4	1477.1	1072.7	6580.8	1127.1	6474.4
	占比	6.4%	22.4%	4.9%	33.8%	4.8%	33.0%
工业制成品	贸易额/亿美元	7129.2	5122.4	21017.4	12919.1	22300.4	13128.5
	占比	93.6%	77.6%	95.1%	66.3%	95.2%	67.0%

数据来源：根据国家统计局数据整理。

根据国际编码协调制度（HS）分类，国际贸易商品分为 22 类，98 章。本书以 HS 编码分类为基准，将 22 类产品合并为七大类，1、2、3、4 类归为农产食品；5、6、15 类归为化矿金属；

7、8类归为橡塑皮革；9、10、13类归为木材纸张非金属；11、12类归为纺织鞋帽；14、20、21类归为玩具家具；16、17、18、19类归为机电仪器。2005～2014年，我国机电仪器和化矿金属的进出口比重最大，占我国产品进出口总额的半数以上。机电仪器进出口总额从2005年的7209.6亿美元上升至2014年的19924.1亿美元，增长176.4倍；化矿金属进出口总额从2005年的3093.3亿美元上升至2014年的10184亿美元，增长229.2倍（见附表1－3和附表1－4）。

虽然机电仪器和化矿金属的进出口总额比重最大，但机电仪器的对外贸易存在较大顺差，化矿金属则是大幅度逆差。图1－14列出了2005～2014年我国机电仪器、化矿金属、纺织鞋帽、玩具家具、橡塑皮革、木材纸张非金属、农食产品以及其他产品的出口额与进口额的差值变化。在近十年的对外贸易中，机电仪器、纺织鞋帽、玩具家具、木材纸张非金属一直处于外贸顺差，橡塑皮革从2012年开始由逆差转为顺差；而化矿金属产品则长期处于外贸逆差，农食产品自2007年之后由顺差转为逆差，涨幅较快。

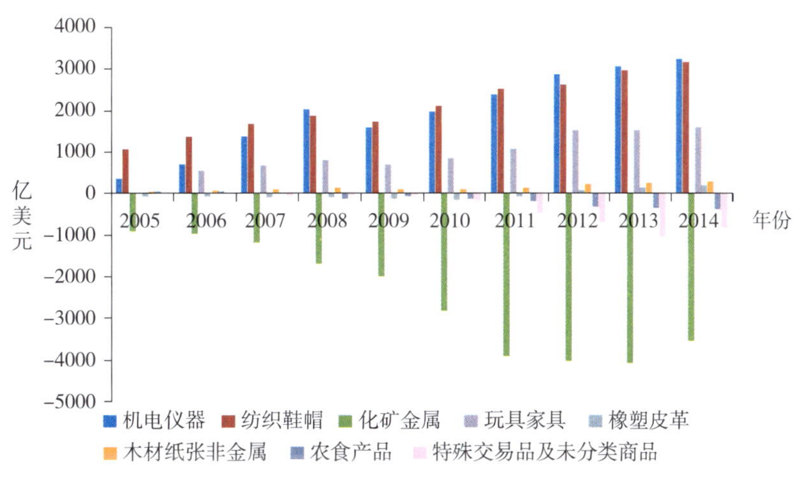

图1－14 2005～2014年我国商品出口额与进口额的差值

四、高新技术产品贸易是促进我国外贸发展的重要推动力

高新技术产业是当今国家抢占经济全球化和世界经济结构调整主动权的制高点。实施“科技兴贸”战略，是21世纪中国对外经济与贸易发展的战略选择，是中国由贸易大国转变为贸易强国的标志之一。

我国的高新技术产品进出口贸易从20世纪90年代初起呈现出较好的发展势头，近年逐渐步入快速发展的轨道。2005～2014年，我国高新技术产品的进出口额增加7961亿美元，平均每年递增19.15%。受国际金融危机的影响，2009年高新技术产品的进出口额出现明显下降，2010年克服危机影响止跌回升，至2014年高新技术产品的进出口一直保持稳定增长的势头，且外贸顺差优势明显（见图1－15和附表1－5）。目前，我国高新技术产品进出口对我国进出口总额的贡献率基本稳定在30%左右，已经成为促进我国经济和贸易发展的重要推动力（见图1－16）。

值得注意的是，2010年以后虽然高新技术产品的进出口总量有所增加，但占全国进出口总额的比例却略有下降。原因有三，一是我国高新技术产品的多以加工贸易和外商投资为主，易受国际金融危机影响；二是高新技术产品是一个高附加值产业，收益高，相对于其他产业更容易受到贸易壁垒影响；三是高新技术产品需求弹性较大，当遭遇经济危机时，一般最先恢复的是基础性商品，高新技术产品作为非生活必需品，其恢复的周期也较长。因此，未来我国应改变高新技术产业过度依赖外国市场这一严峻问题，以使这一产业具有更强的稳定性和对抗外部风险的能力。

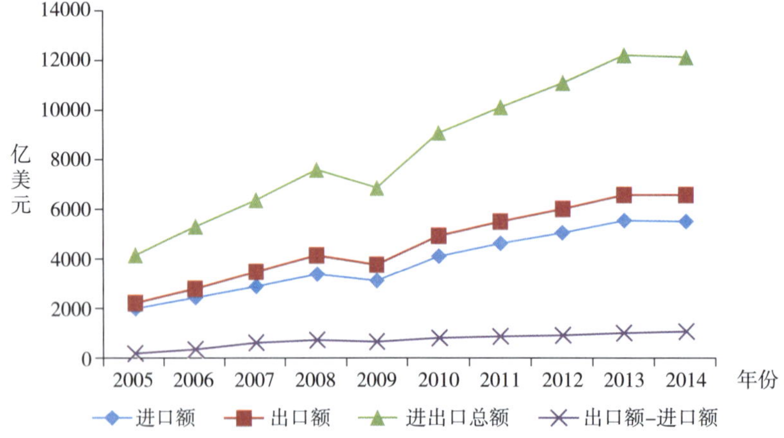

图 1-15　2005～2014 年我国高新技术产品进出口额

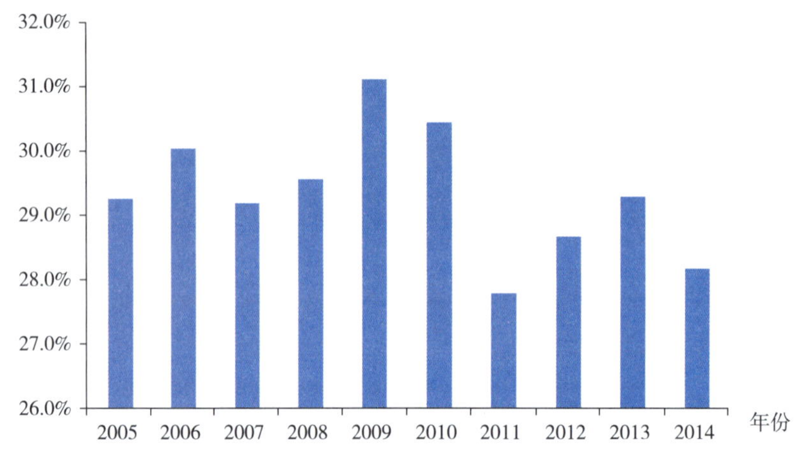

图 1-16　2005～2014 年我国高新技术产品进出口对外贸的贡献率

五、东部地区对外贸易占主导地位，中西部地区外贸发展潜力逐步显现

自 2005 年以来，广东、江苏、上海、北京和浙江的进出口总额一直排在前五位（见图 1-17），这五个地区的进出口总额占全国总额的 60%以上，在我国对外贸易中占绝对的主导地位。这主要是因为这些地区交通便利，经济发达，对外开放度高。

在东部及沿海城市对外贸易持续增长的同时，中西部地区外贸发展潜力也在逐步显现。2013 年，中西部地区进出口总额为 5626 亿美元，增长 14.3%，高于全国增速 6.7 个百分点，占进出口总额的 13.5%，较 2012 年提高 0.8 个百分点。其中，出口增长 17.1%，高于整体出口增速 9.2 个百分点。云南、宁夏、贵州、甘肃、重庆和河南出口增速均超过 20%，其中云南、宁夏增速高达 59.3%和 55.5%（数据源参见附表 1-6 和附表 1-7）。中西部地区外贸发展迅猛的原因之一，就是国内制造业梯度转移的加快，原先在一些沿海的制造业不断地向中西部进行梯度转移，不少加工制造型外贸生产企业将产能逐步转移到内陆省份，客观促进了中西部地区对外贸易快速发展。

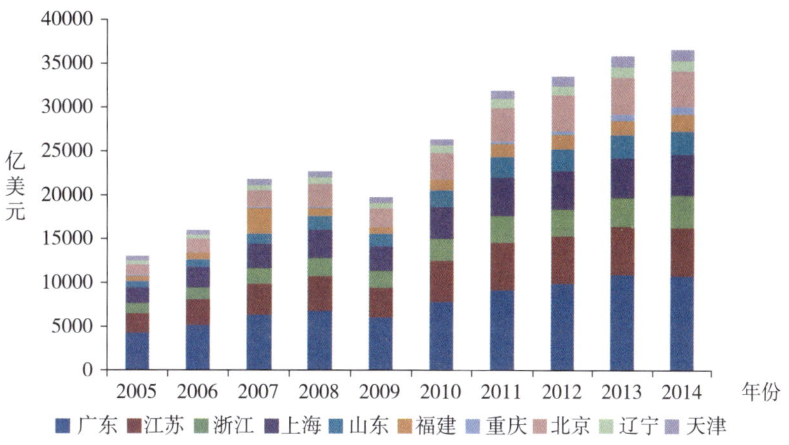

图 1－17 2005～2014 年全国主要省份/直辖市货物进出口总额

目前，全球经济处在不均衡的状态，新兴市场开始出现分化、美元的强势以及大宗商品价格下跌等因素的出现，再加上国内各种要素成本的上升、人民币升值等内在因素的叠加作用，我国在国际市场上的竞争优势遇到越来越严峻的挑战。“一带一路”①、长江经济带②、京津冀协同发展③三大战略的出台和加速实施为我国外贸发展注入了新动力。“一带一路”战略旨在适应中国在世界格局中的变化，强调对外开放；长江经济带着眼于中国东、中、西部合作关系；京津冀协同发展战略以叠加优势、协同发展、实现京津冀合作共赢为目标。随着三大战略的提速推进，我国对外贸易的优势和潜力也将进一步显现。

第三节 全球技术性贸易措施发展趋势分析

技术性贸易措施是 WTO《技术性贸易壁垒协定》（TBT 协定）和《实施卫生与植物卫生措施协定》（SPS 协定）所管辖的以技术法规、标准和合格评定程序为形式的 TBT 措施和以保护食品安全、动植物健康为目的的 SPS 措施的统称。技术性贸易措施通常以维护国家安全、保护人类健康和安全、保护动植物的生命和健康、保护环境、保证产品质量、防止欺诈行为为理由，通过技术法规、标准、合格评定程序、卫生与植物卫生措施来加以实施。近年来，由于各国技术水平和消费者保护水平的差异，以及被作为贸易保护主义工具使用等多重原因，技术性贸易措施已成为对货物贸易产生重要影响的一种非关税壁垒。WTO《世界贸易报告 2012》明确指出，技术性贸易措施已成为对贸易影响最显著的非关税措施。

按照《TBT 协定》和《SPS 协定》有关透明度的规定，各成员新制定或修订 TBT 和 SPS 措施时，如果不存在相关国际标准、指南、建议或者拟定措施的内容与国际标准、指南或建议有实质上的不同，并且该措施可能会对其他成员的贸易产生重大影响，则应向 WTO 进行通报，并给予其他成员合理的时间以提出书面意见。因此，WTO/TBT 和 SPS 通报反映了最全面的各成员制

① “一带一路”：是“丝绸之路经济带”和“21 世纪海上丝绸之路”的简称，2013 年 9 月和 10 月由中国国家主席习近平分别提出建设“新丝绸之路经济带”和“21 世纪海上丝绸之路”的战略构想。

② 2014 年 9 月，国务院发布《国务院关于依托黄金水道推动长江经济带发展的指导意见》。

③ 2015 年 4 月 30 日，中央政治局会议审议通过《京津冀协同发展规划纲要》，纲要指出，推动京津冀协同发展是一个重大国家战略。

修订技术性贸易措施的情况。所以，本节根据2005～2014年各成员向WTO通报的TBT和SPS措施对全球技术性贸易措施发展趋势进行分析。

一、2005～2014年技术性贸易措施频繁出台

2005～2014年的十年间，WTO成员共通报了21920件技术性贸易措施，包括TBT措施12764件，SPS措施9156件。技术性贸易措施的通报数量呈缓慢上升趋势，2014年达到了十年间的最高值，这一方面是由于新成员的不断加入以及各成员透明度意识在不断提高。2005～2014年提交通报的新成员增加了49个，如沙特阿拉伯、卡塔尔等成员的加入导致了西亚地区的通报数量持续上升。2005年，中国全年通报了18件SPS措施，而在2011年则达到了166件。由于覆盖产品的广泛性，每年TBT措施的通报数量高于SPS措施的数量（见图1－18）。

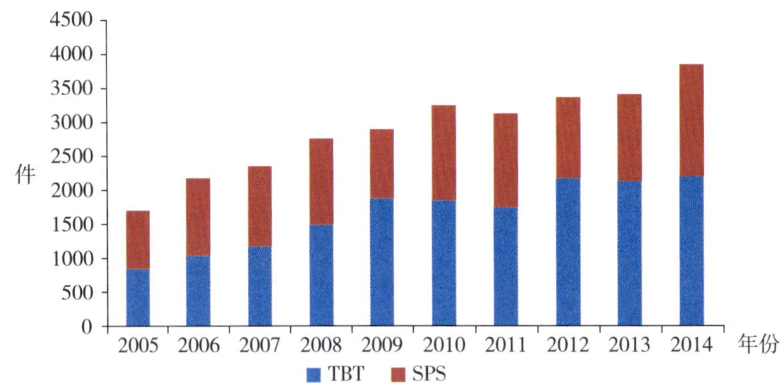

图1－18　2005～2014年TBT和SPS措施通报数量

另一方面则反映出技术性贸易措施出台的频繁和活跃。按照WTO/TBT委员会和SPS委员会对技术性贸易措施通报类型的划分，每年通报的技术性贸易措施中既有新措施，又有对新措施或以往发布措施的补充，这种补充主要是用于公布生效日期，延长新措施的评议期，撤销已发布措施，更改批准、生效日期等。根据2005～2014年WTO通报的技术性贸易措施统计数据，每年发布的通报措施中，新措施都占比绝对多数，TBT新措施占比平均达到78.4%，SPS新措施占比平均则为73.5%（见图1－19）。2005年以来，通报技术性贸易措施最多的WTO成员有美国、中国、巴西、韩国、欧盟（见表1－2）。

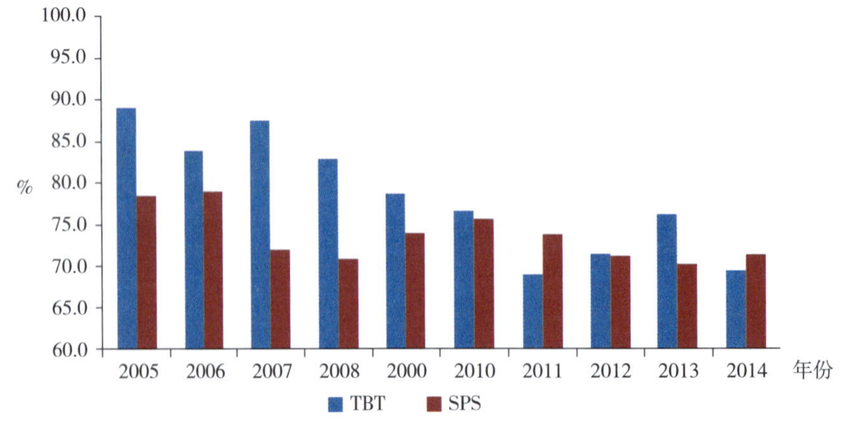

图1－19　2005～2014年TBT和SPS新措施出台比例

技术性贸易措施的通报量反映了技术性贸易措施在全球的透明化，通过分析可看出技术性贸易措施整体的特点和规律。技术性贸易措施的公开透明为 WTO 各成员，特别是发展中成员寻求贸易公平、积极开展应对、维持和扩大市场准入提供了合理机会。

表 1-2　2005～2014 年提交通报数量最多的成员

TBT	SPS
中国	美国
美国	巴西
沙特阿拉伯	加拿大
以色列	中国
欧盟	秘鲁
韩国	智利
巴西	韩国
乌干达	中国台北
肯尼亚	欧盟
卡塔尔	日本

二、食品农产品是全球技术性贸易措施的热点

通过对 2005～2014 年技术性贸易措施新通报的覆盖产品和通报内容的统计发现，不论是 TBT 措施还是 SPS 措施，食品农产品都是其规范的热点产品。从 TBT 列表（见图 1-20）可以看出，除 2005 年外，其他年份的食品农产品的通报量始终位列第一，约占新通报措施的 30%左右。十年间，TBT 措施的热点产品除农食产品外，有电子电器产品、石化产品、家用和商用设备、环保保健安全产品等。十年间，SPS 措施中农兽药残留限量稳居新通报措施之首（见图 1-21），此外，食品和饲料添加剂标准、食品产品标准、植物繁殖材料进口要求、动物疫病、活动物进口要求等也是通报量较多的措施。国外技术性贸易措施的这一特点，与国家质检总局所开展的技术性贸易措施影响调查中，机电产品和农食产品受影响最严重的情况是一致的。

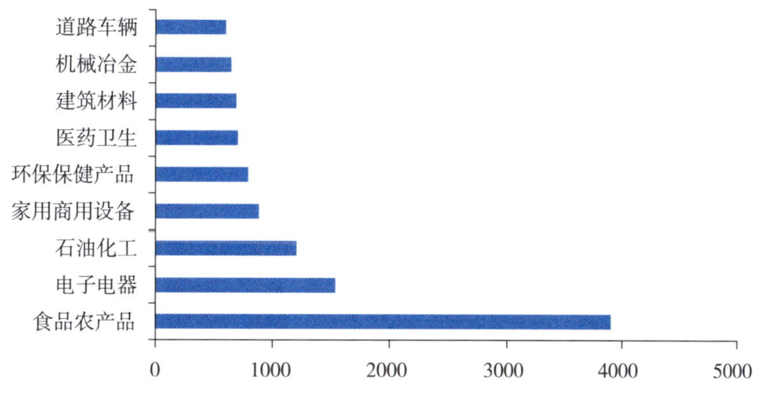

图 1-20　2005～2014 年 TBT 措施集中热点

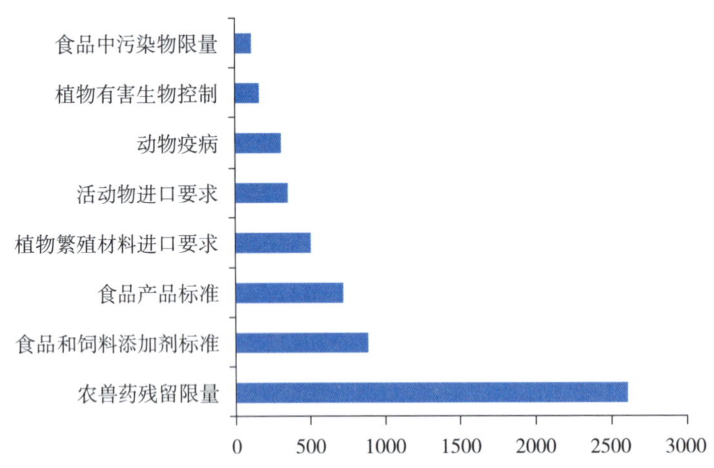

图 1－21　2005～2014 年 SPS 措施集中热点

三、技术性贸易措施的首要目标是保护人类健康与安全

《TBT 协定》规定了 TBT 措施制定的目的是保护人类的安全或健康、保护动物和植物的生命或健康、保护环境、防止欺诈行为等。从 2005～2014 年发布的 TBT 措施通报看（见图 1－22），保护人类健康与安全、保护环境、防止欺诈行为的通报为数居多，尤其是保护人类安全与健康，始终位列 TBT 措施目标的第一位，通报量占比平均在 50%以上。从 2009 年起，质量要求的措施通报数量明显增加，在 2009 年和 2010 年超过了保护环境的措施数量，2012～2014 年平均占比达到了 12.5%。

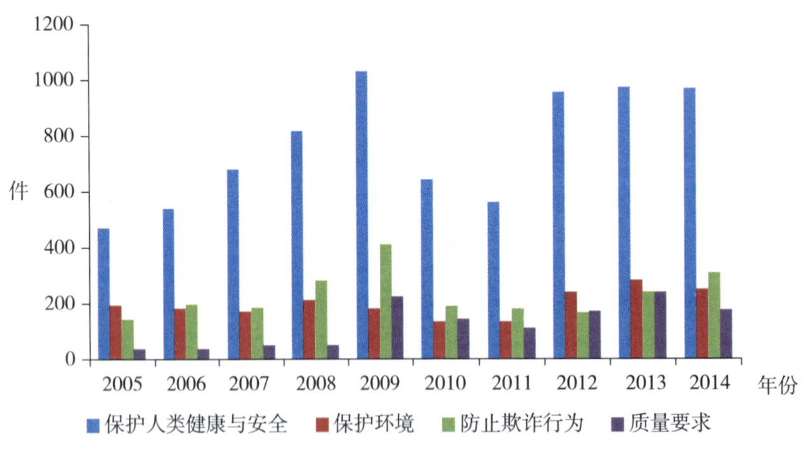

图 1－22　2005～2014 年 TBT 措施目标分布

通过对 2009～2014 年 TBT 措施的统计分析发现，对质量要求措施的增多是因海湾国家，如沙特阿拉伯、阿联酋、卡塔尔、巴林、以色列等成员通报了大量针对产品质量和性能要求的技术法规，这几个成员的通报数量也开始位列通报成员的前十位。如 2009～2014 年，沙特阿拉伯和以色列各 6 次位列 TBT 措施通报前十位，卡塔尔 3 次，阿联酋和巴林各 2 次。其中，沙特阿拉伯在 2012 年和 2013 年连续两次位列 TBT 通报数量的第一位。

《SPS 协定》规定，SPS 措施致力于保护食品安全、动植物健康，保护国家免受有害生物的其他危害，保护人类免受动/植物有害生物的危害。2005～2014 年，涉及食品安全的 SPS 措施最多（见图 1－23），十年间始终位列第一，而且占比在逐步提高，2014 年达到了 76%之多。植物保护和动物健康分列二、三位。

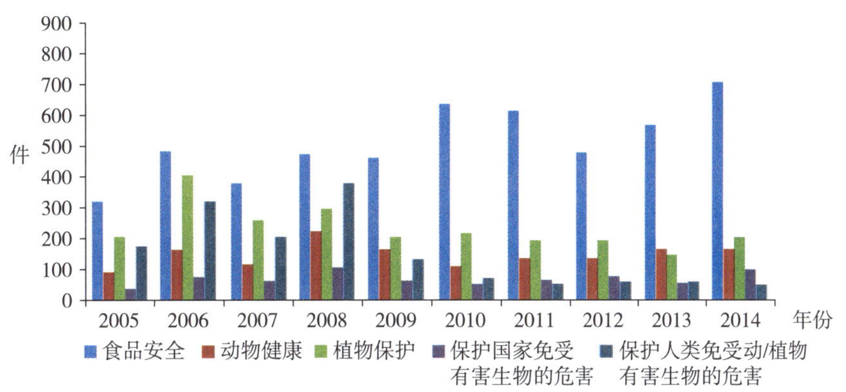

图 1－23　2005～2014 年 SPS 措施目标分布

四、发达成员和发展中成员关注点各有侧重

通过对 2005～2014 年 WTO 发达成员和发展中成员每年发布新的技术性贸易措施通报比较来看，发达成员，除 2008 年和 2009 年有些许差别外，其发布的 SPS 措施数量都超过了 TBT 措施数量，而发展中成员则恰好相反，见图 1－24 和图 1－25。对近 10 年发达成员 SPS 措施的统计发现，农药残留限量是发达成员通报最多的措施。据《中国技术性贸易措施年度报告》统计，2005～2014 年关于农兽药残留限量的 SPS 措施有 2604 件，其中发达成员发布了 2034 件，约占到了总量的 78.0%（见表 1－3），美国、加拿大、日本、澳大利亚的农兽药残留限量占到了其当年发布的新 SPS 措施的 1/3 强。以个别成员为例，2013 年加拿大农药残留限量通报占比达到 88.5%，2014 年日本、加拿大占比达到了 70%以上，美国、澳大利亚达到了 63%以上。

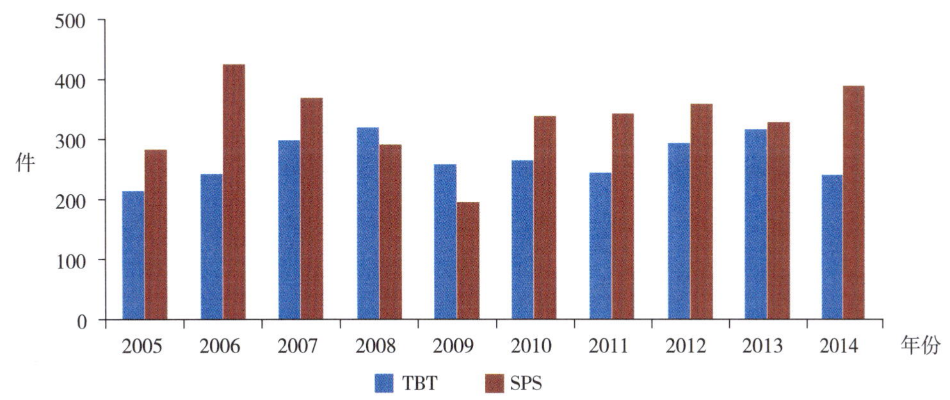

图 1－24　2005～2014 年发达成员 TBT 措施和 SPS 措施数量比较

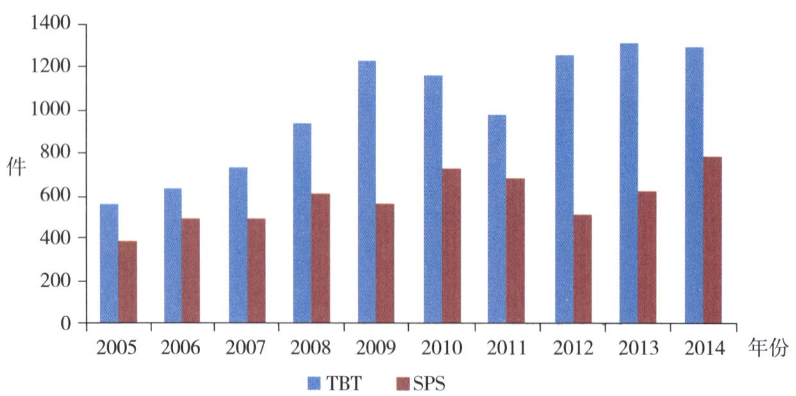

图 1－25　2005～2014 年发展中成员 TBT 措施和 SPS 措施数量比较

表 1－3　2005～2014 年发达成员农兽药残限量措施占比

项目	年份									
	2005	2006	2007	2008	2009	2010	2011	2012	2013	2014
农兽药残措施总量/件	213	367	194	228	132	288	270	280	278	354
发达成员数量占比	86.3%	87.5%	85.1%	73.7%	61.4%	71.5%	80.7%	79.3%	85.3%	67.2%

从国家质检总局技术性贸易措施影响调查所关注的主要贸易伙伴美国、欧盟、日本、东盟、韩国、俄罗斯、加拿大、澳大利亚/新西兰、非洲、拉美、西亚等国家和地区的 TBT 和 SPS 2005～2014 年发出的通报数量来看，拉美地区新措施出台最频繁，SPS 措施数量位于出口地区和国家中的第一位，TBT 措施位列第二，巴西、秘鲁、智利、哥伦比亚、墨西哥、厄瓜多尔等是拉美地区比较活跃的成员；出台 TBT 措施最多的是西亚地区，沙特、以色列、巴林、科威特、阿联酋等成员曾位列 TBT 通报前 10 位。非洲地区的 TBT 措施以乌干达和肯尼亚居多，而 SPS 措施在这几个国家和地区中最少，只有埃及和南非发布了少量 SPS 措施，10 年间共发布了 167 件。美国、加拿大、澳大利亚、新西兰发布的 SPS 措施多于 TBT 措施。俄罗斯从 2011 年入世以来，发布的 SPS 措施（89 件）也多于 TBT 措施（41 件）。这些技术性贸易措施最活跃的成员和地区，大部分正是中国“一带一路”战略所关注的国家和地区。

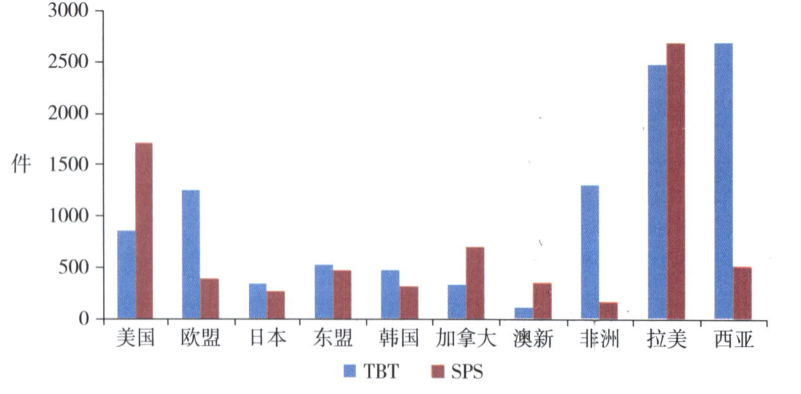

图 1－26　我国主要贸易伙伴 2005～2014 年 TBT 和 SPS 措施通报情况

从2010～2014年通报措施的产品分布情况看，就TBT措施来说，西亚地区WTO成员通报的2202件TBT措施中，涉及农食产品的约占42%，机电产品约34%，其他较多的产品有塑料橡胶制品、玩具、纺织品等；拉美地区通报的1436件TBT措施中，机电产品约占30%，农食产品约占22%，其他较多的产品有化学品药品、纺织品、建筑材料等。非洲地区成员通报的858件TBT措施中，农食产品约占37%，化学品、机电产品各约占18%；欧盟通报的644件TBT措施中，机电产品约占38%，化学品约占25%，农食产品约占16%。

就SPS措施而言，2010～2014年拉美地区WTO成员的SPS措施中，植物和植物产品的通报比重高，其次是以巴西为代表的农药残留限量标准，南方共同体市场内适用的标准等。美国、加拿大、日本的SPS措施共同点是农药残留限量比重很大，其次是食品中的添加剂。近5年，美国农药残留限量的措施占比达到了约74%，加拿大达到了约73%，日本占到了约55%。

从这些国家和地区看，技术性贸易措施相对活跃的产品领域为农食产品、机电产品、化学品，这反映出在全球经济一体化的今天，无论发达成员还是发展中成员，都逐渐对生命健康、食品安全、环境保护更加关注和重视，而这些具有共性的公共政策目标也将是今后技术性贸易措施的焦点所集。

五、享受WTO成员权利影响贸易伙伴措施制定

根据WTO/TBT和SPS协定的透明度条款，WTO成员应在一项新措施还处于草案阶段，能够考虑评议和进行修改时，给予其他成员一定的时间对该措施提出书面意见和建议。根据TBT委员会和SPS委员会的推荐程序，各成员应提供至少60天的评议期。评议期是WTO透明度原则的一项基本要求。对于发布措施的成员是履行透明度义务，对于其他成员则是享有评议权利。在技术性贸易措施出台的早期阶段，利用评议期对可能影响本国产品贸易的问题及时提出意见、表达关注，有利于争取公平的贸易机会，最大限度地减少不必要的贸易限制，为有效应对获得必要的回旋余地，尤其是对发展中成员更为重要。

根据2005～2014年《中国技术性贸易措施年度报告》，中国对其他成员的766件技术性贸易措施提交了评议意见，既有发达成员也有发展中成员，涉及机电产品、化学品、农食产品、玩具及儿童用品等。有71件评议意见得到其他成员采纳或部分采纳，包括修改有关规定，甚至撤销措施、提供法规适用过渡期、推迟措施生效时间等。尤其是中国对发达成员关于机电产品能效法规、农残限量肯定列表等的积极评议，为中国产业界及时了解、适应和应对新的技术性贸易措施赢得了先机，保护了产业利益。

根据2005～2014年《中国技术性贸易措施年度报告》的数据统计，技术性贸易措施通报评议期达60天及以上的比例整体呈现上升趋势，尤其是SPS措施上升明显，从2006年最低约20%上升到2013年最高约60%，如图1－27所示。发达成员60天评议期执行的整体情况不及发展中国家，2005～2014年的十年间，发达成员TBT措施执行60天评议期的比例低于SPS措施；发展中成员的情况正好相反。图1－28显示了发达成员和发展中成员TBT和SPS通报评议期达到60天及以上的比例。发达成员技术性贸易措施通报该比例还不到40%，发达成员在整体技术性贸易措施的高标准严要求下，并未提供足够的评议期便于其他成员研究、适应，对于发展中成员的出口贸易尤其不利。世界贸易组织《世界贸易报告2012》也提到，“一些研究表明，TBT/SPS措施对贸易的负面影响主要集中在发展中成员对发达成员的出口，从发达成员向其他发达成员的出口则没有受到

这些措施太大的阻碍。”当然就个体而言，发达成员也有部分透明度执行较好的，如2009～2014年加拿大、欧盟、日本三个发达成员SPS通报给予60天及以上评议期的比例达到80%以上。

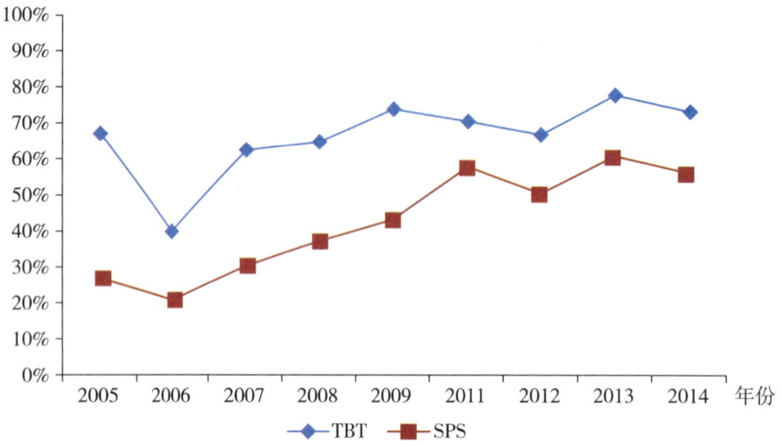

图1－27　技术性贸易措施60天评议期执行情况

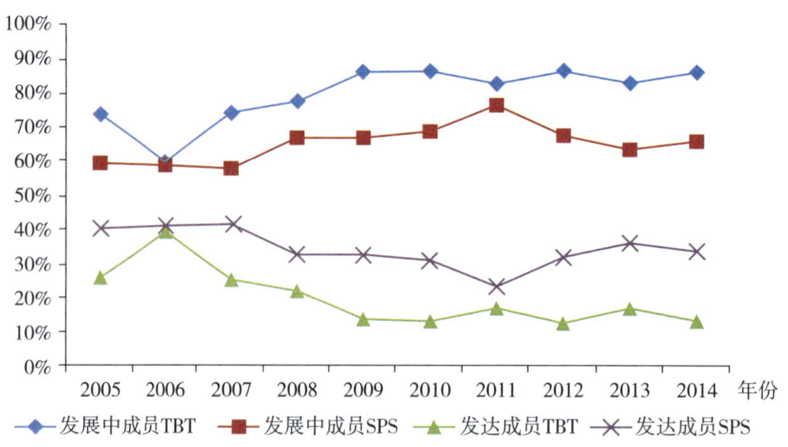

图1－28　发展中成员和发达成员执行60天评议期对比

在WTO平台上，发展中成员运用WTO相关原则的能力正在逐步提高。它们利用WTO提供的评议机会和多边双边磋商机会，积极主动地维护自身权益，使得发达成员在研究制定新措施时考虑到发展中成员所表达的关切，是发展中成员降低技术性贸易措施不利影响的重要政策途径。

六、小结

对外贸易是经济增长的主要影响因素。保持对外贸易稳定增长，是符合我国国情的、长期的战略任务，对我国的经济发展、人民福祉的增加都至关重要。目前我国的对外贸易进入了稳增长、调结构、提质量为特征的新常态。“一带一路”战略、长江经济带、京津冀协同发展等战略为外贸的持续发展开拓新的发展空间，构建新的增长活力。了解全球技术性贸易措施的关注热点和发展趋势，客观权衡和把握其作用的多重性，有利于有效应对技术性贸易措施的消极影响，积极借鉴和吸收国外技术性贸易措施的先发优势，将其转化为国内产品结构调整、技术升级、管理完善的内在动力，顺应经济贸易发展新常态下的新要求。

附表 1-1　2005～2014 年全国进出口额、国内生产总值和外贸依存度

指标	年份									
	2005	2006	2007	2008	2009	2010	2011	2012	2013	2014
进出口总额/亿元人民币	116921.8	140974.0	166863.7	179921.5	150648.1	201722.2	236402.0	244160.2	258168.9	264334.5
出口总额/亿元人民币	62648.1	77597.2	93563.6	100394.9	82029.7	107022.8	123240.6	129359.3	137131.4	143911.7
进口总额/亿元人民币	54273.7	63376.9	73300.1	79526.5	68618.4	94699.3	113161.4	114801.0	121037.5	120422.8
国内生产总值/亿元人民币	185895.8	217656.6	268019.4	316751.7	345629.2	408903.0	484123.5	534123.0	588018.8	636138.7
进出口依存度	62.9%	64.8%	62.3%	56.8%	43.6%	49.3%	48.8%	45.7%	43.9%	41.6%
出口依存度	33.7%	35.7%	34.9%	31.7%	23.7%	26.2%	25.5%	24.2%	23.3%	22.6%
进口依存度	29.2%	29.1%	27.4%	25.1%	19.9%	23.2%	23.4%	21.5%	20.6%	18.9%

数据来源：国家统计局。

附表 1-2　2005～2014 年中国与主要贸易伙伴的货物进出口总额

单位：亿美元

项目	年份									
	2005	2006	2007	2008	2009	2010	2011	2012	2013	2014
中国同美国	2115.1	2626.6	3020.7	3337.4	2982.6	3853.9	4465.8	4846.7	5207.5	5551.2
中国同中国香港	1367.0	1660.9	1972.4	2036.5	1749.3	2305.6	2834.8	3413.1	4007.0	3760.9
中国同日本	1843.9	2073.0	2359.5	2667.3	2287.8	2977.8	3428.3	3294.6	3123.8	3124.4
中国同韩国	1119.3	1342.5	1598.5	1860.7	1562.2	2071.2	2456.3	2564.2	2742.4	2904.9
中国同中国台湾	912.3	1078.3	1244.9	1292.2	1062.2	1454.1	1600.2	1689.8	1970.4	1983.1
中国同德国	632.5	781.9	941.0	1150.0	1056.4	1423.1	1691.4	1611.3	1615.0	1777.5
中国同澳大利亚	272.6	329.5	438.3	596.8	601.3	883.4	1165.8	1223.5	1365.1	1369.1
中国同马来西亚	307.0	371.1	463.9	535.6	519.7	742.5	900.2	948.3	1060.8	1020.2
中国同俄罗斯	291.0	333.9	481.6	569.1	387.5	555.3	792.7	882.1	892.6	952.9
中国同巴西	148.2	202.9	297.1	486.7	424.0	625.9	842.3	857.5	902.0	865.8
中国同越南	82.0	99.5	151.2	194.6	210.5	300.9	402.1	504.4	654.8	836.4
中国同英国	245.0	306.7	394.3	456.2	391.6	500.7	586.8	631.0	700.2	808.7
中国同新加坡	331.5	408.6	471.4	524.8	478.6	570.8	637.1	692.7	759.0	797.4
中国同荷兰	288.0	345.1	463.4	512.2	418.1	561.8	681.6	676.0	701.4	742.8
中国同泰国	218.1	277.3	346.4	412.9	381.9	529.4	647.3	697.5	712.4	726.7
中国同印度	187.0	248.6	386.3	518.4	433.8	617.6	739.1	664.7	654.0	705.9
中国同印度尼西亚	167.9	190.6	250.0	315.2	283.9	427.5	605.6	662.3	683.6	635.8
中国同南非	72.7	98.5	140.5	178.5	160.8	257.0	454.7	599.9	652.2	602.9
中国同沙特阿拉伯	160.7	201.4	253.7	418.5	325.5	432.0	643.2	733.1	721.9	—*
中国进出口总额	14219.1	17604.4	21765.7	25632.6	22075.4	29740.0	36418.6	38671.2	41589.9	43030.4

* 2014 年中国与沙特阿拉伯进出口总额暂未查到。

数据来源：国家统计局。

附表 1－3　2005～2014 年我国出口商品结构表（HS 分类）

单位：亿美元

项目	年份									
	2005	2006	2007	2008	2009	2010	2011	2012	2013	2014
机电仪器	3788.2	4881.3	6245.8	7291.3	6397.0	8441.6	9747.4	10511.1	11265.2	11578.6
纺织鞋帽	1304.3	1643.5	1963.8	2157.3	1958.7	2434.4	2930.0	3048.6	3380.1	3581.6
化矿金属	1098.6	1444.5	1902.0	2493.8	1539.1	2161.5	2783.0	2783.4	2913.2	3324.2
玩具家具	55.3	621.2	772.2	918.5	798.6	1012.6	1316.7	1716.7	1867.0	2100.4
橡塑皮革	388.9	450.2	528.8	596.6	526.1	728.4	962.9	1090.8	1196.8	1254.8
木材纸张非金属	249.4	323.5	388.8	444.1	398.0	508.1	634.2	711.5	796.8	871.5
农食产品	264.6	302.1	354.6	388.3	382.4	476.3	586.2	610.9	653.7	693.7
特殊交易品及未分类商品	—*	23.1	21.7	17.0	16.3	14.7	23.4	14.2	17.3	22.7

* 2005 年的特殊交易品及未分类商品的数据暂未查到。

附表 1－4　2005～2014 年我国进口商品结构表（HS 分类）

单位：亿美元

项目	年份									
	2005	2006	2007	2008	2009	2010	2011	2012	2013	2014
机电仪器	3421.4	4179.2	4871.6	5248.3	4789.5	6444.1	7359.6	7652.9	8221.4	8345.5
化矿金属	1994.7	2395.0	3083.5	4177.3	3527.6	4993.3	6690.5	6826.0	6991.2	6859.8
农食产品	221.9	236.3	332.0	504.1	462.7	610.2	770.3	921.7	1007.9	1082.1
橡塑皮革	443.2	525.5	617.8	675.6	645.3	883.3	1026.2	1000.1	1034.4	1041.7
特殊交易品及未分类商品	—*	20.3	24.6	44.1	33.1	184.3	495.0	687.7	1047.4	827.6
木材纸张非金属	201.3	223.3	270.2	302.6	270.4	378.8	496.5	476.5	520.0	562.5
玩具家具	34.7	70.5	96.7	111.2	102.0	159.1	201.9	188.8	250.0	497.1
纺织鞋帽	241.2	264.5	263.2	262.4	228.7	309.5	395.1	430.3	427.7	386.6

* 2005 年的特殊交易品及未分类商品的数据暂未查到。

数据来源：国家统计局。

附表 1－5　2005～2014 年我国高新技术产业进出口额

单位：亿美元

项目	年份									
	2005	2006	2007	2008	2009	2010	2011	2012	2013	2014
进口额	1976.7	2473.0	2869.9	3419.4	3098.4	4126.7	4629.9	5070.8	5579.4	5514.1
出口额	2182.4	2814.3	3478.3	4156.1	3769.1	4924.1	5487.9	6011.6	6600.8	6605.3
进出口总额	4159.1	5287.3	6348.2	7575.5	6867.5	9050.8	10117.8	11082.4	12180.2	12119.4
出口额一进口额	205.7	341.3	608.4	736.7	670.7	797.4	858	940.8	1021.4	1091.2

数据来源：国家统计局。

附表 1 - 6　2005～2014 年我国主要省份/直辖市货物出口总额

单位：亿美元

省份	年份									
	2005	2006	2007	2008	2009	2010	2011	2012	2013	2014
广东	2381.6	3019.5	3692.6	4041.0	3589.6	4532.0	5319.4	5741.4	6364.0	6462.2
江苏	1229.8	1604.2	2037.0	2380.4	1992.4	2705.5	3126.2	3285.4	3288.6	3418.7
浙江	768.0	1009.0	1282.9	1542.9	1330.2	1804.8	2163.6	2245.7	2487.9	2733.5
上海	907.2	1135.9	1438.9	1692.1	1418.8	1807.2	2096.9	2067.4	2042.0	2101.6
山东	461.3	586.0	751.3	930.8	795.0	1042.5	1257.9	1287.3	1345.0	1447.5
福建	348.5	412.7	499.4	569.9	533.3	715.0	928.4	978.4	1065.0	1134.6
重庆	25.2	33.5	45.1	57.2	42.8	74.9	198.4	385.7	468.0	634.1
北京	308.7	379.8	489.2	574.5	483.8	554.6	590.3	596.5	632.5	623.5
辽宁	234.4	283.2	353.3	420.6	334.4	431.2	510.4	579.5	645.4	587.6
天津	273.9	335.0	381.5	420.4	298.9	375.2	445.0	483.1	490.3	526.0
四川	47.0	66.2	86.1	131.1	141.5	188.5	290.5	384.6	419.5	448.5
河南	50.9	67.0	83.9	107.1	73.5	105.3	192.4	296.8	359.9	393.8
河北	109.3	128.4	170.1	240.3	156.9	225.7	285.8	296.0	309.6	357.1
江西	24.4	37.5	54.6	76.9	73.6	134.2	218.8	251.1	281.7	320.4
全国	7619.5	9689.8	1220.5	1430.7	12016.1	15777.5	18983.8	20487.1	22090.0	23427.5

数据来源：商务部。

附表 1－7　2005～2014 年我国主要省份/直辖市货物进口总额

单位：亿美元

省份	年份									
	2005	2006	2007	2008	2009	2010	2011	2012	2013	2014
广东	1893.2	2252.6	2648.1	2791.6	2521.2	3314.6	3815.3	4096.8	4551.7	4305.1
北京	947.0	1201.9	1440.2	2142.6	1664.8	2460.2	3304.7	3482.7	3658.6	3533.1
上海	956.2	1139.4	1390.3	1529.0	1358.7	1881.7	2276.2	2298.0	2370.3	2562.5
江苏	1049.6	1235.8	1458.6	1542.3	1395.9	1952.4	2271.4	2195.6	2219.9	2218.9
山东	306.1	366.2	473.7	652.7	594.7	847.0	1102.0	1168.1	1326.5	1323.7
浙江	305.9	382.5	485.4	568.6	547.1	730.0	930.4	876.7	870.4	817.9
天津	259.2	309.8	333.8	383.1	339.4	446.8	588.9	673.1	795.0	813.2
福建	195.8	214.0	2451.5	278.5	263.3	372.9	507.2	580.9	628.5	640.4
辽宁	175.7	200.7	241.5	303.8	294.8	375.5	449.2	460.4	497.4	552.0
重庆	32.0	21.2	29.3	38.0	34.3	49.4	93.8	146.3	219.1	320.4
河南	26.4	31.6	44.1	68.1	60.9	72.6	134.0	220.7	239.6	256.5
四川	17.7	28.0	57.8	89.3	100.8	139.3	187.4	206.6	226.4	254.0
河北	51.4	56.9	85.2	143.9	139.2	193.6	250.2	209.4	239.2	241.7
黑龙江	35.0	44.2	50.4	63.3	61.5	92.2	208.4	233.9	226.5	215.6
全国	6599.5	7914.6	9561.2	11325.7	10059.2	13962.4	17434.8	18184.1	19499.9	19602.9

数据来源：商务部。

第二章 2005～2014年国外技术性贸易措施对我国出口企业影响规律

第一节 全国技术性贸易措施影响调查总体情况分析

在多边贸易体制不断完善的今天，传统关税壁垒的贸易保护作用逐渐被弱化。以技术性贸易措施为代表的非关税壁垒则以其隐蔽性和难以逾越性成为许多国家，尤其是发达国家以合理借口构筑实质性贸易壁垒的工具。近年来，我国出口企业也遭遇了国外技术性贸易措施的严重影响，对企业造成了直接损失和成本负担。

为了解主要贸易伙伴技术性贸易措施对我国出口影响情况，国家质检总局从2006年开始，采用双层复合不等比例抽样法，十年间在全国范围内共抽取27200多家（次）出口企业，就上一年度受国外技术性贸易措施的影响情况开展入户调查（以下简称“调查”）。

从调查情况来看，2005～2014年，全国约1/3的出口企业不同程度地受到国外技术性贸易措施的影响，十年中造成直接损失5528.8亿美元，新增成本2191.3亿美元，技术性贸易措施已经成为仅次于汇率对中国出口影响最大的贸易障碍，必须引起社会各界广泛重视。

一、受影响企业比例分析

图2－1是2005～2014年中国企业受国外技术性贸易措施影响的比例，从图中可以看出，全国受国外技术性贸易措施影响的企业比例数基本保持在20％～40％的区间，十年平均受影响企业比例为32.6％，即每三家出口企业就有一家企业在外贸出口中遇到过不同国家或地区、不同类型的技术性贸易措施，影响面较大，并有不断上升的趋势。

二、直接损失分析

直接损失额是指进口国技术性贸易措施给企业出口造成的直接损失，包括产品被进口国主管机构扣留、销毁、拒绝进口（退货）、产品降级降等、丧失定单等而产生的直接损失金额[①]。

从直接损失额来看（见图2－2），2005～2014年，中国出口因国外技术性贸易措施影响导致的年直接损失额呈明显持续增长趋势，从2005年的288.1亿美元增至2014年的755.2亿美元，增幅达162.1％。其中，2005～2012年，一直保持增长势头，2013年小幅下降至662.0亿美元，

---

① 根据《中国技术性贸易措施年度报告》及问卷调查表定义。

2014 年则再次上升，达到 755.2 亿美元的新高。

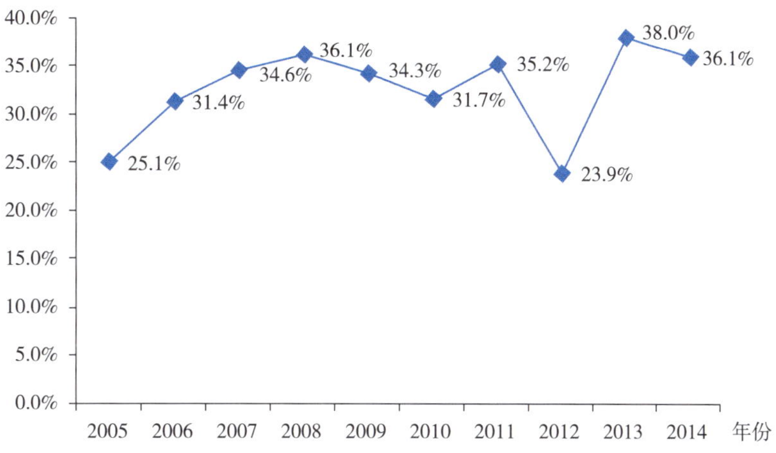

图 2-1　2005～2014 年受国外技术性贸易措施影响的企业比例

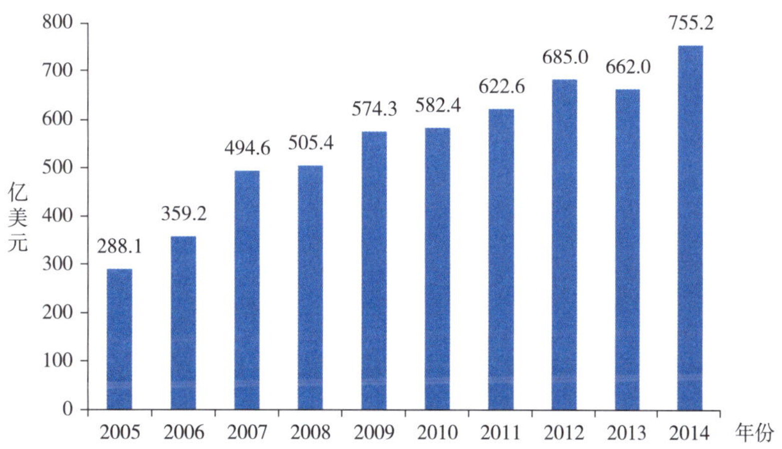

图 2-2　国外技术性贸易措施对中国出口造成的直接损失情况

考虑到过去十年贸易额本身的增长因素，为分析直接损失额与相应贸易额的对应关系，本报告对国外技术性贸易措施对我出口企业造成的直接损失额与当年出口额（见图 2-3）进行比较，所得数据在调查中称为直接损失率（见图 2-4），统计显示，该数值在 2009 年达到最高值 4.8%，其他年份基本维持在 3.0%～4.0%。以十年平均值来看，该数值为 3.7%，相当于中国企业每出口

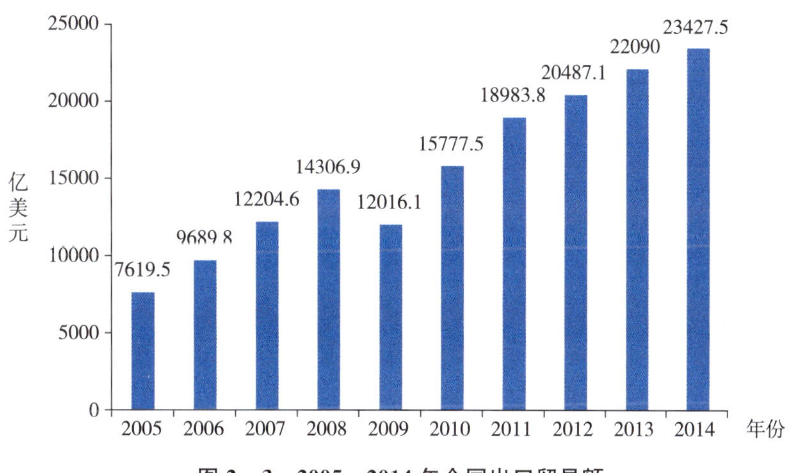

图 2-3　2005～2014 年全国出口贸易额

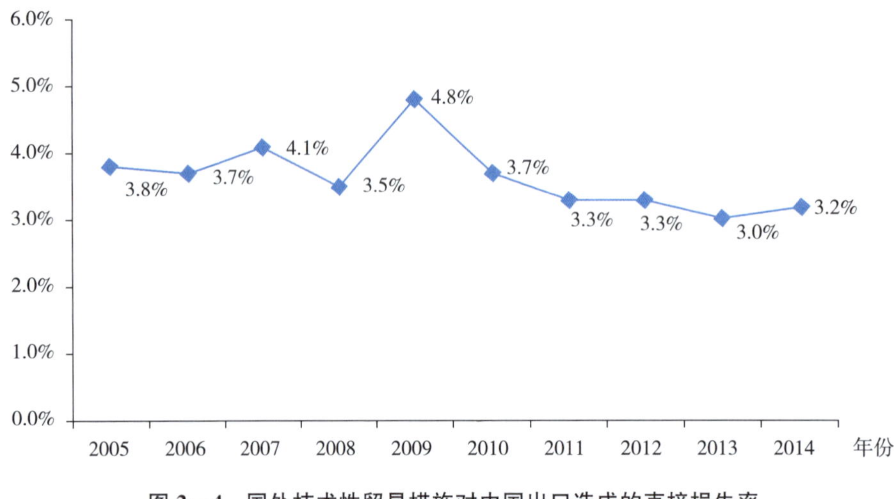

图 2－4　国外技术性贸易措施对中国出口造成的直接损失率

100 万美元的商品，同期因达不到贸易伙伴技术性贸易措施要求而造成的直接损失为 3.7 万美元。

综上所述，中国出口企业受国外技术性贸易措施的影响，每年的直接损失额不断上升，但直接损失率基本保持在 3.0%～4.0%，如果能减少这方面的损失，我国出口总额及 GDP 还有不小的上升空间。

三、新增成本分析

本书所指的新增成本包括中国出口企业为适应国外技术性贸易措施新要求而进行技术改造、包装及标签更换、新增检验、检疫、认证、处理及各种手续等产生的费用①。

为满足进口国家或地区对产品的新要求，中国出口企业需要对产品进行测试、检验、认证、注册，或改进产品生产技术、更换产品包装及标签、对产品进行其他处理，或办理其他手续，从而增加了出口成本，减少了利润。

图 2－5 为 2006②～2014 年全国出口企业新增成本推算值，从图中可以看出，2006～2012 年的 7 年间，除 2007 年数值较高（264.3 亿美元）外，新增成本基本保持在一个比较稳定的水平，并小幅稳步上涨，到 2012 年达到最高值 280.2 亿美元，但是 2013 年开始出现下降趋势。2006～2014 年的 9 年中，平均年新增成本投入为 243.5 亿美元。

图 2－6 为 2007～2014 年全国出口企业新增成本同比增长率，从图中可以看出，历年来全国新增成本增长率大幅下降，表明每年因技术性贸易措施导致的成本增长幅度在不断减少。

图 2－7 为 2006～2014 年新增成本与同年出口额的比值，本书称其为新增成本率。从图中可以清晰地看出，与每年出口额不断增长的趋势形成强烈对比，新增成本率呈明显下降趋势，从 2007 年的最高值 2.2%下降到 2014 年的 1.0%。9 年的平均值为 1.6%，相当于中国企业每出口 100 万美元的商品，为达到贸易伙伴技术性贸易措施要求而新增的成本为 1.6 万美元。

新增成本、新增成本同比增长率、新增成本率一致走低的趋势，反映了随着出口贸易的不断

① 根据《中国技术性贸易措施年度报告》及问卷调查表定义。

② 因 2005 年调查结果无新增成本金额，故本书新增成本的研究均采用 2006～2014 年数据。

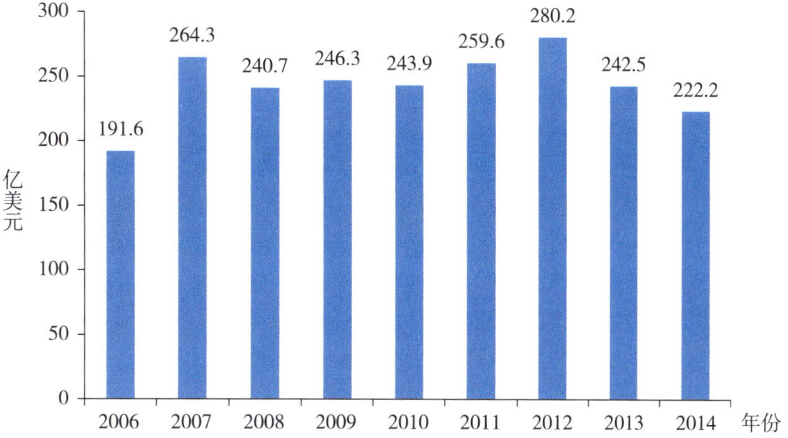

图 2－5　国外技术性贸易措施对中国出口造成的新增成本

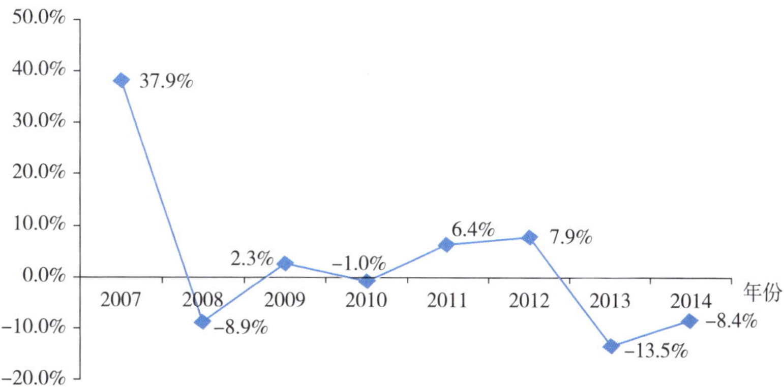

图 2－6　2007[①]～2014 年全国出口企业新增成本同比增长率

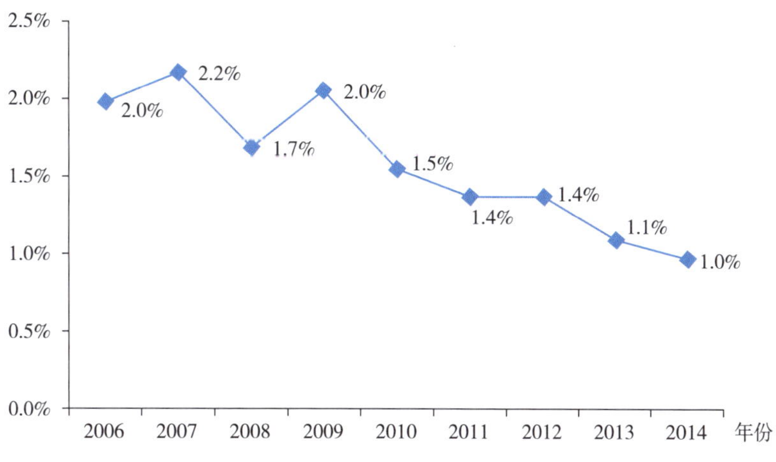

图 2－7　2006～2014 年全国出口企业新增成本率

发展，企业前些年在设备投入、技术研发等方面不断积累，逐渐在后期的应对中发挥了作用，因此后几年的新增成本增加较少。同时也一定程度上体现了加入 WTO 以来我国在应对国外愈演愈烈的技术性贸易措施上积累了经验，取得了一定的成绩。

① 由于 2006 年第一次估计新增成本金额，因此无法计算同比增长率。

四、不同类别企业所受影响分析

调查还对生产加工型和流通贸易型这两类企业所受国外技术性贸易措施的影响进行了统计。调查显示（见图 2－8），生产加工型企业受到国外技术性贸易措施影响的比例明显高于流通贸易型企业。从十年的平均水平来看，生产加工型企业中受到过国外技术性贸易措施影响的超过 1/3，而流通贸易型企业该比例则仅有 1/4。分析原因认为，由于流通贸易型企业在产品的选择上相对灵活，比较容易避开技术要求苛刻的领域，因而，技术性贸易措施的限制最终更多地由生产加工型企业来承担和克服，这也从另一个角度体现出应对当前这种新的国际竞争环境的根本，还需要靠生产企业技术和实力的提升，逼迫我国企业从长期以来的低价竞销和以量取胜的方式转向以质取胜。

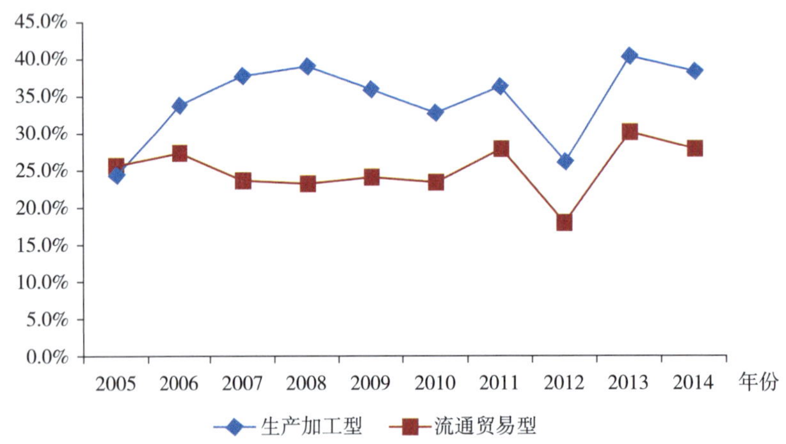

图 2－8　2005～2014 年不同类别企业受国外技术性贸易措施影响

五、不同性质企业受影响分析

调查按企业的经济性质不同，分成国有企业、民营企业、港澳台资企业和外资企业。图 2－9 为 2005～2014 年不同性质企业受到国外技术性贸易措施的影响变化图。

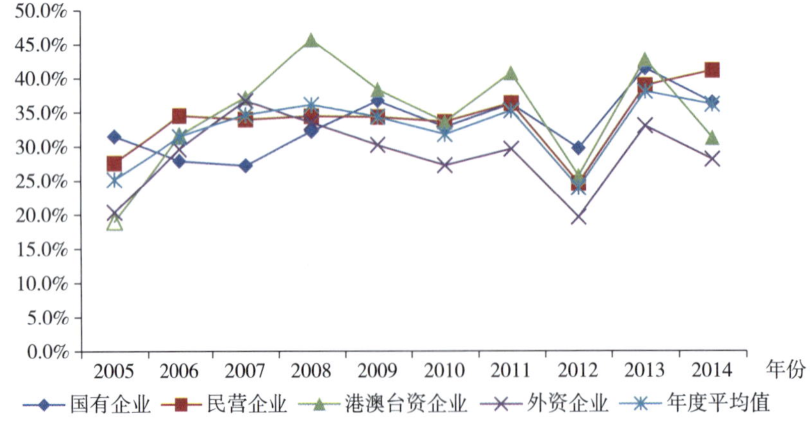

图 2－9　2005～2014 年不同性质企业受国外技术性贸易措施影响

港澳台资企业是受国外技术性贸易措施影响最严重的企业，十年的平均受影响率为34.5%。除2005年和2014年低于同年年度平均值外，其他八年都超出年度平均值，并基本保持在其他三类企业之上。

民营企业历年来受影响面的曲线走向与年度平均值的走向几乎重合，十年的平均受影响率为33.9%。数据表明在中国，民营企业是国民经济的重要代表，民营经济外贸形势的好坏直接反映全国外贸形势的好坏，从民营企业受国外技术性贸易措施影响的程度及走势也可以直接看出中国出口企业整体受影响情况。因此，协助民营企业做好国外技术性贸易措施的应对工作，提高民营企业的产品质量和管理水平，促进民营企业转型升级，对扩大中国外贸出口具有重大的促进意义。

国有企业受国外技术性贸易措施的影响，除2006～2008年比同年年度平均值低以外，其他年份都略高于年度平均值和民营企业，十年的平均率为33.2%。数据表明相对于民营企业来说，国有企业更加注重适应国外技术性贸易措施的变化，在资金、设备、材料等方面的投入更加灵活和充足。

外资企业是受国外技术性贸易措施影响最小的企业，十年的平均值为28.8%，大部分年份的受影响比例在30.0%以下。分析认为，外资企业普遍拥有比较先进的生产和管理技术，能较好地与国际接轨，按照发达国家标准或者国际标准进行生产，同时与本国有着天然的联系①，具有一定的信息渠道，在取得认证、第三方检测等方面也能得到较大的便利和优惠，因此在面对国外技术性贸易措施问题上显示出了一些优势。

综上所述，在不同性质企业中，港澳台资企业是受国外技术性贸易措施影响最严重的企业，但2014年开始下降；民营企业代表着中国企业整体水平，2014年影响面达到新高，是应对技术性贸易措施的关键点；外资企业由于对国外技术性贸易措施比较熟悉而受影响最轻。

六、产品测试、检验、认证、注册费占比分析

为确保产品符合国外技术性贸易措施要求，或根据国外措施的要求，出口企业须投入一定的成本对产品进行必要的测试、检验、认证或注册。图2－10为2005～2014年出口企业每年的产品测试等费用在本企业出口额中所占的比例变化趋势图。

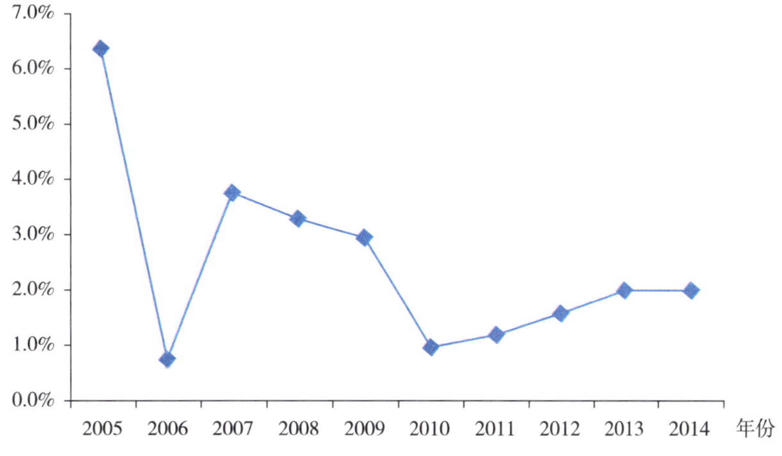

图2－10　2005～2014年出口企业产品测试等费用在出口额中比率

① 朱信凯，刘刚，赵昕．技术性贸易壁垒的企业差异化分析与国际贸易对策［J］．管理世界，2008（6）：33.

从图中可以看到，出口企业在产品测试、检验、认证、注册上所花费的费用在出口额中的比率从2005年的6.4%到2006年0.8%，变化幅度较大，2007年以后相对趋于平稳，到2014年降为2.0%，表示企业每出口100万美元的产品，要在测试、检验、认证、注册上花费约2万美元的费用。

七、受损形式分析

进口方往往以中国企业出口产品不能满足其特定的技术要求为由，而对中国产品采取多种形式的阻碍措施，使中国企业遭受经济损失，包括：取消定单，对货物进行扣留、销毁、退回、改变用途、降级等处理①。

图2－11显示的是企业受损形式示意图，可以看出，2005～2014年，丧失定单是造成损失的最主要表现形式，在全部损失形式中所占的比例为51.1%，其次是退回货物、降级处理，在全部损失形式中占比分别为12.5%和10.9%。

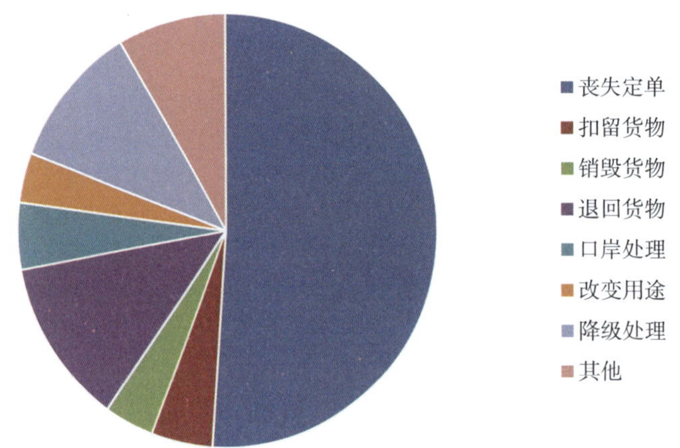

图2－11　2005～2014年企业受损形式

图2－12为出口企业遭受不同形式损失的累计次数②。如图所示，2006～2012年，出口企业受损失数量变化比较平稳，表明企业每年受损的形式变化不大，而2012年以后企业受损失形式的

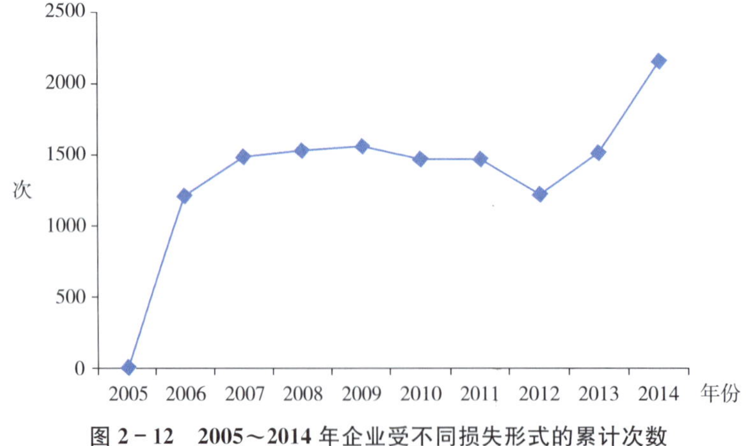

图2－12　2005～2014年企业受不同损失形式的累计次数

① 根据《中国技术性贸易措施年度报告》及问卷调查表定义。

② 若一家企业一年中同时遭遇过取消定单、扣留、销毁、退回等4类损失形式，则计为4次，因该统计是2006年后才开展的，因此2005年数据为零。

次数总和出现明显增长，同比分别上升 24.6%和 42.2%。分析认为，除了与被调查企业的抽样数量增大有关外，近年来，企业遇到的技术性贸易措施的形式呈现多样化，一个企业一年中可能会遭遇到多种形式的损失。

八、技术性贸易措施在出口障碍中的排名分析

为比较技术性贸易措施与其他常见贸易措施对贸易的阻碍作用，调查列出了以下 8 个选项供企业选择：(1) 技术性贸易措施；(2) 反倾销；(3) 反补贴；(4) 配额；(5) 许可证；(6) 关税；(7) 汇率；(8) 其他。

从图 2－13 为主要障碍的占比示意图，表 2－1 为企业认为对外贸影响最严重的前三位障碍排名。可以看出，汇率、技术性贸易措施、关税一直是压在外贸企业身上的三座大山，让企业不堪重负，已经远远超过反倾销、反补贴、配额、许可证这些措施对企业出口的影响。而其中，汇率一直是影响出口的最大因素，牢牢占据第一把交椅；技术性贸易措施自 2008 年以来除 2012 年被关税超越外一直稳居第二位，成为仅次于汇率对中国出口影响最大的贸易障碍，必须引起足够重视；而随着全球经济一体化的不断发展，关税的影响则越来越小。

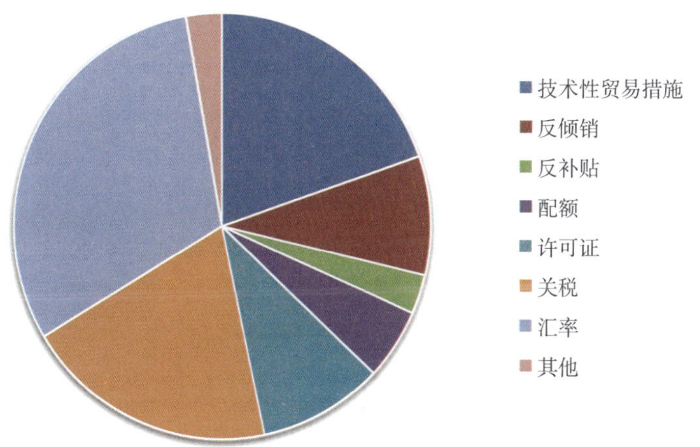

图 2－13　中国企业在出口中遇到的主要障碍

表 2－1　2006～2014 年中国企业在出口中遇到的前三位障碍

年份	第一位	第二位	第三位
2006	汇率	关税	技贸措施
2007	汇率	关税	技贸措施
2008	汇率	技贸措施	关税
2009	汇率	技贸措施	关税
2010	汇率	技贸措施	关税
2011	汇率	技贸措施	关税
2012	汇率	关税	技贸措施
2013	汇率	技贸措施	关税
2014	汇率	技贸措施	关税

九、企业在遭遇国外技术性贸易措施时采取的做法分析

为了解中国企业在遇到国外技术性贸易措施时所采取的做法，调查列出以下 9 个选项：（1）向国家质检部门报告；（2）向商务部门报告；（3）向我国驻外使馆报告；（4）向行业商协会报告；（5）向其他主管部门报告；（6）与国外进口商交涉；（7）不寻求解决方式，不再出口或寻求新市场；（8）加强管理，自主创新，提高产品竞争力；（9）其他。

9 种选项中，向质检、商务和驻外使馆报告，属于向政府机构寻求帮助；向行业商协会报告，属于借助协会等团体应对力量；与进口商交涉和提高产品竞争力，属于企业从自身角度主动应对；而放弃相关市场，市场面变窄，选择性变小，其对企业未来发展的影响也最为深远。

图 2－14 中 2005～2014 年企业遭遇国外技术性贸易措施时采取的做法为 2005～2014 年被调查企业遭遇国外技术性贸易措施时采取上述 9 项做法的累计次数。从图中可以看出，企业倾向于通过“加强管理，自主创新，提高产品竞争力”的途径应对国外技术性贸易措施。而转变观念，变消极回避为积极应对，着力提高生产技术，推动产业转型升级，打造核心竞争力，也是技术性贸易措施倒逼产业升级的体现。同时，企业的维权意识不断加强，在遇到不公平对待时，能够通过与进口商交涉自行解决。另外，经过多年的努力，国家质检部门已经成为企业心中应对国外技术性贸易措施的主管部门，在遇到类似问题时，企业能主动向质检部门报告，寻求更多的解决途径。

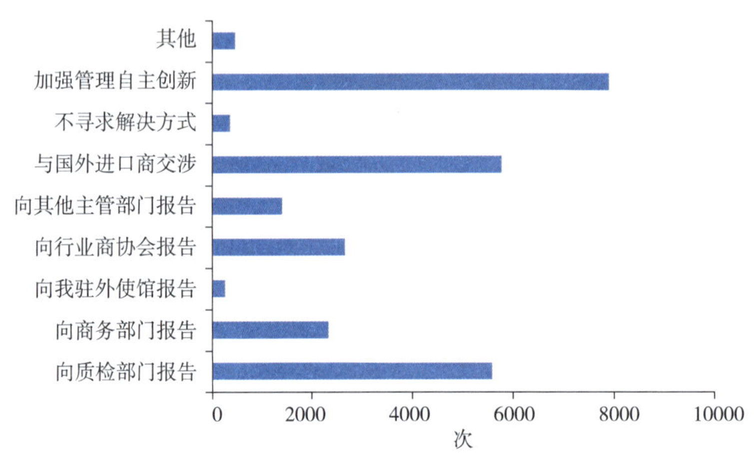

图 2－14　2005～2014 年企业遭遇国外技术性贸易措施时采取的做法累计数

十、企业获取国外技术性贸易措施信息的途径分析

调查了解了企业从哪些途径获取技术性贸易措施信息，列出了以下 12 个选项：（1）国家质量监督检验检疫机构；（2）其他政府部门；（3）直接与中国 TBT、SPS 咨询点联系；（4）通过 TBT、SPS 咨询点网站；（5）我国驻外使领馆；（6）外国驻华使领馆；（7）中国有关行业协会和商会；（8）媒体（报刊、杂志、电视等）；（9）国外经销商提供的信息；（10）国外 TBT、SPS 咨询点；（11）国外政府网站；（12）其他。

图 2－15 为 2005～2014 年企业获取技术性贸易措施信息的各类途径所占比例。从图中可以看

出，出口企业获取国外技术性贸易措施信息主要集中于质检机构、国外经销商、行业协会和商会、媒体四种途径。

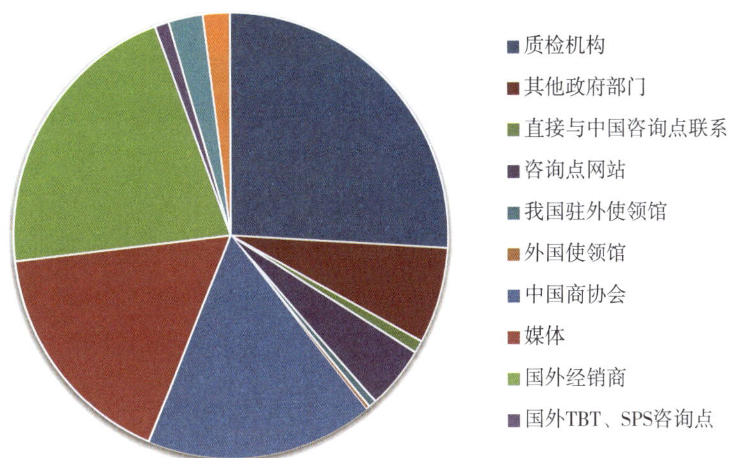

图 2－15　2005～2014 年企业获取技术性贸易措施信息的途径

表 2－2 则列出了这四种途径每年的排名，可以看出，质检机构是企业获取技术性贸易措施信息的第一途径（25.9%），远高于其他各类途径，说明质检机构这些年来为企业提供技术性贸易措施信息方面所做的努力，得到了企业的认可并取得了一定的成效。国外经销商（21.2%）作为与企业直接打交道的对象，其信息从某种程度上来说更加及时、直接，企业也非常关注；另外，行业协会、商会的作用也逐年提升，除个别年份媒体排名有所靠前外，企业近年来更多在行业协会、商会获得信息。

值得关注的是，中国 TBT/SPS 咨询点网站作为国内外技术性贸易措施通报信息的权威发布网站，其在企业众多信息渠道选取中的平均占比仅为 4.6%，远低于媒体的 17.0%。由此可见，中国 TBT/SPS 咨询点网络平台在企业中的宣传和作用仍需要进一步加强。

表 2－2　企业获取技术性贸易措施信息的前四种途径

年份	第一位	第二位	第三位	第四位
2005	质检机构	国外经销商	行业协会商会	媒体
2006	质检机构	媒体	国外经销商	行业协会商会
2007	质检机构	国外经销商	媒体	行业协会商会
2008	质检机构	国外经销商	媒体	行业协会商会
2009	质检机构	国外经销商	媒体	行业协会商会
2010	质检机构	国外经销商	行业协会商会	媒体
2011	质检机构	国外经销商	行业协会商会	媒体
2012	质检机构	国外经销商	行业协会商会	媒体
2013	质检机构	国外经销商	行业协会商会	媒体
2014	质检机构	国外经销商	行业协会商会	媒体

十一、企业在应对国外技术性贸易措施时希望得到的帮助分析

图 2－16 所示 2005～2014 年企业在应对国外技术性贸易措施时希望得到的帮助在所有帮助选项中的比例，包括：（1）及时提供国外技术性贸易措施的最新信息；（2）提供针对具体产品的应对国外技术性贸易措施的技术指南；（3）举办针对性的培训班、研讨会；（4）提供有针对性的技术咨询；（5）及时对外交涉、谈判，将影响降至最低等。从图中可以看出，及时提供信息、技术指南、技术咨询是出口企业最迫切的需求，在企业的需求选择中平均占比分别为 27.5%、21.2% 和 19.7%。这在一定程度上反映了中国出口企业在获取信息方面依然存在着困难，缺乏有效应对国外技术性贸易措施的办法，迫切需要相关政府部门和机构能发挥更大作用，及时提供有关的最新信息和应对技术指导，在企业遇到问题时能提供技术咨询和培训。同时，也希望政府部门能加大对外（包括多边和双边）的交涉力度，积极为企业争取更大权益。

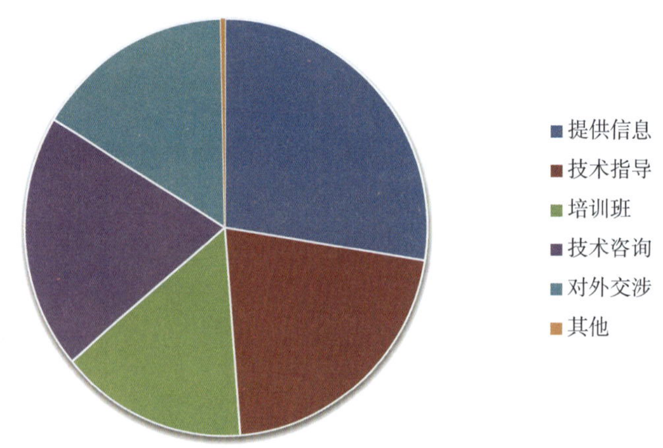

图 2－16　2005～2014 年企业在应对国外技术性贸易措施时希望得到的帮助

第二节　行业分析

一、行业的划分

我国出口企业所经营产品的种类繁多，为便于分析经营不同产品出口企业受国外技术性贸易措施影响的异同之处，调查将产品种类相近的企业归为一个大类，共划分为七大类。大类名称、划分标准和主要涉及产品描述如下：

（1）农食产品类企业，经营 HS 编码前两位为 01～24 的产品，主要涉及农产品、动植物产品（包括油脂）、食品、饮料、酒、烟草等。

（2）机电仪器类企业，经营 HS 编码前两位为 84～93 的产品，主要涉及机械设备、车辆、航空器、船舶、光学仪器、钟表、乐器、武器类的产品。

（3）化矿金属类企业，经营 HS 编码前两位为 25～38、72～83 的产品，主要涉及矿物产品、化学产品、贱金属及其制品等。

(4) 纺织鞋帽类企业，经营 HS 编码前两位为 50～67 的产品，主要涉及天然纤维、化学纤维、纺织品、服装、鞋、帽类产品等。

(5) 橡塑皮革类企业，经营 HS 编码前两位为 39～43 的产品，主要涉及塑料、橡胶、皮革、毛皮及其制品等。

(6) 玩具家具类企业，经营 HS 编码前两位为 71、94～97 的产品，主要涉及珠宝、贵金属及其制品、家具、灯具、玩具、游戏及运动用品、艺术品、收藏品、古物、杂项制品等。

(7) 木材纸张非金属类企业，经营 HS 编码前两位为 44～49、68～70 的产品，主要涉及木及木制品、纸浆及纸制品、印刷品、矿物材料制品、陶瓷产品、玻璃及其制品等。

二、不同行业受影响比例分析

图 2－17 为不同行业受国外技术性贸易措施影响的比例。从图中可以看出，受影响比例总体高于平均水平的行业是：农食产品、机电仪器和玩具家具。其中，农食产品除 2010～2012 年居第二位外，其余年份均为受影响比例最大的行业，最高的 2008 年超过半数（55.8%）的企业受到影响，最低的 2012 年也有超过 1/4（27.1%）的企业受影响。机电仪器受损比例在 2010 年达到最高值（48.3%，居第一位）后下降，并在 2013～2014 年略低于行业平均水平。玩具家具受影响比例自 2006 年之后快速升高，基本居于第二位，并在 2011～2012 年成为受影响比例最高的行业。

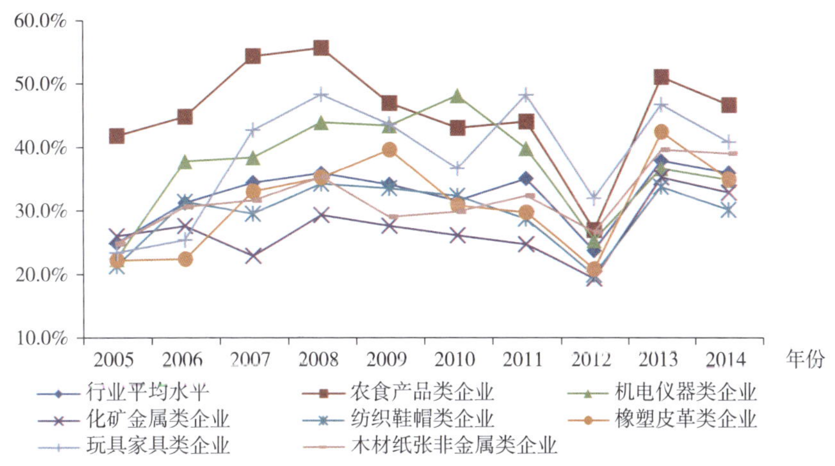

图 2－17　2005～2014 年不同行业受损比例

受影响比例总体低于平均水平的行业是：化矿金属、纺织鞋帽、橡塑皮革和木材纸张非金属。其中，化矿金属 2006～2012 年是受影响比例最低的行业，但 2012 年达到最低点（19.5%，约 1/5 的企业）后升高，并接近总体平均水平。纺织鞋帽 2010 年后受影响比例进一步低于行业平均水平。橡塑皮革除 2009 年和 2013 年，均低于总体平均水平。木材纸张非金属 2011 年之前受影响比例低于总体平均水平，之后高于总体平均水平。

三、直接损失分析

图 2－18 为不同行业 2005～2014 年因国外技术性贸易措施而造成的直接损失额情况。图中显示，直接损失额呈加重态势的有机电仪器、化矿金属和纺织鞋帽。其中，机电仪器是各行业中损

失金额最大的，从2005年的39.3亿美元（接近总体平均水平）飙升至2014年的311.7亿美元（达到行业平均水平的3倍），加重近8倍。分析原因，应该与同期美国、欧盟、日本、韩国等陆续出台了大量涉及机电仪器类产品的能效标准、排放标准和安全标准等相关，比较著名的有美国《能源政策法案》、欧盟EuP/ErP指令、欧盟修订RoHS指令、机动车"欧5"排放标准等。化矿金属直接损失自2010年开始超过行业平均水平，并震荡上升，除2013年外基本居各行业第二位。纺织鞋帽直接损失虽然基本低于总体平均水平，但呈逐年递增的趋势。

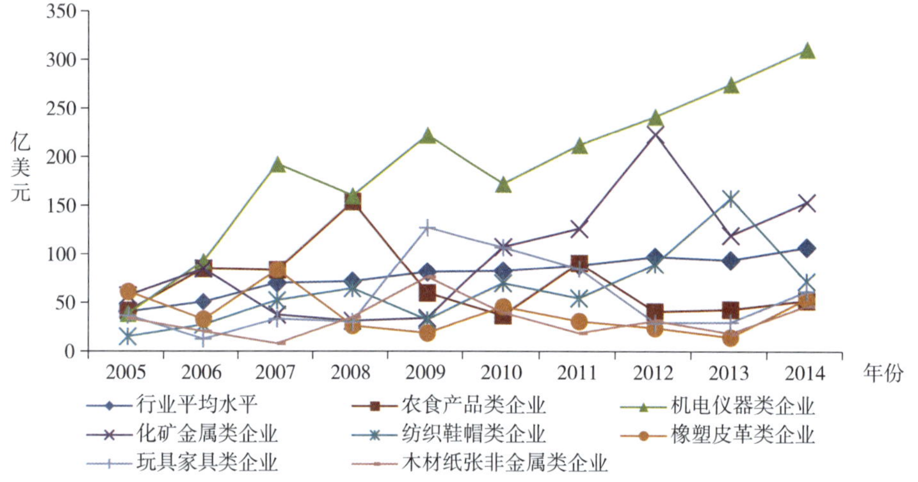

图2-18 2005～2014年不同行业直接损失额

农食产品、橡塑皮革和木材纸张非金属类企业则相对平稳。其中，农食产品直接损失2005～2008年逐年递增且高于行业平均水平，2009年开始低于行业平均水平。橡塑皮革直接损失除2005年和2007年，均在行业平均水平以下。木材纸张非金属直接损失均低于行业平均水平，其中2009年最高，接近行业平均水平。

直接损失额波动较大的是玩具家具类企业，2005～2008年低于行业平均水平，2009年超过行业平均水平并居各行业第二位，这与美国根据《消费品安全改进法案》对玩具等儿童产品出台一系列新的安全标准有密切关系。之后下降并于2011年回落至行业平均水平以下，至2013年企稳并在2014年略有回升。

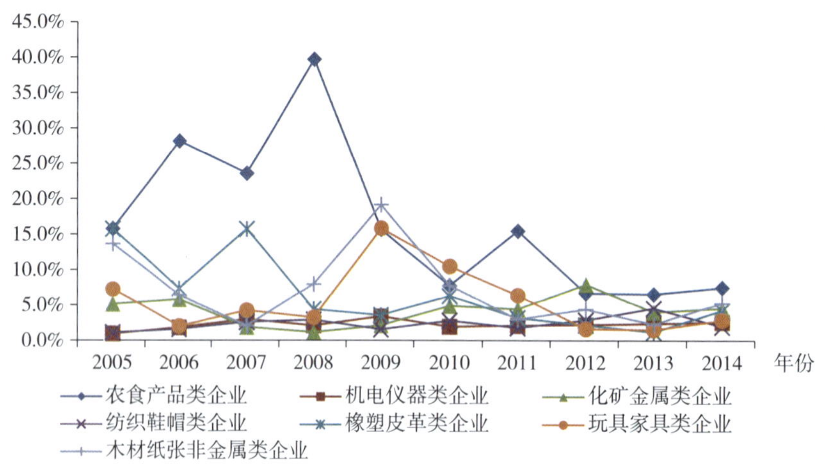

图2-19 2005～2014年不同行业直接损失率

图2-19为不同行业直接损失率情况。图中显示：

直接损失率较大的有：农食产品、化矿金属和木材纸张非金属。其中，农食产品直接损失额在各行业中并非最大，但直接损失率最严重（2008 年达到最高，39.8%）。化矿金属 2009 年以后直接损失率呈上升态势。木材纸张非金属类企业直接损失额在各行业中并不大，但直接损失率较高（2009 年达到最高，19.3%）。

直接损失率较小的有：机电仪器、纺织鞋帽、橡塑皮革。其中，机电仪器直接损失额居各行业之首且逐年上升，但直接损失率却基本处于各行业最低水平且较为稳定。橡塑皮革自 2008 年以来直接损失率呈下降态势。

玩具家具直接损失率和直接损失额变化态势基本一致，在 2009 年达到最高值随后下降，表明直接损失最重的年份确实发生在 2009 年。

四、新增成本分析

图 2－20 为不同行业 2005～2014 年新增成本额情况。图中显示，新增成本基本高于行业平均水平的有机电仪器和化矿金属。2005～2007 年，化矿金属新增成本居各行业第一位，2008 年及之后让位于机电仪器，至 2009 年达到最低点，2010 年又升至接近机电仪器的水平，随后有所下降。机电仪器新增成本 2005～2012 年处于上升态势，最高的 2012 年达到 170.1 亿美元，超过行业平均水平 4 倍多，2013～2014 年有所下降，但仍比居第二位的行业高出 1 倍。

新增成本基本低于行业平均水平的有农食产品、纺织鞋帽、橡塑皮革、玩具家具和木材纸张非金属。其中，农食产品新增成本的高峰在 2011 年，纺织鞋帽新增成本的高峰在 2008 年和 2013 年并超过了行业平均水平，其余三个行业新增成本的高峰均在 2009 年，其他年份波动平缓。

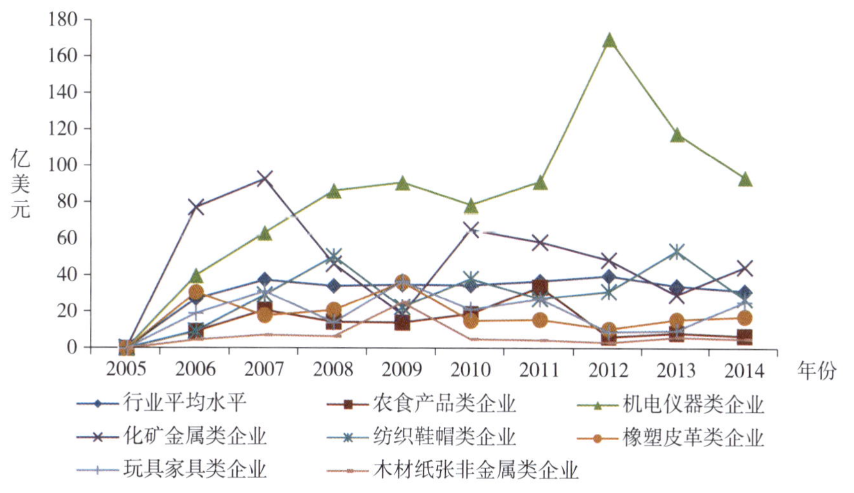

图 2－20　2005～2014 年不同行业新增成本

图 2－21 为不同行业 2005～2014 年新增成本率情况。图中显示：

新增成本率较大的有：农食产品、化矿金属、橡塑皮革和玩具家具类产品。其中，农食产品新增成本低于行业平均水平，但新增成本率较高。橡塑皮革新增成本基本低于行业平均水平，但新增成本率较高，尤其是 2006 年和 2009 年居各行业首位。玩具家具新增成本基本低于行业平均水平，但 2006～2007 年和 2009～2011 年新增成本率较高。

新增成本率较小的有：机电仪器、纺织鞋帽和木材纸张非金属类产品。其中，机电仪器新增成本远高于其他行业，但新增成本率却基本低于其他行业（除 2012 年）。木材纸张非金属 2009 年

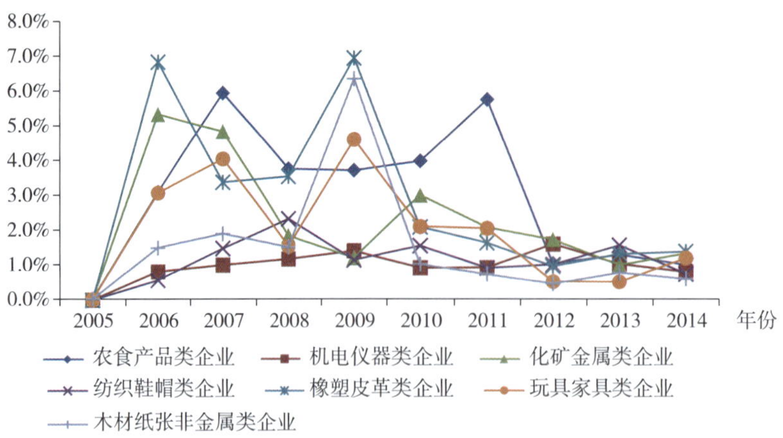

图 2-21　2005～2014 年不同行业新增成本率情况

新增成本率最大并居行业第二位，其他年份不大。

五、受影响的措施种类分析

调查所指技术性贸易措施种类，包括认证、技术标准、标签和标志、环保、人身安全、有毒有害物质限量等①。为便于衡量各行业间受到影响的措施种类差异，采用“措施种类占比”作为各行业对比基础，其计算方式如下：

措施种类占比＝某行业受某种措施影响的企业数量/该行业受影响企业总数量×100%

措施种类占比不在前 80%的措施，因其影响相对较小，不再分析讨论。

如图 2-22 所示，机电仪器类企业受影响最大的措施种类是认证要求，最高的 2014 年，受其影响的企业占该行业近 1/5（18.9%），最低的 2008 年，也有 14.1%，而且呈不断上升的态势。始终居第二位的是技术标准要求，在 2010 年达到最高（16.6%），以后逐年下降。影响呈上升态势的措施还有标签和标志要求、包装及材料要求。其中，标签和标志要求自 2011 年开始稳居第三位。环保要求、产品的人身安全要求和工业产品中有毒有害物质限量要求的影响则呈较为平稳的态势。

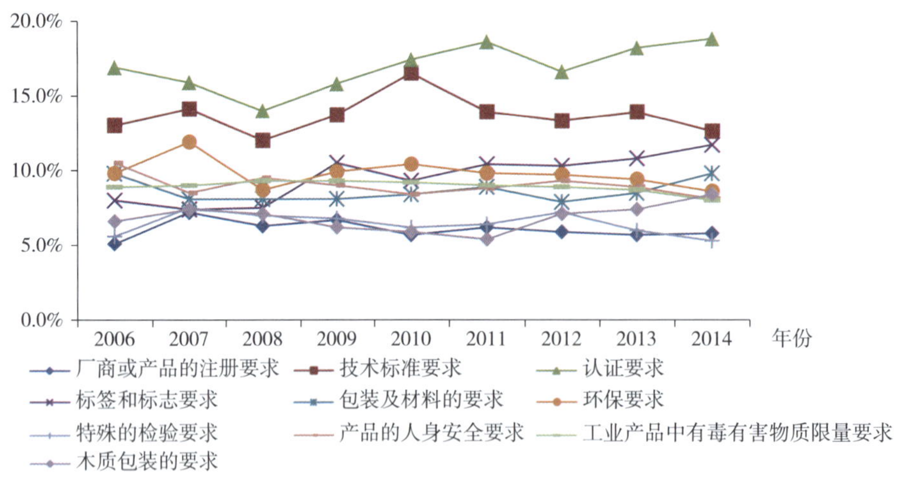

图 2-22　2006～2014 年机电仪器类企业受到影响的措施种类

① 统计中仅限于每年调查的 3000 余家企业，如果某个企业在同一年度出口同一产品到同一个国家遇到同一种措施，无论实际发生次数多少，都按一次计算。因 2005 年的调查所采用的措施分类方法与后续九年不同，故本书统计内容不包括 2005 年的调查结果。

如图 2－23 所示，化矿金属类企业受影响最主要的措施是技术标准要求和认证要求，其中 2012 年认证要求影响达到最大（17.7%），且有震荡上升趋势，分析认为，这与同期东盟部分国家和印度等国纷纷出台对钢铁产品的认证措施有一定关系。呈上升态势的措施还有厂商或产品的注册要求、标签和标志要求、工业品中有毒有害物质限量要求和木质包装要求。其中，厂商或产品的注册要求在 2008 之后处于逐年上升态势，标签和标志要求则一直处于上升态势。分析原因，这应与欧盟 REACH 法规（Registration，Evaluation，Authorisation and Restriction of Chemicals，全称《关于化学品注册、评估、许可和限制的法规》）自 2008 年 6 月 1 日开始实施，以及联合国化学品分类和标签协调系统（GHS）被越来越多国家采纳有密切关系。木质包装要求除 2013 年较低外，总体呈震荡上升趋势。呈下降态势的措施为特殊的检验要求。呈波动态势的措施有包装及材料的要求，且波动幅度逐年趋缓。

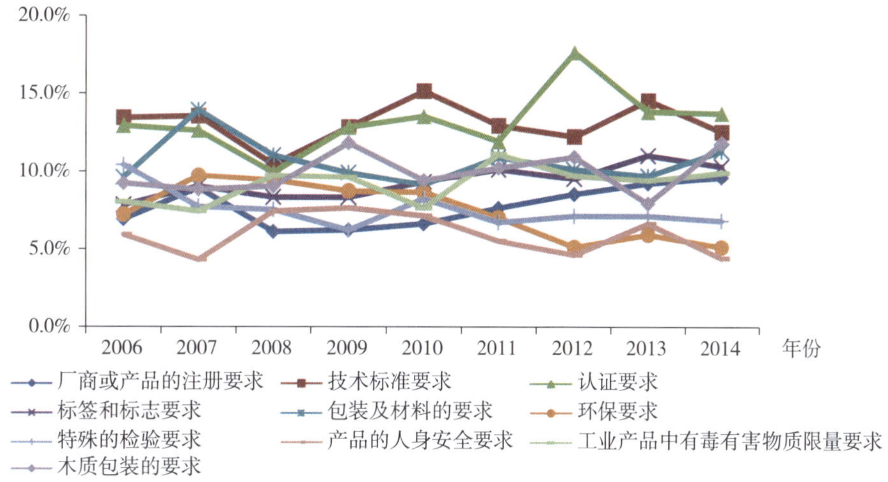

图 2－23　2006～2014 年化矿金属类企业受到影响的措施种类

如图 2－24 所示，纺织鞋帽类企业受影响最大的措施是工业品中有毒有害物质限量要求，最高在 2011 年（18.3%），随后有所回落。技术标准要求、特殊的检验要求、产品的人身安全要求、标签和标志要求和环保要求的影响次之，且五者变化趋势较为一致，均在 2010～2011 年间达到最高，随后回落。分析原因，可能与同期美国根据《易燃织物法案》对纺织品的易燃性提出了新要

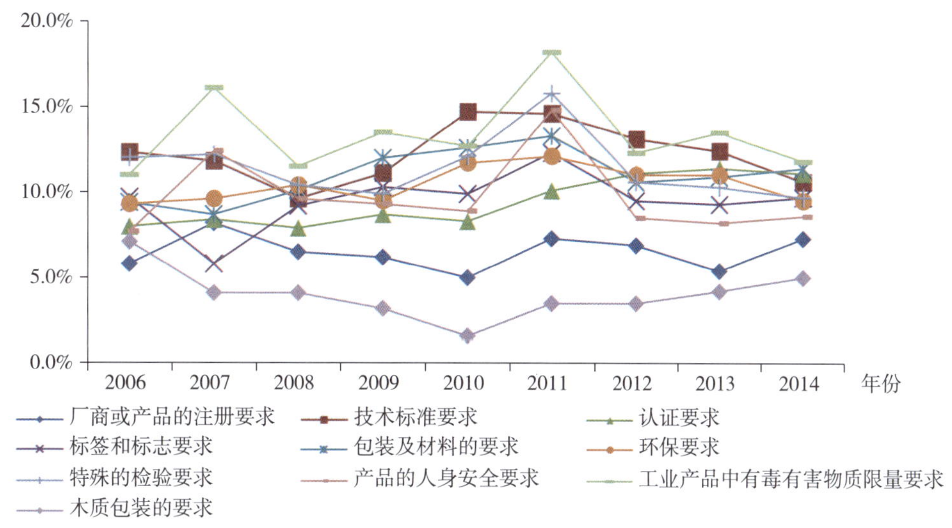

图 2－24　2006～2014 年纺织鞋帽类企业受到影响的措施种类

求有关。认证要求的影响呈稳步上升态势，至 2014 年已接近第二位。

如图 2－25 所示，橡塑皮革类企业受影响最大的措施是认证要求，且呈快速上升态势，最高在 2013 年（16.6%）。技术标准要求和工业品中有毒有害物质限量要求影响次之，且发展趋势较为稳定。环保要求的影响趋于下降。标签和标志要求在 2013 年迅速攀升，并在 2014 年维持高位。包装及材料的要求在 2007～2011 年震荡下降，2012～2014 年又有所上升。特殊的检验要求 2007 年之后快速上升，直至 2012 年才回落。

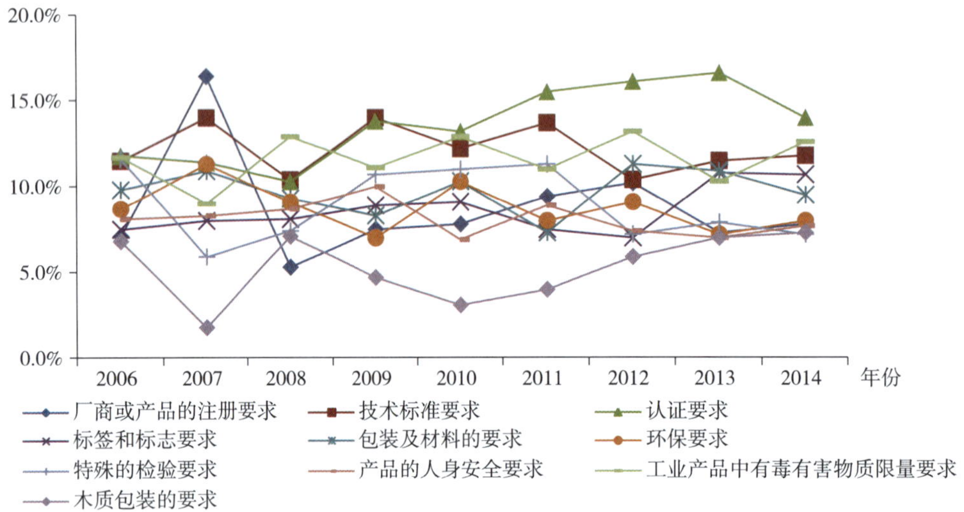

图 2－25　2006～2014 年橡塑皮革类企业受到影响的措施种类

如图 2－26 所示，玩具家具类企业受影响最主要措施是认证要求、技术标准要求和工业品中有毒有害物质限量要求。其中，认证要求于 2013 年达到最高（15.0%），并呈总体上升态势。包装及材料要求的影响呈震荡下降态势，标签和标志要求较为稳定，产品的人身安全要求在 2014 年上升较快，居于第三位。

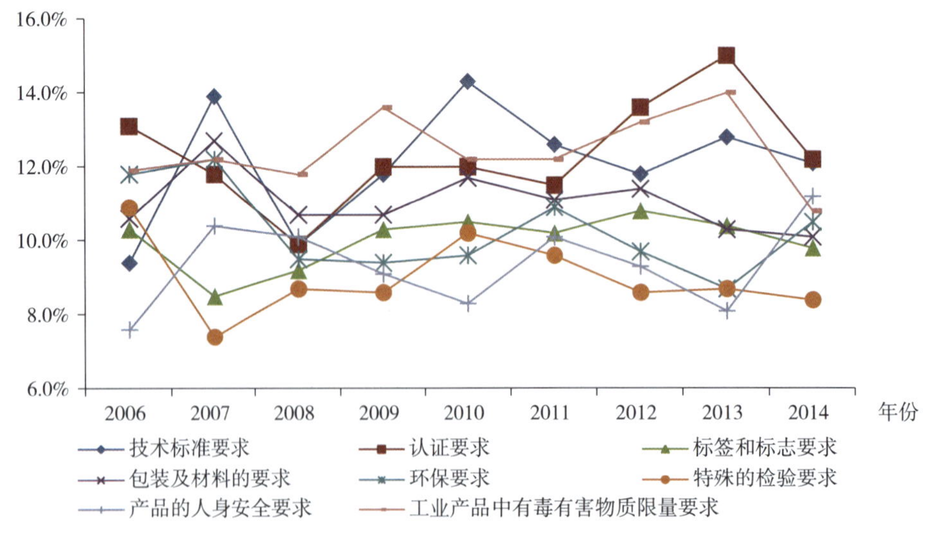

图 2－26　2006～2014 年玩具家具类企业受到影响的措施种类

如图 2－27 所示，木材纸张非金属类企业受影响最主要的措施是认证要求、技术标准要求、

木质包装要求和工业品中有毒有害物质限量要求。其中，认证要求呈不断增长态势，2012～2014 年居第一位。技术标准要求于 2010 年增至最高（18.0%），随后回落，但呈再次上升的态势。木质包装要求自 2007 年以后有所下降，但仍是发挥重要影响力的措施。工业品中有毒有害物质限量要求的震幅趋于平稳。

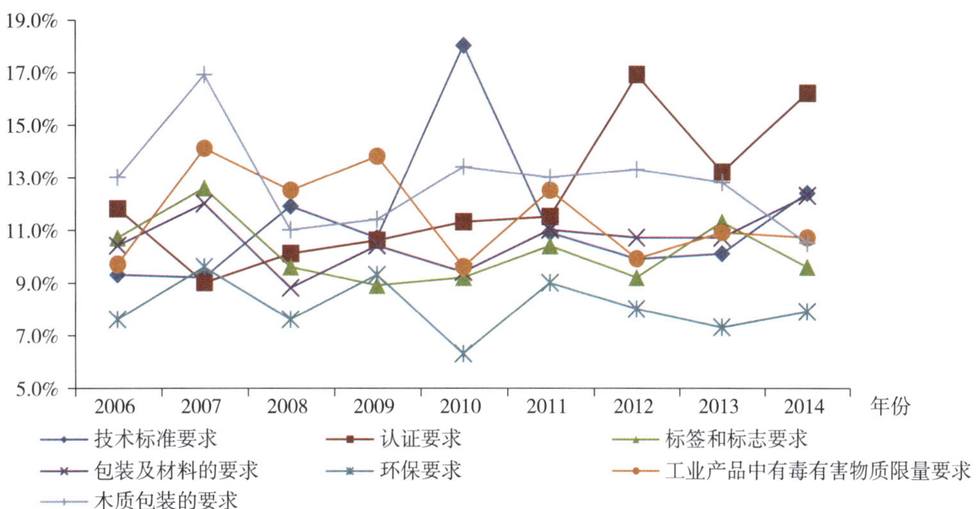

图 2－27　2006～2014 年木材纸张非金属类企业受到影响的措施种类

如图 2－28 所示，农食产品类企业受影响最大的措施是食品中农兽药残留要求，始终居第一位，2011 年达到最高（15.7%），2014 年再次冲高（15.6%）。影响次之的措施是食品中重金属等有害物质的限量要求，其变化趋势与食品中农兽药残留要求高度一致。食品中微生物指标要求影响变化较为稳定。加工厂/仓库注册要求自 2007 年开始呈上升态势。食品标签要求自 2012 年开始呈上升态势。食品添加剂要求和食品接触材料要求呈下降态势。植物病虫害杂草方面的要求影响最小。

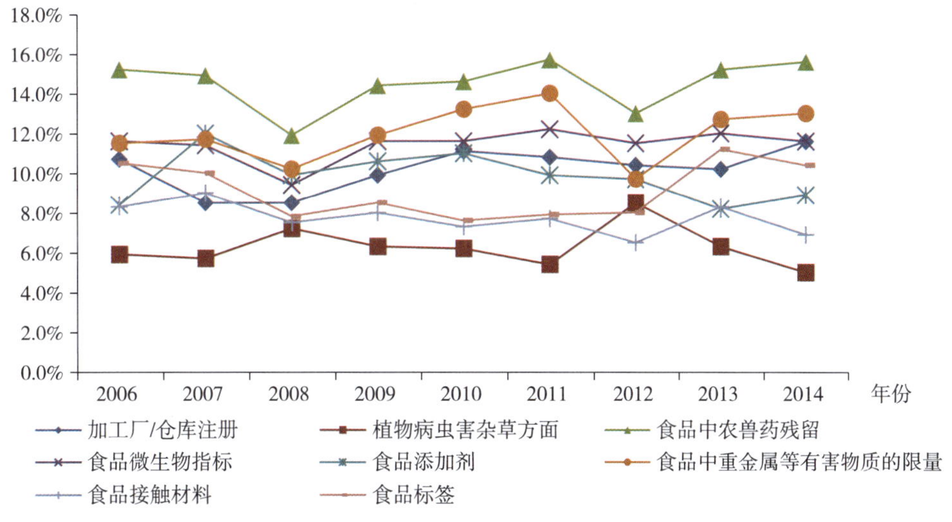

图 2－28　2006～2014 年农食产品类企业受到影响的措施种类

六、小结

（1）农食产品类企业，受影响比例居各行业之首，直接损失额不高但直接损失率居各行业之首，新增成本额不大但新增成本率较高。表明该行业受国外技术性贸易措施影响面最大且程度最严重，亟需企业、政府等有关各方共同积极应对、努力扭转局面。受影响最大的国外技术性贸易措施是“食品中农兽药残留要求”。

（2）机电仪器类企业，受影响比例高于各行业平均水平，直接损失额和新增成本额居各行业之首，但直接损失率和新增成本率居各行业末位。表明该行业受国外技术性贸易措施影响面虽然较大但程度最轻。鉴于该行业出口金额巨大，仍然需要加强国外能效、安全和排放等相关的技术法规、标准和合格评定程序的应对工作，以降低直接损失和新增成本的绝对量。受影响最大的国外技术性贸易措施是“认证要求”。

（3）化矿金属类企业，受影响比例为各行业最低，但直接损失额和新增成本额却高于各行业平均水平，直接损失额呈加重态势，新增成本额呈减轻态势，直接损失率和新增成本率呈现同样趋势。表明国外技术性贸易措施影响集中在该行业的部分企业，但影响程度较深。显然欧盟 REACH 法规出台实施、联合国化学品分类和标签协调系统（GHS）在各国推广、部分发展中国家颁布钢铁等金属产品质量标准是不可小觑的因素。受影响最大的国外技术性贸易措施是“技术标准”。

（4）纺织鞋帽类企业，受影响比例、直接损失额和新增成本额均低于各行业平均水平，直接损失率和新增成本率也较低。但直接损失和新增成本呈逐年加重态势，直接损失率和新增成本率呈现同样趋势，受影响最大的国外技术性贸易措施是“工业品中有毒有害物质限量要求”，这表明国外对于人类接触类材料和物品的安全要求日益提升。

（5）橡塑皮革类企业，受影响比例、直接损失额和新增成本额均低于行业平均水平，直接损失率较小，但新增成本率较大。受影响最大的国外技术性贸易措施是“认证要求”。

（6）玩具家具类企业，虽然受影响比例高于行业平均水平，但直接损失额和新增成本额均低于行业平均水平，且呈减轻和平稳态势，直接损失率和新增成本率呈现同样态势。这表明国外相关技术性贸易措施对该行业影响面较广，但玩具和家具相对货值较低，所以损失绝对值在各行业中不算高，除 2009～2010 年间受国外技术性贸易措施影响较大，总体趋于减轻。受影响较大的国外技术性贸易措施有“认证要求”“技术标准要求”和“工业品中有毒有害物质限量要求”。

（7）木材纸张非金属类企业，受损比例低于行业平均水平，直接损失额和新增成本额均居各行业最低，新增成本率较小，直接损失率除个别年份总体较低。表明该行业总体受国外技术性贸易措施影响不大。受影响较大的国外技术性贸易措施有“认证要求”“技术标准要求”“木质包装要求”和“工业品中有毒有害物质限量要求”。

第三节　国别分析

根据中华人民共和国海关总署公布的数据，2006～2014 年，我国对外出口总值排名前十位的贸易伙伴按从大到小依次为：欧盟、美国、中国香港、东盟、日本、韩国、印度、俄罗斯、中国台湾、澳大利亚（见附表 2－1）。

上述时间段内，我国主要贸易伙伴格局在基本稳定的基础上，呈现多元化发展趋势（见图 2-29），对欧盟、美国、日本、加拿大等传统发达市场出口总值占比缓慢下降，对东盟、巴西、南非及其他发展中经济体出口总值占比呈上升趋势（见附表 2-2 和图 2-30）。特别值得注意的是，2014 年中国与“一带一路”沿线国家货物贸易额突破 1 万亿美元，达到 11206 亿美元，占全国的 26%①，其中对“一带一路”沿线国家的出口增长超过 10%②。

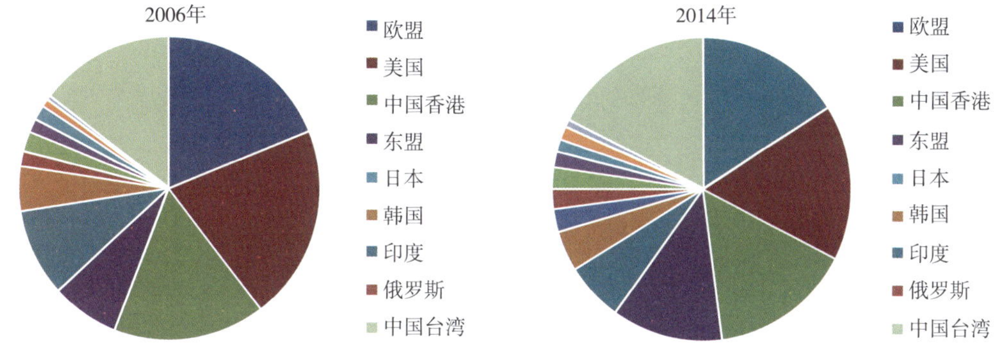

图 2-29　2006 年和 2014 年我国主要出口国家/地区出口总值占比

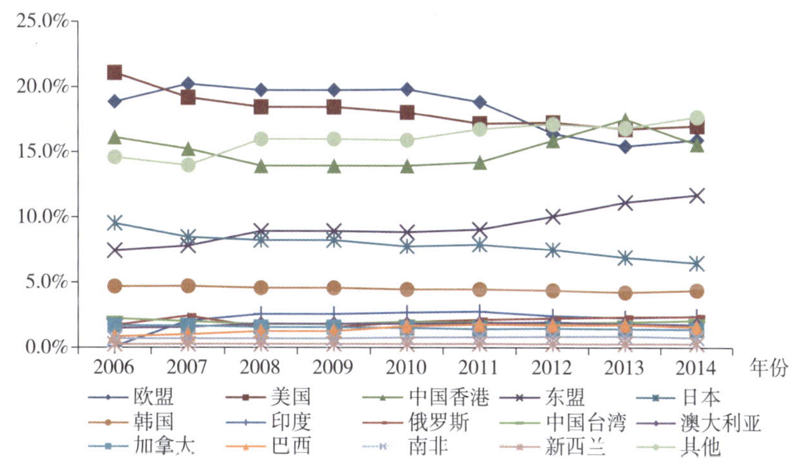

图 2-30　2006～2014 年我国主要出口国家/地区出口总值占比

一、直接损失分析

根据 2005～2014 年我国主要贸易伙伴的变化情况，调查问卷中选取了美国、欧盟、日本、东盟、韩国、俄罗斯、加拿大、澳大利亚/新西兰、非洲、拉美、西亚等十余个主要出口国家和地区作为被调查对象③，以了解主要贸易伙伴的技术性贸易措施对我国出口企业造成的损失情况。

① 数据来源：商务部。

② 数据来源：海关总署。

③ 综合考虑贸易额的变化和技术性贸易措施的相似性及影响额大小，10 年间调查问卷中被调查国家/地区进行过一些调整。首次 2006 年调查问卷包含的国家/地区为：阿根廷、澳大利亚、巴西、东盟、俄罗斯、韩国、加拿大、美国、墨西哥、南非地区、欧盟、其他非洲地区、日本、新西兰、印度、智利、中东国家和其他。2007 年对部分地区进行了整合，将阿根廷、巴西、墨西哥、智利整合为拉美国家；南非地区和其他非洲地区合并为非洲国家；取消了印度和中东国家。2013 年合并了澳大利亚/新西兰，增加了西亚国家。本报告数据均为合并后的数据，部分国家/地区没有数据的年份则为空白。

（一）直接损失额

从损失额绝对值角度来看，2005～2014 年各贸易伙伴技术性贸易措施对我国出口企业造成的直接损失额在十年直接损失总额中的占比从大到小排列依次为欧盟 34%、美国 28%、日本 8%、俄罗斯 5%、东盟 4%、澳大利亚和新西兰 4%、韩国 4%、拉美国家 3%、非洲国家 3%、加拿大 2%、西亚国家 1%（见图 2－31）。

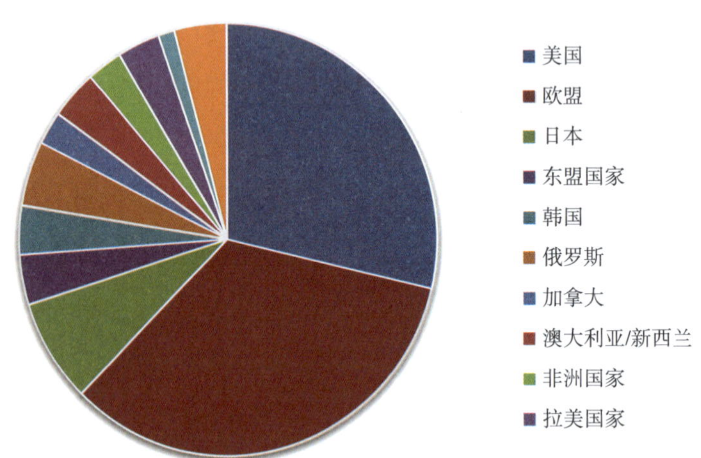

图 2－31　2005～2014 年各主要贸易伙伴技术性贸易措施对我国出口企业造成的直接损失总额

可见，对我国出口企业造成直接损失的贸易伙伴呈现出非常集中的特点，仅欧盟、美国和日本的技术性贸易措施对我国出口企业造成的直接损失额就占到全部损失额的 70%。

（二）直接损失率

2006～2014 年，所有被调查贸易伙伴技术性贸易措施对我国出口的直接损失率平均为 3.7%。发达国家或地区该比例均高于这个平均水平，分别为欧盟 7.0%、美国 6.0%、澳大利亚/新西兰 7.3%、加拿大 6.6%、日本 3.8%，而发展中国家[①]中除了俄罗斯为 8.6%外，其余该比例则相对较低，例如韩国 3.1%和东盟 1.5%（见附表 2－3）。直接损失率能够较直观地表现出国外技术性贸易措施给我国企业造成的出口难度之大小。上述数据表明，对我国出口企业而言，进入发达国家市场更难，发展中国家市场则相对容易。

但同时也应注意到，主要发达国家或地区对我国出口的直接损失率有缓慢下降趋势，而发展中国家或地区该比例却在缓慢上升（见图 2－32[②]）。这一方面表明我国政府和企业针对主要发达市场技术性贸易措施的应对工作显现出成效，另一方面也与越来越多的发展中国家对本国技术性贸易措施的设置和实施的重视程度提高有很大关系。

① 发达国家与发展中国家划分采用 WTO 相关标准。

② 为清晰显示各主要贸易伙伴情况，特将 8 个国家/地区曲线分两张图列出，其中灰色间断线表示所有 8 个国家/地区的均值。

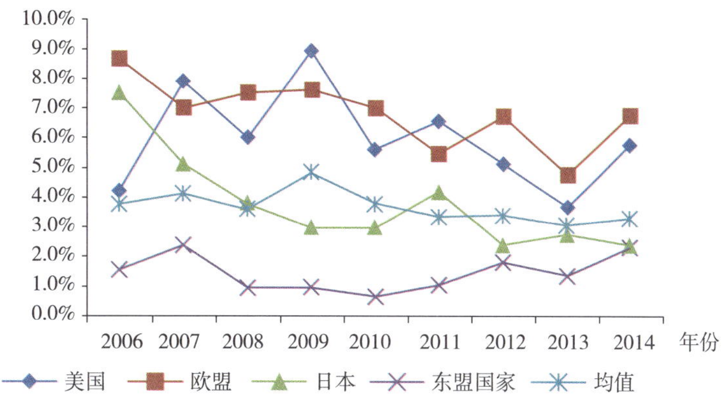

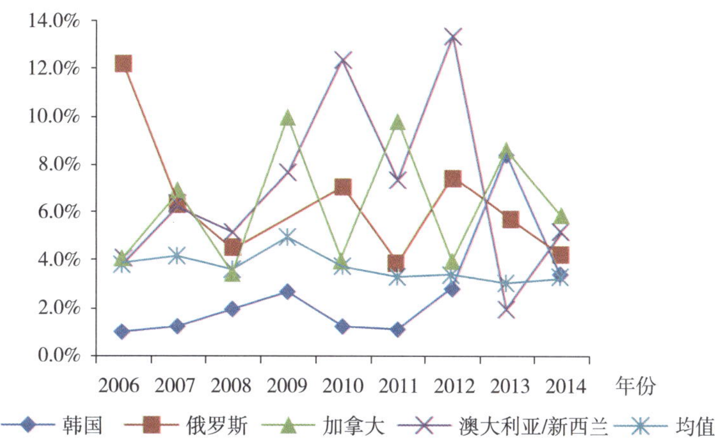

图 2－32　部分主要进口国/地区技术性贸易措施对我国出口企业造成直接损失额占同年出口额比例

（三）主要受损行业国别分析

1. 直接损失额在各贸易伙伴的产业分布

附表 2－4 列出了 2005～2014 年各主要贸易伙伴的技术性贸易措施每年对我国出口企业造成的直接损失额在各产品类别中的占比分布。由于各贸易伙伴制定技术性贸易措施有其自身的需求、节奏和关注领域，所以过去十年，不同贸易伙伴制定的技术性贸易措施对我国不同行业出口的影响也呈现一定的规律性。

在所有被调查的贸易伙伴中，机电仪器类企业受损占所有直接损失额的比重居第一位的最多，包括非洲国家 66.3％、西亚国家 65.3％①、俄罗斯 64.7％、拉美国家 58.2％、澳大利亚/新西兰 51.5％、东盟 45.0％、加拿大 41.5％、欧盟 36.3％、美国 26.1％；农食产品受损十年平均占比居第一位的为日本 48.6％；纺织鞋帽居第一位的为韩国 39.3％；除上述外的其他贸易伙伴则是化矿金属类居第一位，占比为 42.9％。

从上述数据可以看出，过去十年，就每个被调查贸易伙伴的技术性贸易措施对我国出口造成的直接损失额而言，有两个最显著的特征，一是机电仪器类受损金额最高，二是输日农食产品受

① 仅 2012～2014 年三年数据。

损突出。众所周知，我国机电产品出口量大、货值高，近十几年占到我国出口产品的50%以上，而农食产品则恰恰相反，所以为了进一步研究其实际出口难度和趋势，本报告仍以直接损失率对这两个突出行业进行深入分析。

2. 机电行业受损情况国别分析

（1）我国机电产品出口概况

从图2-33所示的2005～2014年我国机电产品出口总额及对部分市场出口额可以看出，在过去10年间，排除2008年全球金融危机导致的主要贸易伙伴需求下降等因素，我国机电产品出口总额一直呈现稳步上升的态势，自2005年的3788亿美元增长到2014年的11579亿美元[①]，总增幅为206%，年增幅13.2%。从机电产品主要贸易伙伴来看，2014年，前十名的国家或地区依次是：中国香港、美国、欧盟、东盟、日本、韩国、中国台湾、印度、墨西哥、俄罗斯[②]。

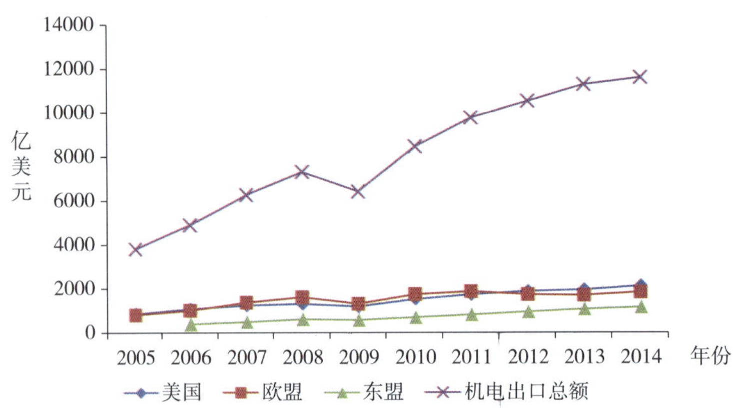

图2-33　2005～2014年我国机电产品出口总额及对部分市场出口额

随着“一带一路”国家战略的推进，我国机械、装备等机电产品出口受到关注。据2015年第117届广交会官方统计，开幕三天，机电产品累计成交737亿美元。2015年以来，“一带一路”沿线国家成交快速增长，欧盟基本持平，俄罗斯、日本、美国降幅较大，主要市场中，“一带一路”沿线主要国家成交量显著增长，总计成交265亿美元。

（2）机电行业出口难度分析

为客观评估机电仪器类产品因国外技术性贸易措施导致的出口难度，本书以美国、欧盟、东盟为例，将2005～2014年我国机电产品出口到这三个市场的直接损失率进行对比，同时辅以该贸易伙伴技术性贸易措施对我国各行业造成的直接损失率均值线，从表2-3和图2-34出口部分国家/地区机电产品直接损失率与平均损失率可以看出，出口欧盟机电产品的直接损失率平均为4.8%，略高于美国的3.0%，但均明显低于其各行业平均直接损失率（欧盟7.0%，美国6.0%）。而出口东盟机电产品的直接损失率为1.4%，略低于其各行业平均直接损失率。

① 数据来源：海关总署信息中心。

② 数据来源：海关总署信息中心。

表 2-3　出口部分国家/地区机电产品直接损失率

项目	年份									平均
	2006	2007	2008	2009	2010	2011	2012	2013	2014	
美国	4.2%	7.8%	6.0%	8.9%	5.6%	6.5%	5.1%	3.6%	5.7%	6.0%
机电仪器	1.0%	4.3%	2.6%	2.6%	1.8%	3.5%	4.2%	1.3%	4.3%	3.0%
欧盟	8.6%	7.0%	7.5%	7.6%	7.0%	5.4%	6.7%	4.7%	6.7%	7.0%
机电仪器	6.7%	5.2%	4.6%	6.1%	3.3%	4.1%	3.6%	5.1%	5.6%	4.8%
东盟	1.5%	2.3%	0.9%	0.9%	0.6%	1.0%	1.8%	1.3%	2.3%	1.5%
机电仪器	1.9%	3.4%	1.2%	0.5%	0.2%	0.5%	1.4%	1.5%	2.2%	1.4%

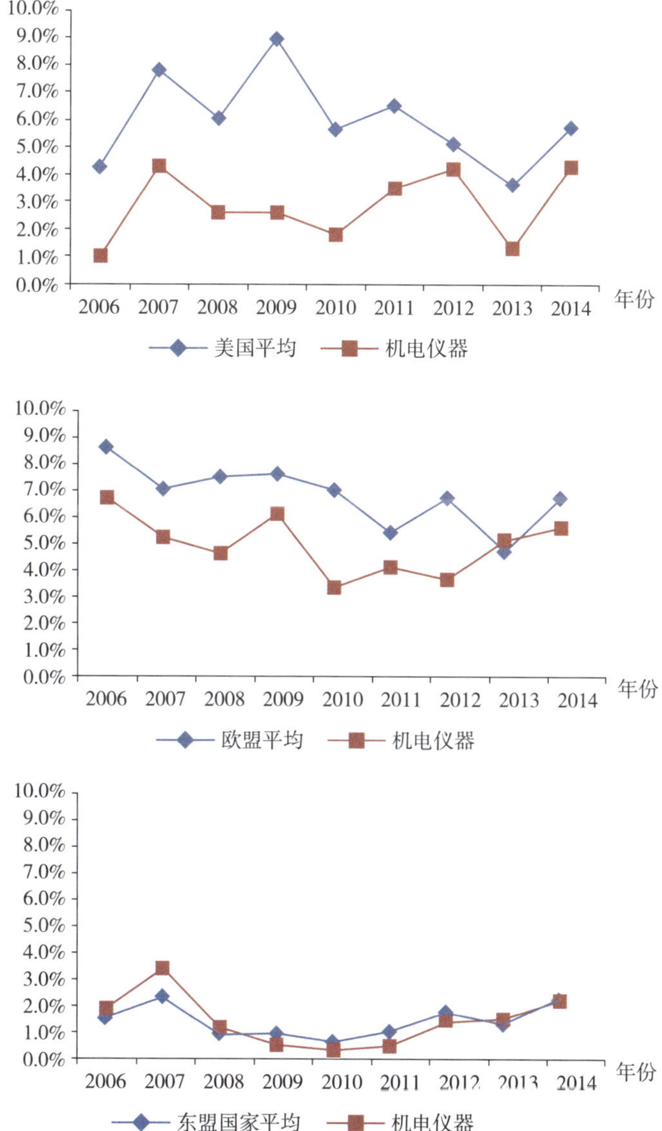

图 2-34　出口部分国家/地区机电产品直接损失率与平均损失率

综上所述，结合技术性贸易措施导致的直接损失率和贸易额发展来看，第一，由于机电产品出口数量大货值高，直接损失额绝对值巨大，显然是技术性贸易措施应对不可忽略的一个行业；

第二，受进口国/地区经济体量影响，虽出口额绝对值仍以欧美居多，但贸易伙伴技术性贸易措施“门槛”的高低，会导致相应贸易额涨幅上的差异，因欧美发达国家市场出口难度明显较大，其相应出口增长明显放缓；第三，近年来，东盟等发展中国家技术性贸易措施直接损失率出现上升趋势值得关注。“一带一路”市场值得期待，但是企业从“走出去”到“走得稳走得好”则需加深对“一带一路”国家文化、政策、经济、法律，特别是技术性贸易措施等方面的深入了解，同时也得做足功课应对欧盟、美国、日本装备制造业在技术标准等方面的竞争。

3. 农食行业受损情况国别分析

（1）我国农食产品出口情况

从图 2－35 可以看出，在 2005～2014 年十年间，排除 2008 年全球金融危机导致的主要贸易伙伴需求下降等因素，我国农食产品出口总额一直呈现稳步上升的态势，自 2005 年的 264.6 亿美元增长到 2014 年的 693.7 亿美元①，总增幅为 162%，平均年增幅 11.3%。2014 年，我国农食产品出口前十名的市场依次是：东盟、日本、中国香港、欧盟、美国、韩国、中国台湾、俄罗斯、加拿大、澳大利亚②。同期，我国农食产品向日本出口额的增长曲线相对较为平缓，东盟则增长较快。

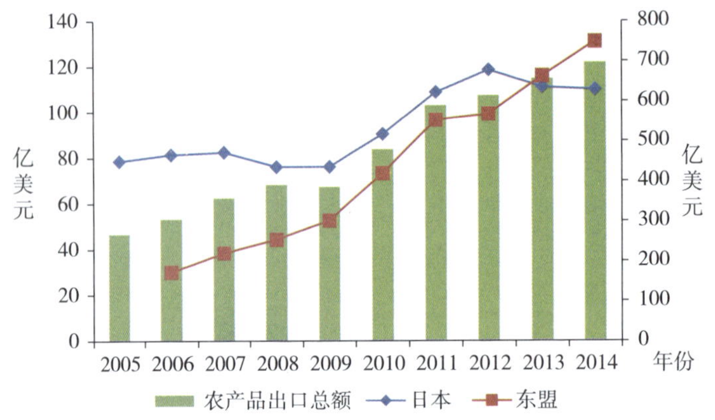

图 2－35　2005～2014 我国农食产品出口总额及对部分市场出口额

（2）农食行业出口难度分析

参照机电行业的处理方法，为客观评估农食产品出口难度，本书以日本、东盟为例，将 2006～2014 年我国农食产品出口到这两个市场的直接损失率进行对比，同时辅以该贸易伙伴技术性贸易措施对我国各行业造成的直接损失率均值线。从表 2－4 和图 2－36 可以看出，出口日本农食产品的直接损失率平均高达 22.1%，远高于输日各行业平均直接损失率 3.8%。而出口东盟农食产品的直接损失率为 3.1%，亦高于其各行业平均直接损失率 1.5%。由此可见，日本 SPS 措施，特别是肯定列表制度对我国输日农食产品影响极大，值得各方高度关注，且无论是发达国家还是发展中国家或地区，由于农食产品出口货值本身较低，其受损绝对值虽不高，但相对损失率却远高于其他行业，是受技术性贸易措施影响最为严重的行业。

① 数据来源：海关总署信息中心。

② 数据来源：海关总署信息中心。

表 2-4 出口部分国家/地区农食行业直接损失率

项目	年份									平均
	2006	2007	2008	2009	2010	2011	2012	2013	2014	
日本	7.5%	5.1%	3.7%	2.9%	2.9%	4.1%	2.3%	2.7%	2.3%	3.8%
农食产品	55.4%	33.3%	43.5%	16.2%	15.1%	14.9%	4.8%	20.9%	11.0%	22.1%
东盟国家	1.5%	2.3%	0.9%	0.9%	0.6%	1.0%	1.8%	1.3%	2.3%	1.5%
农食产品	4.9%	3.6%	1.0%	4.4%	3.7%	1.1%	4.5%	1.6%	4.0%	3.1%

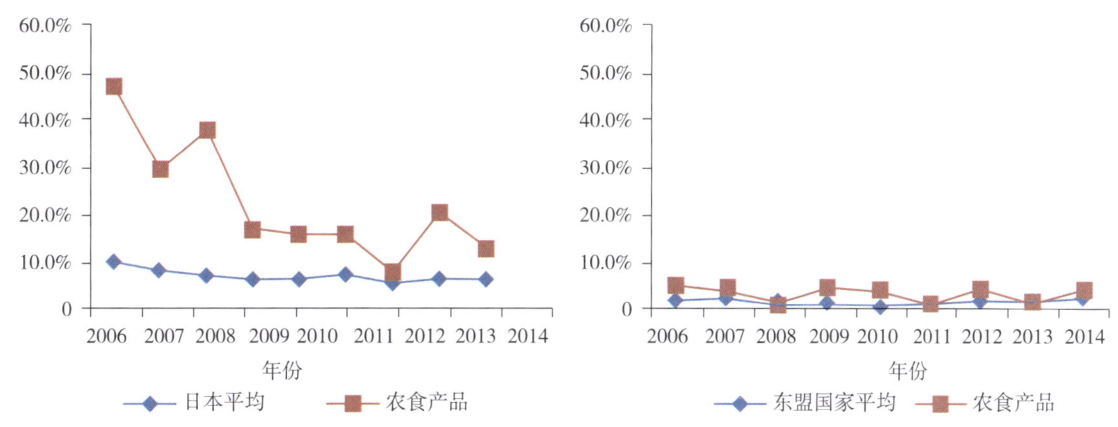

图 2-36 出口部分国家/地区农食产品直接损失率与平均损失率

2010 年中国-东盟自由贸易区正式启动后，取消了农业关税，东盟成为我国越来越重要的农产品贸易伙伴。关税壁垒的减弱或消失使得技术壁垒成为保护本国产业的常用手段之一，再加上东盟国家对农食产品质量安全的意识逐渐增强，双边贸易的扩大极易导致以产品质量安全为焦点的贸易摩擦，为确保我国与东盟农食产品贸易的健康发展，必须加大相关技术性贸易措施领域的研究与合作。

二、新增成本分析

（一）新增成本额

本书还对我国出口企业每年为适应主要贸易伙伴技术性贸易措施而新增的成本进行了分析。

首先，从新增成本绝对值角度来看，2005～2014 年我国出口企业为适应各主要贸易伙伴技术性贸易措施而新增的成本在新增成本总额中的占比从大到小依次为欧盟 34%、美国 24%、东盟 7%、澳大利亚/新西兰 7%、日本 6%、俄罗斯 6%、非洲国家 4%、韩国 3%、加拿大 3%、拉美国家 2%、西亚国家 1%（见图 2-37 和附表 2-5）。

与直接损失主要集中于欧盟、美国、日本略有不同，除了欧盟和美国合计仍高达 58%之外，我国企业为适应东盟、澳大利亚/新西兰、日本、俄罗斯等国家或地区的技术性贸易措施也显示出较大的成本投入。

（二）新增成本率

2006～2014 年，所有被调查贸易伙伴对我国出口的新增成本率平均水平为 1.5%。高于该平

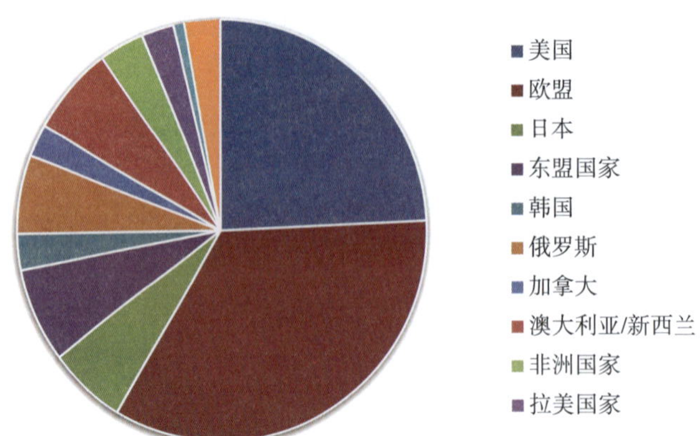

图 2－37　2005～2014 年各主要贸易伙伴对我国出口企业造成的新增成本总额占比

均水平的有：澳大利亚/新西兰 5.5%、俄罗斯 4.2%、欧盟 2.8%、加拿大 2.6%、美国 2.0%，低于该平均水平的为：日本 1.2%、东盟 1.1%、韩国 0.9%（见图 2－38 和附表 2－6）。

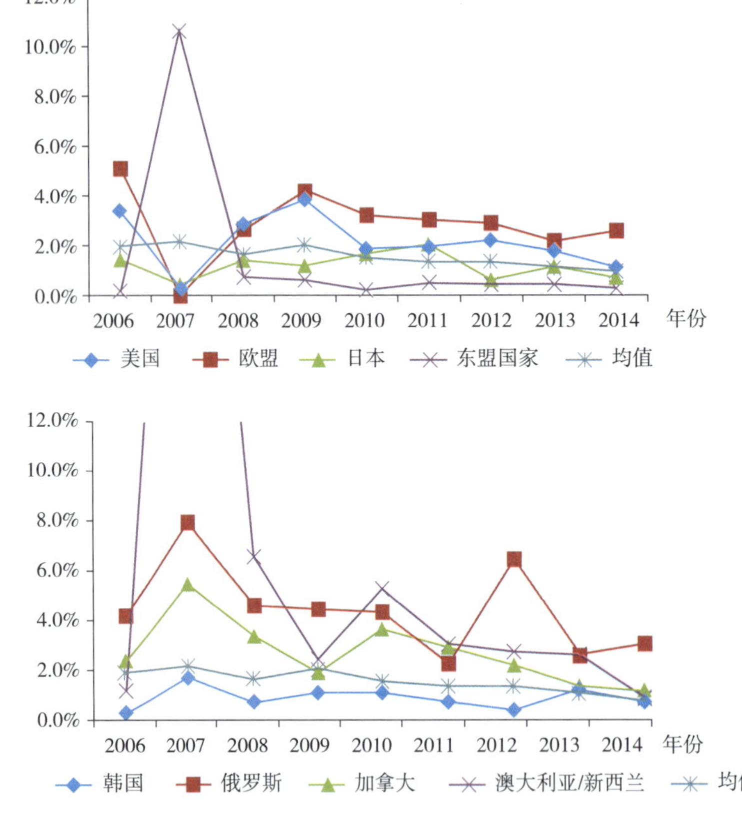

注：2007 年，对澳大利亚/新西兰的新增成本率为 37.0%。

图 2－38　我国出口企业为适应主要进口国/地区技术性贸易措施新增成本率

三、受影响的措施种类分析

由于各贸易伙伴在经济和技术发展水平、政府经济政策等方面存在差异，其对进口产品所采取的措施也各有侧重。调查对企业出口过程中遇到的各类技术性贸易措施的数量进行了了解。本节将从国别角度分析不同贸易伙伴及每个贸易伙伴不同行业技术性贸易措施之网的密集程度。

（一）各主要贸易伙伴技术性贸易措施数量概览

如图 2－39 所示，从 2006～2014 年被调查企业出口到不同市场遭遇到技术性贸易措施的累计数可以看出，发达国家技术性贸易措施种类普遍多于发展中国家，欧盟、美国措施数量最为显著。此外，所有贸易伙伴近三年措施种类数量均有上升趋势，值得关注。

（二）各主要贸易伙伴技术性贸易措施数量在行业上的分布情况

如果把被调查企业到每个贸易伙伴遇到的技术性贸易措施累计数，按 7 大产品类别计算 2006～2014 年的均值（见图 2－40），可以看出每个贸易伙伴在哪个领域布下的技术性贸易措施之网更加密集。普遍而言，机电仪器类产品遇到的技术性贸易措施数量最多，美国、欧盟、东盟、韩国、俄罗斯、加拿大、澳大利亚/新西兰、非洲国家、拉美国家、西亚国家均是如此，只有日本的农食行业技术性贸易措施最多。这一规律与前面分析的结论也是一致的。

四、小结

综上所述，2005～2014 年，中国主要贸易伙伴格局呈现基本稳定基础上的多元化发展趋势，美国、欧盟依然是我国最大的出口市场，而东盟、巴西、南非及其他“一带一路”沿线国家对我国产品出口的重要性持续上升。

调查显示，在 2005～2014 年的十年间，因国外技术性贸易措施导致我国出口企业的直接损失额高度集中，有 70%源于欧盟、美国和日本。而新增成本除了美国、欧盟仍占 58%之外，我国企业为适应东盟、澳大利亚/新西兰、日本、俄罗斯技术性贸易措施的新增成本也很可观。

如结合同期贸易额来看，直接损失率十年平均水平为 3.7%，新增成本率平均为 1.5%，这相当于我国企业每出口 100 万美元的商品，为满足贸易伙伴技术性贸易措施的主动投入和被动损失之和平均为 5.2 万美元。而各主要贸易伙伴出口难度综合评价顺序则如表 2－5 所示，排在前三位的是俄罗斯、澳大利亚/新西兰、欧盟，而大部分发展中国家包括韩国、东盟的出口难度则相对较低。

表 2－5　各主要贸易伙伴出口难度综合评估表

进口国/地区	直接损失率	新增成本率	合计
俄罗斯	8.6%	4.3%	12.9%
澳大利亚/新西兰	7.3%	5.5%	12.8%
欧盟	7.0%	2.8%	9.8%
加拿大	6.6%	2.6%	9.2%
美国	6.0%	2.0%	8.0%
日本	3.8%	1.2%	5.0%
韩国	3.1%	0.9%	4.0%
东盟	1.5%	1.1%	2.6%
均值	3.7%	1.5%	5.2%

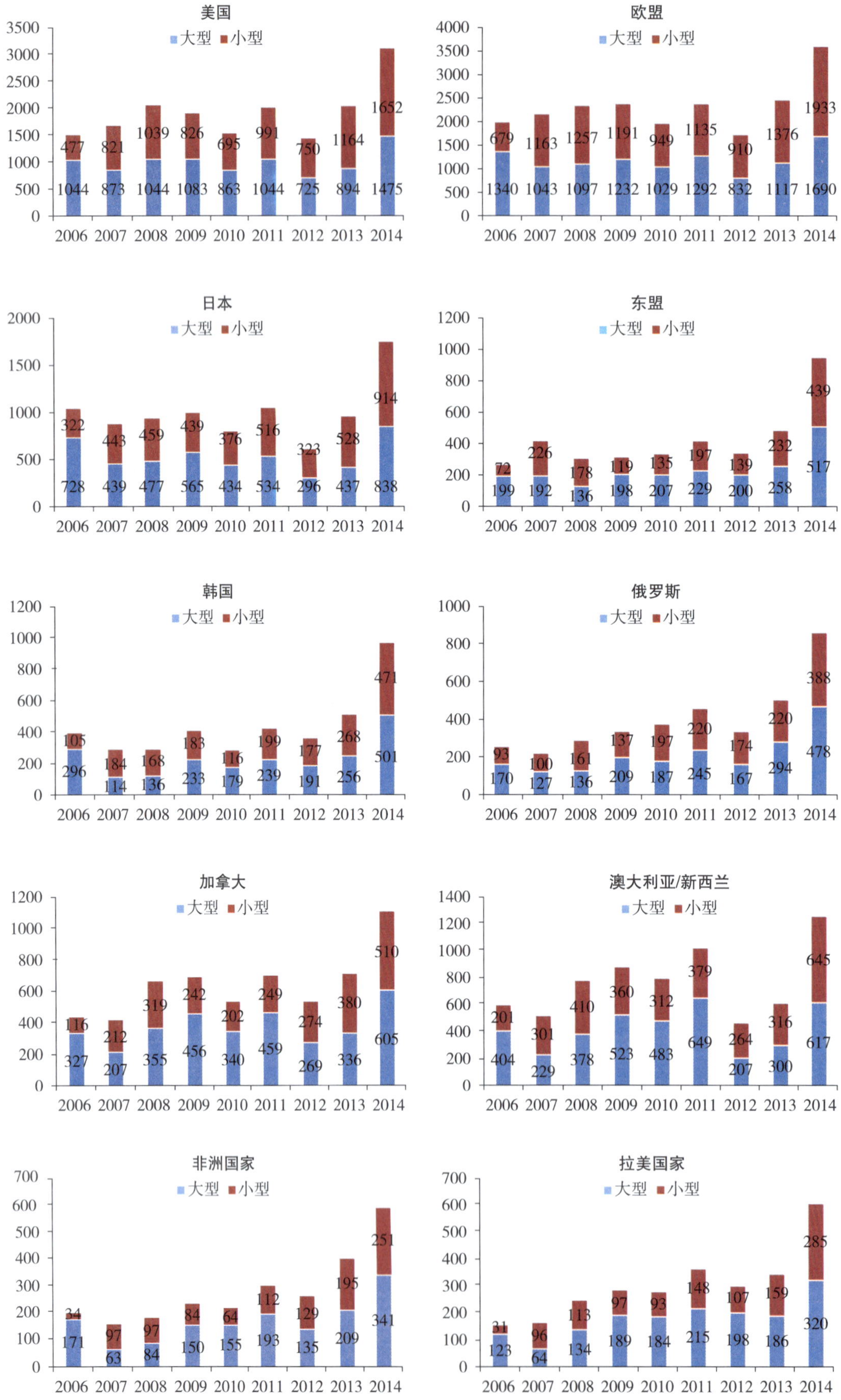

美国

年份	大型	小型
2006	1044	477
2007	873	821
2008	1044	1039
2009	1083	826
2010	863	695
2011	1044	991
2012	725	750
2013	894	1164
2014	1475	1652

欧盟

年份	大型	小型
2006	1340	679
2007	1043	1163
2008	1097	1257
2009	1232	1191
2010	1029	949
2011	1292	1135
2012	832	910
2013	1117	1376
2014	1690	1933

日本

年份	大型	小型
2006	728	322
2007	439	443
2008	477	459
2009	565	439
2010	434	376
2011	534	516
2012	296	323
2013	437	528
2014	838	914

东盟

年份	大型	小型
2006	199	72
2007	192	226
2008	136	178
2009	198	119
2010	207	135
2011	229	197
2012	200	139
2013	258	232
2014	517	439

韩国

年份	大型	小型
2006	296	105
2007	114	184
2008	136	168
2009	233	183
2010	179	116
2011	239	199
2012	191	177
2013	256	268
2014	501	471

俄罗斯

年份	大型	小型
2006	170	93
2007	127	100
2008	136	161
2009	209	137
2010	187	197
2011	245	220
2012	167	174
2013	294	220
2014	478	388

加拿大

年份	大型	小型
2006	327	116
2007	207	212
2008	355	319
2009	456	242
2010	340	202
2011	459	249
2012	269	274
2013	336	380
2014	605	510

澳大利亚/新西兰

年份	大型	小型
2006	404	201
2007	229	301
2008	378	410
2009	523	360
2010	483	312
2011	649	379
2012	207	264
2013	300	316
2014	617	645

非洲国家

年份	大型	小型
2006	171	34
2007	63	97
2008	84	97
2009	150	84
2010	155	64
2011	193	112
2012	135	129
2013	209	195
2014	341	251

拉美国家

年份	大型	小型
2006	123	31
2007	64	96
2008	134	113
2009	189	97
2010	184	93
2011	215	148
2012	198	107
2013	186	159
2014	320	285

图 2－39　2006～2014 年大小型企业出口遭遇措施累计数

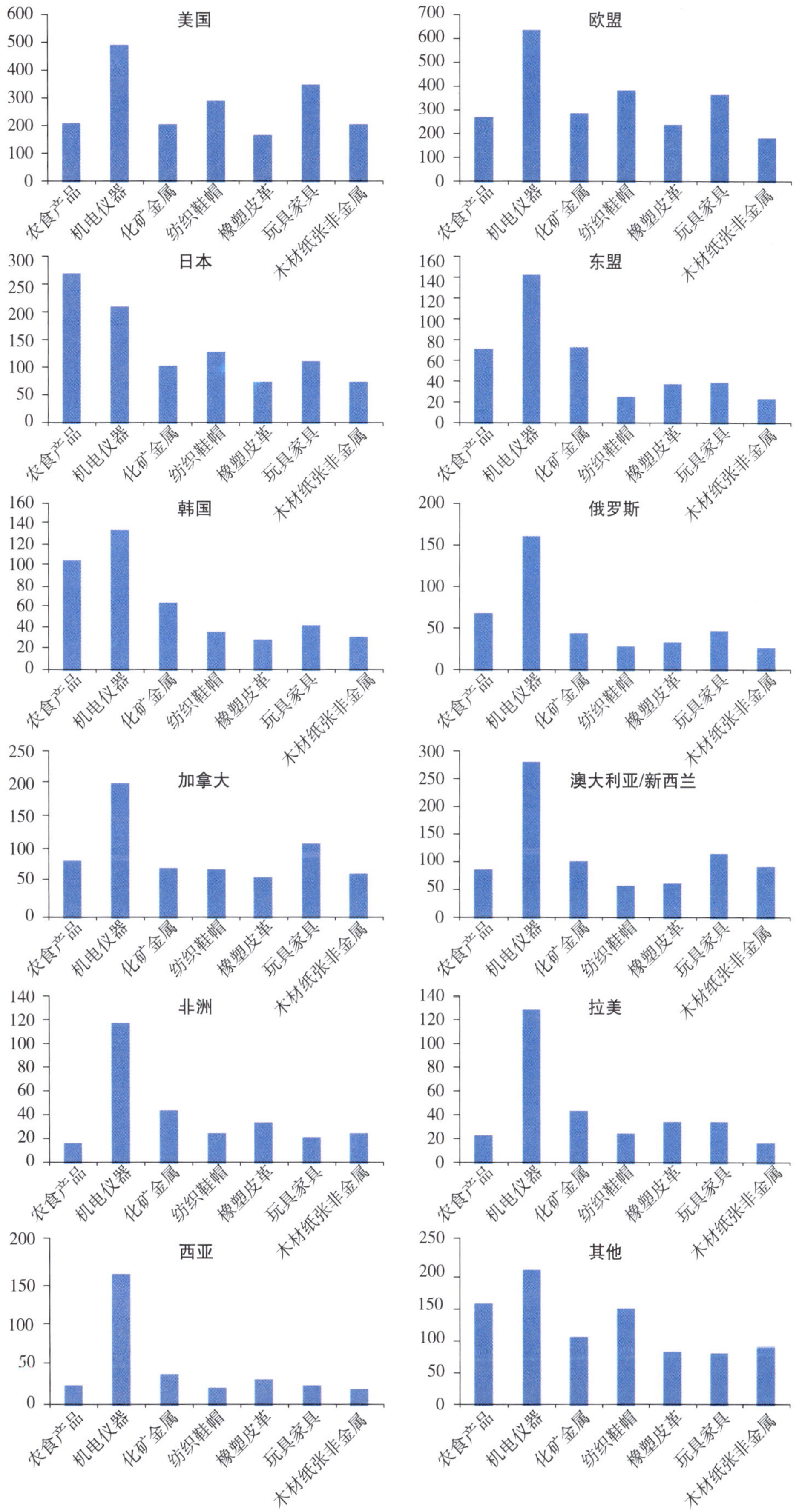

图 2－40　2006～2014 年出口遭遇措施累计数年平均值

第四节 企业规模分析

从2005～2014年中国不同规模出口企业遭受国外技术性贸易措施影响情况来看，在各年度表现出一个较为明显的共同特点，即大型出口企业①由于在技术和资金等方面的优势，应对国外技术性贸易措施的意识较强，难度也相对较小。而小型企业由于数量众多，应对能力薄弱，所以相对于大型企业而言，其受国外技术性贸易措施影响的敏感度更高，遭受国外技术性贸易措施的影响和冲击也更为严重。

调查数据分析显示，我国不同规模出口企业在遭遇国外技术性贸易措施影响及其应对等方面主要表现出如下特征：

一、受影响企业比例分析

（一）企业规模与受国外技术性贸易措施影响比例呈正相关关系

从出口企业员工数和年出口额两个角度分析调查数据，可以得出一个共同结论：即企业规模与受国外技术性贸易措施影响比例呈现正相关关系。

在调查中，样本企业按照员工数划分为50人以下、50～200人、200～500人、500人及以上4类规模。如图2－41所示，随着企业规模的不断增大，企业反映受到国外技术性贸易措施影响的比例也在提高，变化趋势相对平缓。10年间，50人以下规模企业反映受到影响的平均占比为21.8%；而受影响的500人及以上企业，其在该规模企业中的平均占比则达到38.5%，较50人以下规模企业高出16.7个百分点。

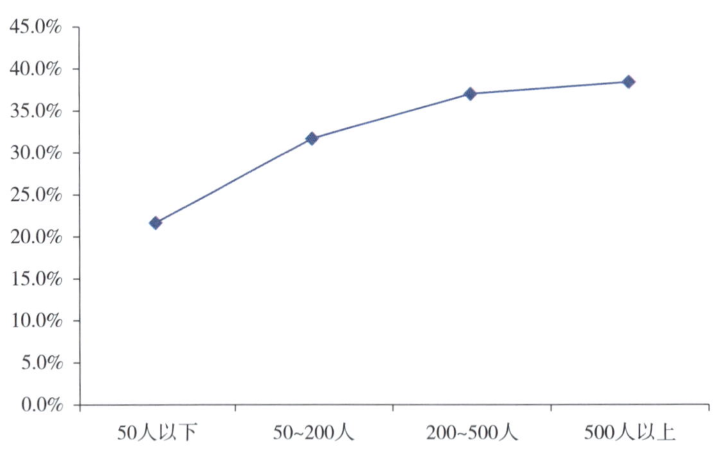

图2－41 2005～2014年不同规模企业（以企业员工数）受国外技术性贸易措施影响比例

同样，从企业年出口额角度来看，也基本呈现相同的趋势。在调查中，出口企业按年出口额

---

① 根据国家质检总局企业抽样调查方案，依据HS编码，根据所经营产品，将中国出口企业分为7大类。各类别所有企业按出口额由大到小的顺序排列，若前n家企业出口额占到该类企业总出口额的80%，则称这n家企业为该类企业中的大型企业，其他企业为该类企业中的小型企业。

被分为 25 万美元以下、25 万美元～100 万美元、100 万美元～1000 万美元、1000 万美元以上 4 类。如图 2－42 所示，企业随其年出口额规模的增加，其反映受国外技术性贸易措施影响的比例也不断上升，且变动趋势明显。年出口额 1000 万美元以上企业反映受影响的比例较年出口额 25 万美元以下企业高 24.4 个百分点，差距相当明显。

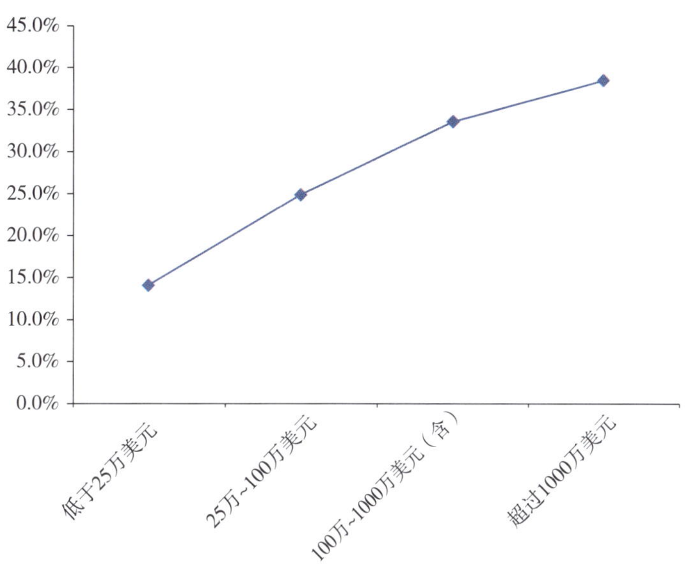

图 2－42　2005～2014 年不同规模企业（以年出口额）受国外技术性贸易措施影响比例

究其原因，可能主要有两点：一是大型企业的外贸活动参与度更高，市场更多元，所以遭遇国外技术性贸易措施影响的可能性更大；二是大型企业技术经济实力和自身权益意识也更强，所以对国外技术性贸易措施的认知更为深入，应对更为积极。这两方面的因素都会导致随着企业规模的扩大，企业反映受国外技术性贸易措施影响的比例也同步上升的结果。

（二）大小型企业受国外技术性贸易措施影响比例的差距不断缩小

数据显示，2005～2014 年，除部分年份有波动外，中国出口企业受国外技术性贸易措施影响的比例基本在 30%左右。从企业规模角度来看，总体上大型出口企业遭遇国外技术性贸易措施影响的比例始终高于小型出口企业，但小型出口企业受影响的情况也呈现持续加重态势，其受影响比例与大型企业比例间的差距逐步缩小。

如图 2－43 所示，2005～2011 年，大型出口企业受影响比例基本保持增长趋势，从 30.1%上升至 39.0%。在 2012 年回调至 27.2%后，于 2013 年再次冲至 39.7%的历史高值，2014 年也达到 37.9%。小型企业在 2005～2008 年遭遇国外技术性贸易措施的影响范围在不断扩大，由当初的 20.7%升至 34.8%。2009～2012 年，受影响小型企业的比例出现一些下调和波动。2013 年，小型企业该比例达到 36.7%的历史高值，2014 年则为 34.8%。

十年间，大型和小型出口企业受影响比例的差距则在不断缩小。2005 年大型企业受影响比例为 30.1%，小型企业为 20.7%，两者间差距最大，达 9.4 个百分点。随后几年该差距波动收窄，2013 年差距缩小至 3 个百分点，2014 年也基本保持微小差距，为 3.1 个百分点。

由此可见，近年来随着小型企业的发展、外贸活动参与度以及对技术性贸易措施认知度的不断提高，小型企业反映受国外技术性贸易措施影响的范围在不断扩大。尽管大型出口企业遭遇影响比例始终较高，但小型出口企业受影响的范围与大型企业情况已不断趋于一致。

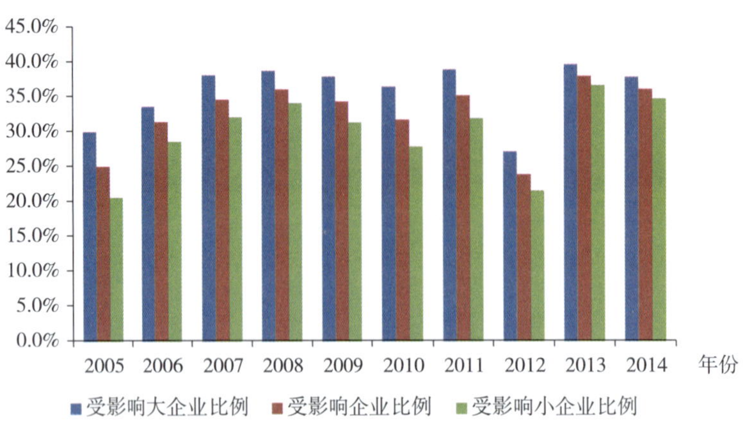

图 2－43　受国外技术性贸易措施影响企业占比

二、直接损失分析

图 2－44 是 2005～2014 年小型企业直接损失额与当年直接损失总额的对比图。可以看出，小型企业因国外技术性贸易措施遭受的直接损失额始终高于大型企业损失额，在出口企业直接损失总额中始终占较大份额，即使在最低的 2005 年，小型企业直接损失额也占到了直接损失总额的 53.7%。随后几年除了个别波动，基本保持在 70%左右。而 2013 年，小型企业直接损失的占比竟达到了 83.2%的历史高值。

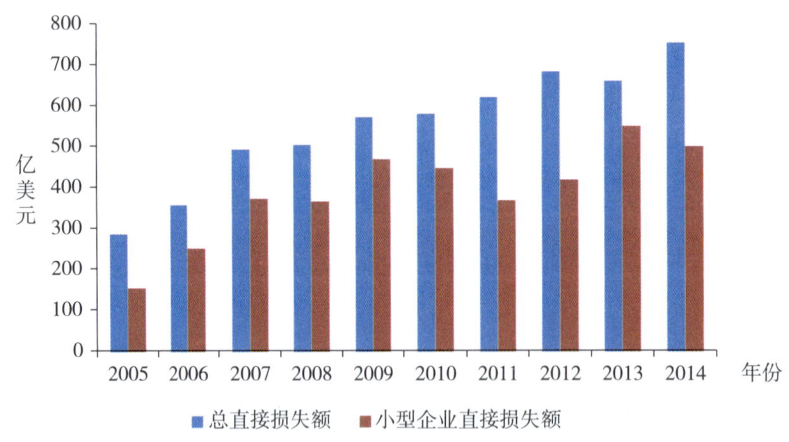

图 2－44　企业因国外技术性贸易措施影响造成的直接损失额

同时，2005～2009 年，小型出口企业的直接损失额逐年持续上升，由 154.8 亿美元升至 470.1 亿美元。2010～2012 年出现了一些波动，但除 2011 年为 369.6 亿美元外，其余两年仍在 400 亿美元以上。2013 年，在总直接损失额小幅下降的形势下，小型出口企业的直接损失额则较前一年度增长 130.3 亿美元，达到了 550.5 亿美元。2014 年虽小幅下降，但也超过 500 亿美元。

可见，由于我国外贸中小型出口企业数量众多，其技术水平较低，应对能力较弱，所以更易受到国外技术性贸易措施的影响，其遭受的直接损失远高于大型企业。

三、新增成本分析

调查数据显示，除2006年和2007年两年外，小型出口企业的年新增成本均大于大型出口企业，且小型企业所占份额基本呈现不断扩大趋势（见图2－45）。2006～2014年，小型企业年平均新增成本投入为156.1亿美元，在新增成本总额中的平均占比为64.1%。2008年以后小型企业新增成本在企业整体新增成本中始终占过半份额。2012年小型企业新增成本达220.2亿美元，较2006年增长了162.9%，在当年新增成本总额中的占比达到了78.6%的历史新高。2013年小型企业占比为72.4%，2014年为71.4%。

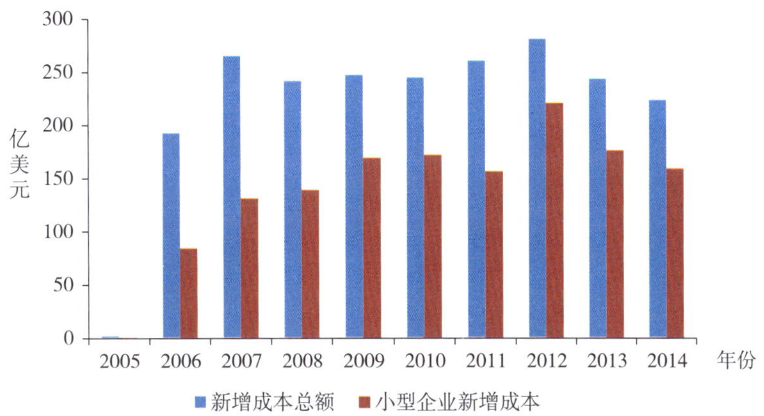

图2－45　2005～2014年出口企业应对国外技术要求的新增成本

纵观十年数据，七大类别企业累计新增成本由多到少的顺序分别为：机电仪器类、化矿金属类、农食产品类、纺织鞋帽类、玩具家具类、橡塑皮革类和木材纸张非金属类企业。而按照七大类大型和小型企业年平均新增成本来看，如图2－46所示，则各大类企业中小型出口企业的年均新增成本始终高于大型出口企业。其中，机电仪器类小型出口企业的年均新增成本则大幅高于大型出口企业。

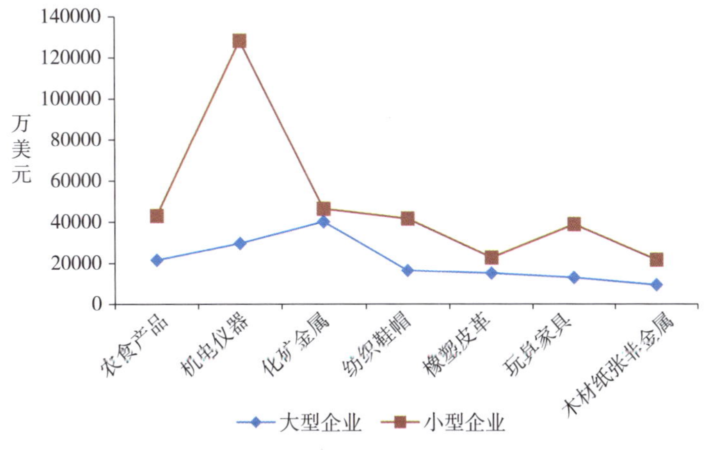

图2－46　2005～2014年不同规模出口企业应对国外技术要求的年均新增成本

四、产品测试、检验、认证、注册费用占比分析

大小型企业由于技术水平、生产效率、贸易额和盈利水平等多种因素的影响，在产品检测检验认证等方面的成本压力则存在明显差异。

调查数据显示（见图2－47），2005年以来小型出口企业在产品测试、检验、认证和注册方面的成本占其出口额的比例[①]基本上都高于大型出口企业。2012年以前，大小型出口企业检测认证等成本在出口额中的占比差距不大，最大为0.4个百分点，有些年份则非常靠近，不足0.1个百分点。2012年，大型出口企业检测认证等成本在出口额中的占比为1.2%，2013年和2014年均为1.6%。而小型出口企业这3年的比例则分别为1.9%、2.3%和2.4%。其与大型企业比例间的差距达到0.7个百分点～0.8个百分点。

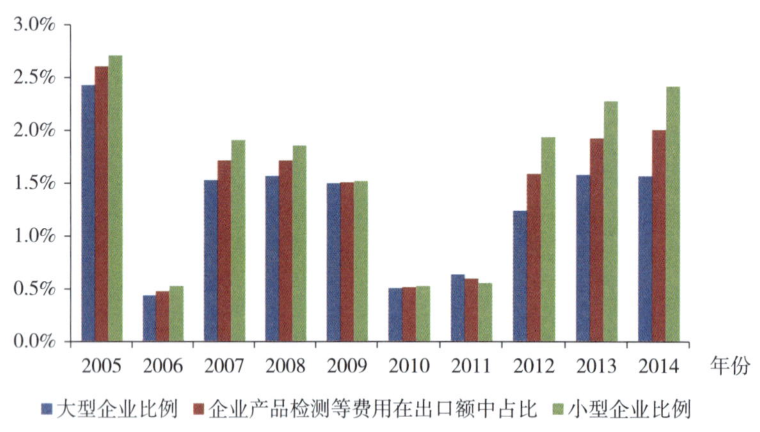

图2－47　企业产品检测等费用在其出口额中的占比

这表明小型企业在产品出口过程中，为确保其产品符合国外技术性贸易措施的要求，在产品检验认证等方面的成本投入负担始终高于大型企业。而近些年，由于国际经济形势等多种因素影响，小型企业在产品检测认证成本方面的负担更是持续加重，这在一定程度上也势必影响小型企业的出口竞争力以及盈利水平。

纵观十年数据，不同行业出口企业在产品检验认证方面的平均成本负担情况如图2－48：

图2－48显示了2005～2014年中国不同类别、不同规模的出口企业为满足国外技术要求而发生的产品测试、检验、认证、注册费在出口产品销售额中所占的平均百分比情况。可见，玩具家具行业中，无论是大型企业还是小型企业，其检验、认证、注册费在企业产品出口额中所占比例都是七大行业中最高的，分别为1.9%和1.7%。

而在七大行业类企业中，除玩具家具类，其余各小型出口企业测试、检验、认证、注册费在出口额中的占比均始终大于相应大型企业。同行业小型企业与大型企业比例数值的最大差距有0.6个百分点，发生在木材纸张非金属类企业，该行业小型企业比例为1.6%，大型企业为1.0%。其次是橡塑皮革类企业，小型企业比例为1.6%，大型企业为1.1%，相差0.5个百分点，

① 由于在2005～2012年间，检验认证成本在企业出口额中的占比统计口径有所调整，但比例趋势等定性结论不受相关调整的影响，所以本书仅对该比例进行定性分析，不做定量分析。2005年的统计口径为测试、认证和检验费用在出口产品售价中的分别占比；2006年起为测试/检验费、认证/注册费在出口产品售价中的分别占比；2012年起调整为产品测试、检验、认证、注册费在出口额中的占比。

其余行业差距则在 0.3 个百分点左右。

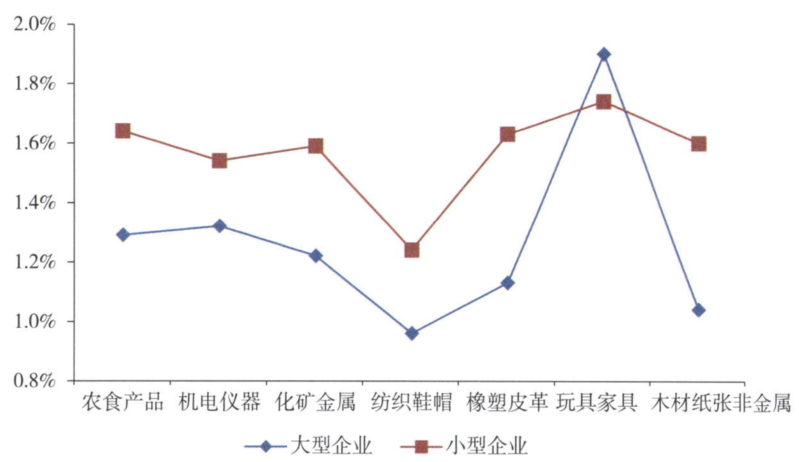

图 2-48 2005～2014 年各行业出口企业产品检测等费用在出口额中的年均占比

五、企业在遭遇国外技术性贸易措施时采取的做法分析

调查平均数据显示，大型和小型企业在遭遇国外技术性贸易措施后采取措施的行动倾向基本一致，但选取各类措施的比例略有差异。企业在采取的措施中，占比较大的是加强管理，自主创新，提高产品竞争力；与国外进口商交涉；向国家质检部门报告。而在这 3 种措施中，小型企业的选择比例均高于大型企业。说明小型企业对自身生产技术水平和竞争力提升需求，以及与外商交涉的认识及意识较高，同时向质检部门寻求帮助的倾向也较明显。此外，选择放弃出口市场措施的小型企业平均比例（1.6%）也高于大型企业（1.0%）。可见，小型企业在遭遇国外技术性贸易措施时，由于其在应对资源和能力方面的欠缺，许多企业最终的选择是直接放弃向相应目标市场出口。而这种消极应对方式对小型企业自身和我国相关产业的发展极为不利。选择向商务部门、其他主管部门和行业商协会报告方面，小型企业普遍较大型企业低 1 至 2 个百分点，说明小型企业在应对的渠道多样化方面较大型企业还有欠缺。

六、企业获取国外技术性贸易措施信息的途径分析

调查平均数据显示，小型企业在获取国外技术性贸易措施信息方面，对国外经销商、媒体、检验检疫机构的依赖程度均略高于大型企业，平均比例差距分别为 1 个百分点、0.6 个百分点和 0.5 个百分点，而在其他渠道方面占比则较小，说明小型企业在技术性贸易措施信息获取渠道多样化方面逊于大型企业。而对行业协会的依赖，大型企业则明显高于小型企业（差 1.6 个百分点），这也显示了在各商行业协会中大型企业更为活跃的现实。

七、小结

随着企业规模的扩大，其遭遇国外技术性贸易措施影响的比例不断提升。虽然总体而言，大型出口企业遭遇影响的比例较高，但小型企业的影响比例也在不断增大，逐渐向大型企业比例靠

近。由于各行业小型企业数量众多，所以遭受影响的小型企业总量巨大，且其因国外技术性贸易措施影响遭受的直接损失额及新增应对成本也始终远高于大型企业。同时，小型企业出口贸易额较小，其为满足国外技术性贸易措施而投入的检验检测成本在其出口额中占比较大型企业高，这也影响了小型企业的出口竞争力以及盈利水平。同时，小型企业自身还存在技术水平较低、应对能力较差等问题，因此其因国外技术性贸易措施而放弃出口市场的倾向也大于大型企业。

由此可见，不同规模出口企业遭受国外技术性贸易措施的影响情况以及应对方式存在一定的差异。这也就要求我们应该对不同企业采取差异化的应对帮扶服务。对于大型企业，应广泛争取企业积极主动地应对国外技术性贸易措施，切实担负起应对主体角色。同时，要进一步加大对小型企业的关注力度，要为其提供从信息宣传、培训指导到检测技术支持等全方位的公益性支撑服务，帮助小型企业切实提升风险意识和合规意识，引导企业技术和产品升级，在成功突破国外准入门槛的同时，实现自身的转型升级及可持续发展。

第五节　出口地区分析

调查数据显示，全国31个省份因出口产业结构、主要贸易国家、企业应对能力等因素影响，受国外技术性贸易措施影响的实际情况存在较大差异。

一、受影响企业比例分析

（一）总体情况

从受影响比例来看（见图2-49和图2-50），全国31个省份中，有13个省份2005～2014年受影响企业比例高于全国平均水平，其中河南、江西、安徽、广东、陕西地区位列前五，分别为56.6%、46.2%、45.3%、42.1%、39.3%；其余18个省份受影响企业所占比例低于全国平均水平，其中青海、北京、西藏、内蒙古、宁夏等地区受损比例均在20.0%以下，青海最低为15.7%。

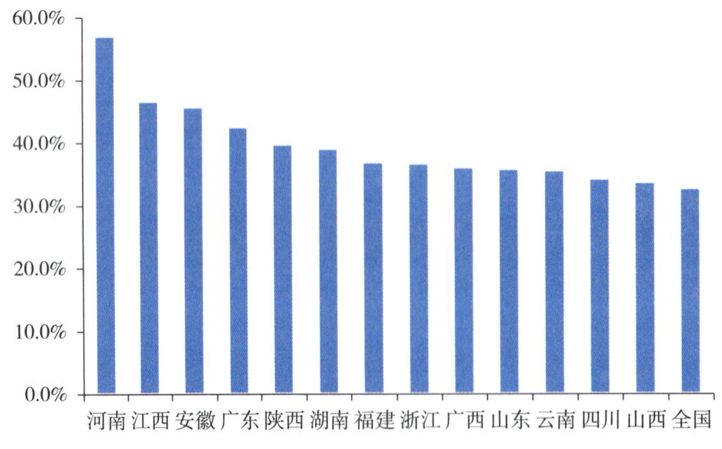

图2-49　不同省份出口企业受国外技术性贸易措施影响比例（一）

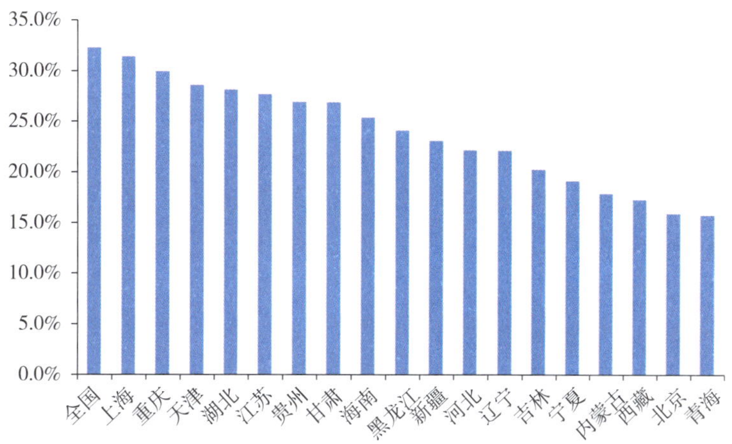

图 2－50　不同省份出口企业受国外技术性贸易措施影响比例（二）

（二）不同行业受影响分析

从附表 2－7 中可知，各地区不同行业、不同规模的出口企业受影响程度有很大差异。

全国农食产品类受国外技术性贸易受影响的平均比例为 44.0％，山西、上海、江苏、浙江、安徽、福建、江西、山东、河南、湖南、海南、四川、陕西等 13 个地区农食产品出口企业受影响的比例都高于全国平均值，其中陕西地区在农食产品类受影响的比例最高，为 79.2％。农食产品类受影响最小的是贵州地区（18.8％）。

在机电仪器和交通工具类企业中，全国受影响的平均比例为 35.8％，黑龙江、上海、浙江、安徽、江西、河南、广东、海南、重庆、贵州、云南、甘肃等 12 个地区受影响的出口企业比例都高于全国平均值，其中河南在机电仪器和交通工具类受影响的比例最高，为 51.3％，受影响最低的为西藏（0％）。

在化矿金属类企业中，全国受影响的企业比例为 26.2％，山西、黑龙江、浙江、安徽、福建、江西、河南、四川、湖南、广东、广西、贵州、云南、陕西、新疆等 15 个地区受影响的出口企业比例都高于全国平均值，其中江西地区受影响比例最高，为 53.7％，受影响最低的是西藏（0％）。

在纺织鞋帽类企业中，受影响的企业比例全国平均值为 29.2％，天津、浙江、安徽、福建、江西、河南、湖南、广东、广西、四川、陕西等 11 个地区受影响的出口企业比例都高于全国平均值，其中河南地区受影响比例最高，为 63.6％，受影响最低的是云南，为 5.1％。

在塑料皮革类企业中，全国平均有 29.0％的出口企业受到影响，天津、浙江、安徽、江西、山东、河南、湖北、湖南、广东、广西、四川、重庆、新疆等 13 个地区受影响的出口企业比例都高于全国平均值，其中河南地区受影响比例最高，为 71.4％，最低的地区为海南，受影响比例为 0。

在玩具家具类企业中，全国平均有 40.0％的出口企业受到影响，天津、江苏、浙江、安徽、福建、江西、山东、河南、广东、四川等 10 个地区受影响的出口企业比例都高于全国平均值，其中江西地区受影响的比例最高，为 60.9％，最低的地区为西藏和青海，均为 0。

在木材纸张非金属类企业中，出口企业受影响的全国平均比例为 33.1％，江西、山东、河南、湖南、广东、海南、云南、陕西等 8 个地区受影响的出口企业比例都高于该类企业的全国平

均值，其中河南地区受影响的比例最高，为59.5%，最低的地区为西藏和青海，受影响比例均为0。

在上述行业中，仅有江西和河南所有行业的受影响比例均高于全国平均水平，而浙江、安徽、四川、广东除了某一行业外其他均高于全国平均水平。

二、直接损失分析

由附表2-8和附表2-9可知：

2005~2014年，受国外技术性贸易措施影响而直接损失总额估算值在前5位的分别为广东（1703.6亿美元）、山东（867.6亿美元）、江苏（680.1亿美元）、浙江（646.1亿美元）和上海（256.5亿美元），所受损失占全部损失额的比例分别为30.8%、15.7%、12.3%、4.7%和3.9%，都为沿海对外贸易发达地区。此外，福建（216.3亿美元）、天津（198.3亿美元）等地区直接损失额也较高。

在七大行业中，上述排名前五位的地区受到的直接损失额占该行业的比例分别为81.2%、73.3%、52.3%、72.4%、85.7%、79.8%和90.6%，均超过50.0%，其中木材纸张非金属类受影响的地区最为集中，所占的比例最高，超过90.0%，化矿金属类企业受影响的地区较为分散，这五个地区的直接损失额只占全部损失的52.3%。其中，广东地区在6个行业中所受到的直接损失额占据第一位，其在橡塑皮革类所受到的直接损失甚至超过了全国该行业直接损失额的50.0%以上。

通过附表2-9可知，受国外技术性贸易措施影响而直接损失总额较高的地区有广东、山东、江苏、浙江、上海等地区，与受影响的企业比例相比较可知，虽然河南地区在机电仪器类（51.3%）、纺织鞋帽类（63.6%）、橡塑皮革类（71.4%）和木材纸张非金属类（59.5%）等4类企业中受影响比例居于全国各地区首位，但其所受到的直接损失额较小，如在纺织鞋帽类损失额为165.6亿美元，占该行业损失总额的8.6%。

图2-51显示的是直接损失总额前五位省市的出口贸易额，十年总额为广东（45157.95亿美元）、山东（9901.00亿美元）、江苏（25065.37亿美元）、浙江（17366.97亿美元）和上海（16705.55亿美元），由此得出这五个省份的直接损失率（见图2-52），分别为广东3.8%、山东8.8%、江苏2.7%、浙江3.7%和上海1.5%。由此可知，受技术性贸易措施影响最严重的为山东，该省直接损失率高达8.8%。

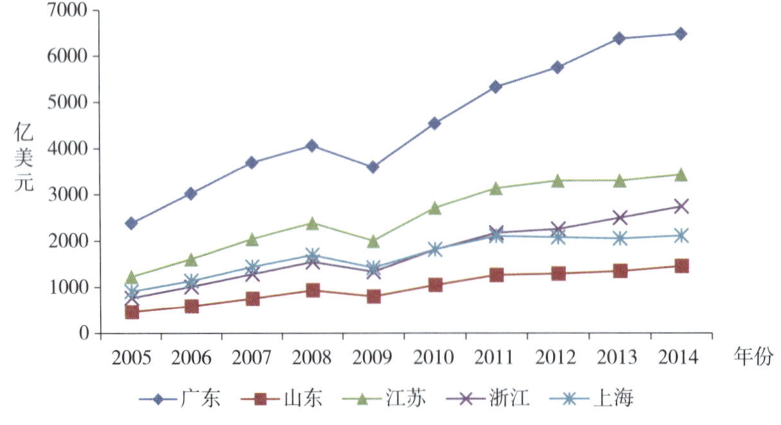

图2-51 直接损失总额估算值前五位的地区出口额

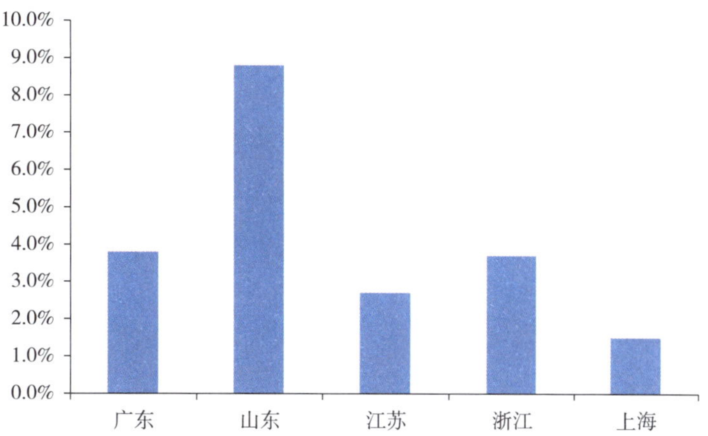

图 2－52　直接损失总额估算值前五位的地区出口直接损失率

三、新增成本分析

附表 2－10 显示 2006～2014 年新增成本前五位的地区分别是广东、浙江、山东、江苏、上海，新增成本分别为 672.5 亿美元、435.2 亿美元、272.7 亿美元、207.2 亿美元、191.1 亿美元。结合直接损失额可以看出，北京、天津、河北、上海、江苏、浙江、福建、山东、广东、海南等 10 个省市，直接损失额占全国的 88.7%，新增成本占比则高达 90.2%。因此，以下分析将集中在上述 10 个省份。

四、受影响措施种类分析

图 2－53 是工业品企业遭遇国外主要技术性贸易措施的种类分析，其中，1 为厂商或产品的注册要求（包括审核）；2 为技术标准要求；3 为认证要求；4 为标签和标志要求；5 为包装及材料的要求；6 为环保要求（包括节能及产品回收）；7 为特殊的检验要求（如指定检验地点、机构、方法）；8 为产品的人身安全要求；9 为工业产品中有毒有害物质限量要求；10 为计量单位要求；11 为木质包装的要求；12、13 为其他未列明的种类。

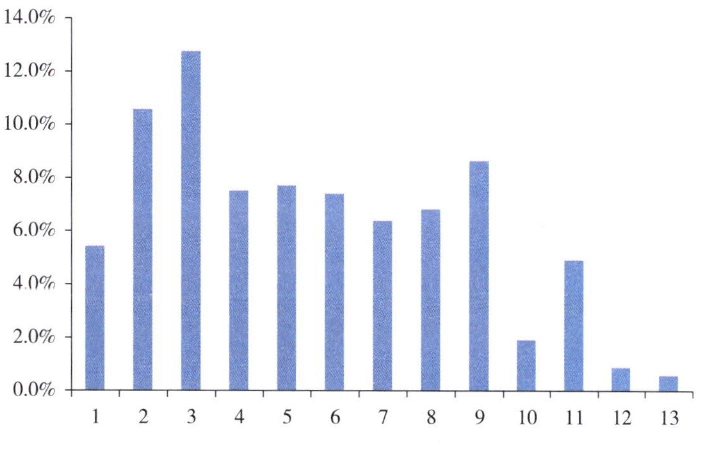

图 2－53　主要地区工业品出口企业遭遇的国外影响措施

从图 2－53 可以看出，北京、天津、河北、上海、江苏、浙江、福建、山东、广东、海南等 10 省份工业品出口企业遭遇的技术性贸易措施主要表现为：认证要求、技术标准和有毒有害物质限量要求。

图 2－54 是农产品企业遭遇国外主要技术性贸易措施的种类分析，其中，1 为加工厂/仓库注册要求；2 为动物疫病方面的要求；3 为植物病虫害杂草方面的要求；4 为食品中农兽药残留要求；5 为食品微生物指标要求；6 为食品添加剂要求食品；7 为食品中重金属等有害物质的限量要求；8 为食品接触材料的要求；9 为食品标签要求；10 为木质包装的要求；11 为化妆品中过敏原的要求；12 为其他未列明种类。

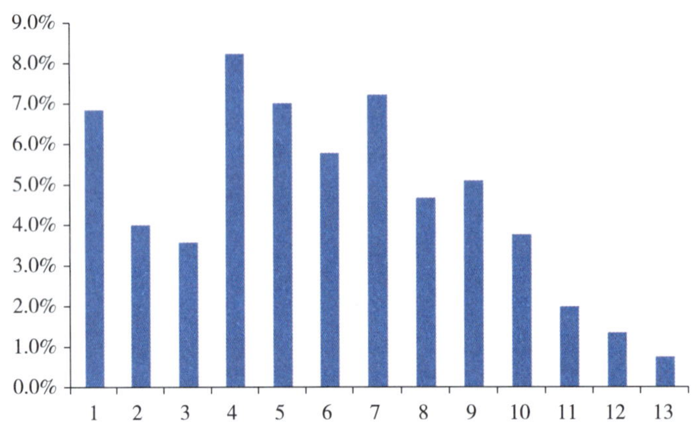

图 2－54　主要地区农产品出口企业遭遇的国外影响措施

从图中可以看出，对于北京、天津、河北、上海、江苏、浙江、福建、山东、广东、海南等 10 个省份的出口农产品来说，农兽药残留要求、重金属等有害物质的限量要求、食品微生物的指标要求是企业遇到最多的技术性贸易措施种类。

五、受损形式分析

从图 2－55 可以看出，北京、天津、河北、上海、江苏、浙江、福建、山东、广东、海南等 10 个省份，丧失订单是出口企业遭遇国外技术性贸易措施的最直接表现形式，其次是退回货物。表 2－6 显示，广东在所有受损形式所占比例都为最高，其中，丧失订单比例尤显突出，占比高达 14.8%。浙江和山东紧随其后。

表 2－6　主要地区出口企业受国外技术性贸易措施影响损失形式所占比例

省市	丧失订单	扣留货物	销毁货物	退回货物	口岸处理	改变用途	降级处理	其他
北京	0.48	0.08	0.09	0.15	0.12	0.03	0.10	0.13
天津	0.95	0.04	0.04	0.22	0.09	0.06	0.22	0.20
河北	0.85	0.04	0.07	0.21	0.02	0.04	0.21	0.07
上海	2.68	0.21	0.27	0.52	0.29	0.11	0.65	0.32
江苏	2.97	0.20	0.08	0.61	0.24	0.17	0.76	0.77
浙江	7.18	0.69	0.56	2.04	0.76	0.55	1.63	0.54
福建	2.88	0.21	0.20	0.69	0.47	0.23	0.71	0.65
山东	4.94	0.24	0.32	1.06	0.37	0.30	1.13	0.80
广东	14.77	1.89	1.30	3.84	1.63	1.05	2.09	1.64
海南	0.64	0.15	0.09	0.18	0.02	0.04	0.12	0.04

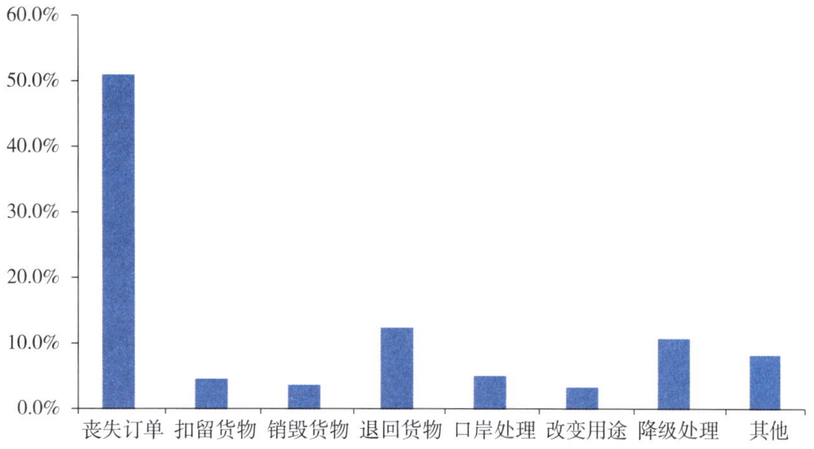

图 2－55　主要地区出口企业遭遇国外影响措施的受损形式

六、小结

从企业受影响比例来看，河南、江西、安徽、广东、陕西遭遇国外技术性贸易措施的出口企业最多，位列全国前五。

从直接损失和新增成本来看，广东、山东、江苏、浙江、上海位于前五位，损失最惨重。同时，北京、天津、河北、福建、海南，与前五个地区的直接损失总额占全国的比重为88.7%，新增成本占比高达90.2%，应为我国技术性贸易措施重点关注地区。

附表 2-1　2006～2014 年我国主要贸易伙伴出口总值情况

单位：亿美元

国家/地区	年　份									均值
	2006	2007	2008	2009	2010	2011	2012	2013	2014	
欧盟	1819.8	2451.9	2931.5	2362.8	3112.4	3560.2	3339.9	3390.1	3363.1	2925.7
美国	2034.7	2327.0	2523.7	2208.2	2833.0	3244.9	3518.0	3684.3	3594.5	2885.4
中国香港	1553.9	1844.3	1906.3	1662.3	2183.2	2680.3	3235.3	3847.9	3216.7	2458.9
东盟	713.2	941.8	1143.0	1063.0	1382.1	1700.8	2042.7	2440.7	2435.2	1540.3
日本	916.4	1020.7	1161.4	979.1	1210.6	1483.0	1516.4	1502.8	1369.5	1240.0
韩国	445.3	561.4	739.4	536.8	687.7	829.2	876.8	911.8	911.3	722.2
印度	—	240.2	316.0	296.7	409.2	505.4	476.7	484.4	493.6	402.8
俄罗斯	158.3	284.9	331.0	175.1	296.1	389.0	440.6	495.9	487.9	339.9
中国台湾	207.4	234.6	259.0	205.1	296.8	351.1	367.8	406.4	423.4	305.7
澳大利亚	136.3	179.9	222.5	206.5	272.3	339.1	377.4	375.6	357.3	274.1
巴西	73.8	113.7	188.0	141.2	244.6	318.4	334.1	361.9	317.0	232.5
加拿大	155.2	194.0	218.0	176.8	222.2	252.7	281.3	292.2	271.0	229.3
南非	57.7	74.3	86.2	73.7	108.0	133.6	153.3	168.3	144.0	111.0
新西兰	16.2	21.6	25.2	20.9	27.6	37.4	38.7	41.3	42.8	30.2
其他	1402.8	1689.9	2254.3	1908.4	2493.5	3163.2	3490.3	3696.8	3726.3	2647.3
总值	9690.8	12180.2	14305.5	12016.6	15779.3	18989.2	20489.3	22100.4	21153.6	16300.5

数据来源：海关总署。

附表 2－2 2006～2014 年我国主要贸易伙伴出口总值占比情况

国家 /地区	年份									均值
	2006	2007	2008	2009	2010	2011	2012	2013	2014	
欧盟	18.8%	20.1%	19.7%	19.7%	19.7%	18.8%	16.3%	15.3%	15.8%	18.2%
美国	21.0%	19.1%	18.4%	18.4%	18.0%	17.1%	17.2%	16.7%	16.9%	18.1%
中国香港	16.0%	15.1%	13.8%	13.8%	13.8%	14.1%	15.8%	17.4%	15.5%	15.1%
东盟	7.4%	7.7%	8.8%	8.8%	8.8%	9.0%	10.0%	11.0%	11.6%	9.2%
日本	9.5%	8.4%	8.1%	8.1%	7.7%	7.8%	7.4%	6.8%	6.4%	7.8%
韩国	4.6%	4.6%	4.5%	4.5%	4.4%	4.4%	4.3%	4.1%	4.3%	4.4%
印度	—	2.0%	2.5%	2.5%	2.6%	2.7%	2.3%	2.2%	2.3%	2.4%
俄罗斯	1.6%	2.3%	1.5%	1.5%	1.9%	2.0%	2.2%	2.2%	2.3%	1.9%
中国台湾	2.1%	1.9%	1.7%	1.7%	1.9%	1.8%	1.8%	1.8%	2.0%	1.9%
澳大利亚	1.4%	1.5%	1.7%	1.7%	1.7%	1.8%	1.8%	1.7%	1.7%	1.7%
加拿大	1.6%	1.6%	1.5%	1.5%	1.4%	1.3%	1.4%	1.3%	1.3%	1.4%
巴西	0.8%	0.9%	1.2%	1.2%	1.6%	1.7%	1.6%	1.6%	1.5%	1.3%
南非	0.6%	0.6%	0.6%	0.6%	0.7%	0.7%	0.7%	0.8%	0.7%	0.7%
新西兰	0.2%	0.2%	0.2%	0.2%	0.2%	0.2%	0.2%	0.2%	0.2%	0.2%
其他	14.5%	13.9%	15.9%	15.9%	15.8%	16.6%	17.0%	16.7%	17.6%	16.0%

附表 2-3　2006～2014 年主要进口国/地区技术性贸易措施对我国出口企业造成的直接损失额情况

单位：亿美元

进口国/地区	2006 年			2007 年			2008 年			2009 年			2010 年		
	损失额	出口额	占比	损失额	出口额	占比	损失额	出口额	占比	损失额	出口额	占比	损失额	出口额	占比
美国	85	2034.7	4.2%	181.9	2327	7.8%	150.2	2523.66	6.0%	195.8	2208.2	8.9%	157	2833	5.6%
欧盟	156.6	1819.8	8.6%	170.8	2451.9	7.0%	219.2	2931.51	7.5%	179.1	2362.8	7.6%	217	3112.4	7.0%
日本	68.5	916.39	7.5%	51.6	1020.7	5.1%	43.3	1161.45	3.7%	28.8	979.1	2.9%	35.5	1210.6	2.9%
东盟国家	10.6	713.18	1.5%	21.8	941.8	2.3%	10.3	1143.01	0.9%	10	1063	0.9%	8.1	1382.1	0.6%
韩国	4.1	445.29	0.9%	6.3	561.4	1.1%	14.3	739.394	1.9%	13.9	536.8	2.6%	8.1	687.7	1.2%
俄罗斯	19.2	158.32	12.1%	17.8	284.9	6.2%	14.7	331.002	4.4%	97.3	175.1	55.6%	20.7	296.1	7.0%
加拿大	6.2	155.17	4.0%	13.4	194	6.9%	7.4	218.002	3.4%	17.4	176.8	9.8%	8.5	222.2	3.8%
澳大利亚/新西兰	6.1	152.5	4.0%	12.7	201.5	6.3%	12.5	247.7	5.0%	17.3	227.4	7.6%	36.6	299.9	12.2%
总计	359.2	9690.8	3.7%	494.6	12180	0.041	505.4	14285.5	0.035	579.6	12017	0.048	582	15779	0.037

进口国/地区	2011 年			2012 年			2013 年			2014 年			合计		
	损失额	出口额	占比	损失额	出口额	占比	损失额	出口额	占比	损失额	出口额	占比	总损失额	总出口额	总占比
美国	211.5	3244.9	6.5%	178.9	3518	5.1%	133.2	3684.3	3.6%	225.5	3960.8	5.7%	1586.6	26334.6	6.0%
欧盟	193.5	3560.2	5.4%	223.4	3339.9	6.7%	159.6	3390.1	4.7%	247.8	3708.8	6.7%	1868.9	26677.45	7.0%
日本	61.3	1483	4.1%	35.1	1516.4	2.3%	40.4	1502.8	2.7%	35	1494.4	2.3%	429.2	11284.82	3.8%
东盟国家	16.7	1700.8	1.0%	35.9	2042.7	1.8%	31.4	2440.7	1.3%	61.5	2720.7	2.3%	206.4	14148.02	1.5%
韩国	8.9	829.24	1.1%	24.1	876.8	2.7%	76	911.8	8.3%	33.9	1003.4	3.4%	203.3	6591.818	3.1%
俄罗斯	14.6	389.04	3.8%	32.3	440.6	7.3%	28	495.9	5.6%	22.3	536.8	4.2%	267.8	3107.764	8.6%
加拿大	24.6	252.68	9.7%	11	281.3	3.9%	25.2	292.2	8.6%	17.4	300.1	5.8%	137.5	2092.45	6.6%
澳大利亚/新西兰	27.4	376.5	7.3%	55.2	416.1	13.3%	8.1	416.9	1.9%	22.3	438.9	5.1%	203.5	2777.4	7.3%
总计	622.6	18986	0.033	685	20489	0.033	662	22100	0.03	755.2	23428	0.03	5534.2	148955.6	3.7%

注：本表内容仅限于可获取同年贸易数据的年份及国家/地区。

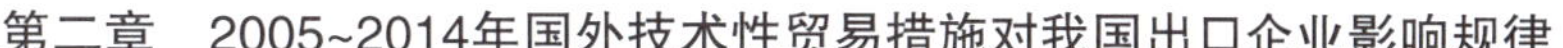

附表 2－4　2005～2014 年主要进口国/地区直接损失额在各产品类别的分布

单位：亿美元

项目	年份										总计/平均
	2005	2006	2007	2008	2009	2010	2011	2012	2013	2014	
美国	67.2	85	181.9	150.2	195.8	157.3	211.5	178.9	133.2	225.5	1586.6
农食产品	13.7%	5.2%	12.8%	22.2%	5.4%	3.3%	19.5%	3.5%	2.3%	3.9%	9.2%
机电仪器	7.0%	12.6%	28.8%	22.3%	15.5%	17.7%	28.2%	44.0%	19.5%	39.8%	26.1%
化矿金属	36.9%	44.4%	6.2%	4.5%	8.7%	7.7%	23.9%	26.1%	23.7%	15.5%	17.2%
纺织鞋帽	5.7%	9.6%	11.2%	16.0%	6.3%	14.6%	1.7%	12.4%	39.9%	10.2%	12.2%
橡塑皮革	16.7%	12.0%	30.8%	6.5%	5.5%	5.4%	2.5%	1.3%	1.2%	7.5%	8.4%
玩具家具	8.6%	6.8%	8.7%	11.0%	41.7%	37.9%	19.6%	6.0%	11.0%	14.7%	18.0%
木材纸张非金属	11.5%	9.4%	1.7%	17.6%	16.9%	13.5%	4.6%	6.7%	2.3%	8.3%	9.0%

项目	年份										总计/平均
	2005	2006	2007	2008	2009	2010	2011	2012	2013	2014	
欧盟	101.5	156.6	170.8	219.2	179.1	217.3	193.5	223.4	159.6	247.8	1868.9
农食产品	1.9%	17.5%	14.5%	31.6%	9.1%	2.9%	12.0%	4.3%	5.1%	3.5%	10.5%
机电仪器	7.5%	42.2%	41.0%	33.7%	43.8%	26.6%	39.7%	27.2%	53.4%	40.8%	36.3%
化矿金属	20.2%	18.1%	9.2%	5.7%	3.5%	24.5%	15.4%	37.5%	14.7%	26.7%	18.2%
纺织鞋帽	4.1%	2.5%	16.7%	15.8%	8.3%	15.1%	14.2%	15.0%	8.9%	9.0%	11.6%
橡塑皮革	33.9%	13.8%	8.6%	4.6%	3.2%	7.7%	4.9%	6.1%	3.3%	7.9%	8.1%
玩具家具	27.8%	3.8%	7.6%	5.9%	15.2%	18.1%	12.1%	5.0%	7.8%	7.9%	10.4%
木材纸张非金属	4.7%	2.0%	2.3%	2.7%	16.9%	5.1%	1.7%	5.0%	6.8%	4.1%	5.1%

项目	年份										总计/平均
	2005	2006	2007	2008	2009	2010	2011	2012	2013	2014	
日本	29.6	68.5	51.6	43.3	28.8	35.5	61.3	35.1	40.4	35	429.2
农食产品	68.6%	65.5%	52.9%	76.2%	42.7%	38.3%	26.4%	16.2%	57.2%	34.3%	48.6%
机电仪器	1.7%	2.2%	39.1%	7.4%	16.0%	3.7%	24.5%	16.8%	2.2%	20.6%	14.0%
化矿金属	2.0%	1.3%	4.3%	3.5%	4.5%	16.1%	19.6%	54.1%	30.0%	8.9%	13.6%
纺织鞋帽	6.8%	18.5%	2.3%	6.5%	8.0%	16.9%	16.6%	11.7%	5.2%	25.7%	12.2%
橡塑皮革	8.8%	1.0%	0.2%	3.2%	0.7%	21.4%	0.0%	0.0%	1.7%	6.0%	3.6%
玩具家具	6.1%	0.7%	0.4%	1.8%	22.2%	3.9%	11.4%	0.0%	2.5%	2.6%	4.6%
木材纸张非金属	6.1%	10.7%	1.0%	1.6%	6.3%	0.0%	1.5%	1.1%	1.2%	1.7%	3.4%

续表

项目	年份										总计/平均
	2005	2006	2007	2008	2009	2010	2011	2012	2013	2014	
东盟国家	0.1	10.6	21.8	10.3	10	8.1	16.7	35.9	31.4	61.5	206.4
农食产品	0.0%	14.2%	6.4%	3.9%	23.0%	33.3%	6.6%	12.3%	5.7%	8.5%	10.1%
机电仪器	100.0%	67.0%	75.7%	68.0%	29.0%	19.8%	22.2%	37.3%	49.4%	40.7%	45.0%
化矿金属	—	11.3%	14.7%	13.6%	7.0%	7.4%	7.8%	37.6%	27.7%	28.6%	23.4%
纺织鞋帽	—	0.9%	0.0%	0.0%	1.0%	22.2%	25.1%	1.1%	9.6%	2.0%	5.2%
橡塑皮革	0.0%	1.9%	1.4%	8.7%	0.0%	0.0%	10.8%	2.2%	5.1%	2.9%	3.6%
玩具家具	—	1.9%	0.0%	1.9%	31.0%	8.6%	19.8%	7.8%	1.0%	2.6%	5.9%
木材纸张非金属	—	2.8%	1.8%	2.9%	9.0%	8.6%	8.4%	1.4%	1.3%	15.0%	6.8%

项目	年份										总计/平均
	2005	2006	2007	2008	2009	2010	2011	2012	2013	2014	
韩国	13.8	4.1	6.3	14.3	13.9	8.1	8.9	24.1	76	33.9	203.3
农食产品	16.7%	36.6%	25.4%	74.1%	63.3%	18.5%	51.7%	30.3%	2.6%	19.2%	23.0%
机电仪器	1.4%	12.2%	49.2%	9.1%	7.9%	45.7%	18.0%	19.1%	2.1%	56.0%	18.0%
化矿金属	63.0%	4.9%	22.2%	11.2%	7.9%	8.6%	6.7%	7.5%	7.9%	16.8%	13.6%
纺织鞋帽	9.4%	24.4%	0.0%	2.8%	2.2%	3.7%	13.5%	39.8%	86.3%	0.6%	39.3%
橡塑皮革	0.0%	9.8%	0.0%	0.7%	0.0%	2.5%	0.0%	0.0%	0.0%	3.8%	1.0%
玩具家具	4.3%	2.4%	0.0%	0.0%	0.0%	19.8%	10.1%	0.0%	0.1%	1.8%	1.9%
木材纸张非金属	5.1%	7.3%	1.6%	2.1%	18.0%	0.0%	1.1%	3.3%	1.1%	1.8%	3.1%

项目	年份										总计/平均
	2005	2006	2007	2008	2009	2010	2011	2012	2013	2014	
俄罗斯	1	19.2	17.8	14.7	97.3	20.7	14.6	32.3	28	22.3	267.8
农食产品	50.0%	11.5%	15.2%	12.9%	1.3%	10.1%	4.8%	2.2%	2.5%	21.5%	6.6%
机电仪器	20.0%	12.0%	62.9%	55.1%	91.8%	76.8%	16.4%	40.9%	76.1%	43.5%	64.7%
化矿金属	30.0%	75.0%	6.7%	12.2%	1.6%	7.2%	2.7%	30.7%	2.1%	6.3%	12.4%
纺织鞋帽	—	0.5%	14.0%	15.0%	0.4%	0.0%	0.0%	3.1%	15.4%	10.8%	4.9%
橡塑皮革	—	—	0.0%	0.0%	0.1%	1.9%	37.0%	11.8%	0.0%	6.3%	4.2%
玩具家具	0.0%	0.5%	0.0%	1.4%	4.5%	2.4%	35.6%	6.2%	1.4%	9.9%	5.6%
木材纸张非金属	10.0%	0.5%	0.6%	3.4%	0.2%	1.9%	2.7%	5.0%	2.1%	2.2%	1.6%

续表

项目	年份										总计/平均
	2005	2006	2007	2008	2009	2010	2011	2012	2013	2014	
加拿大	6.4	6.2	13.4	7.4	17.4	8.5	24.6	11	25.2	17.4	137.5
农食产品	3.1%	19.4%	8.2%	21.6%	15.5%	3.5%	2.4%	5.5%	9.9%	8.0%	8.9%
机电仪器	1.6%	16.1%	18.7%	35.1%	6.3%	31.8%	83.7%	56.4%	38.9%	60.3%	41.5%
化矿金属	12.5%	30.6%	0.0%	10.8%	1.7%	16.5%	4.9%	4.5%	2.8%	9.8%	6.8%
纺织鞋帽	0.0%	21.0%	0.0%	0.0%	1.1%	20.0%	0.4%	5.5%	43.7%	8.6%	11.9%
橡塑皮革	—	0.0%	62.7%	24.3%	0.0%	0.0%	0.4%	4.5%	1.2%	1.7%	8.4%
玩具家具	0.0%	4.8%	9.0%	1.4%	13.8%	9.4%	6.9%	17.3%	2.8%	9.8%	7.9%
木材纸张非金属	81.3%	8.1%	1.5%	6.8%	60.9%	18.8%	1.6%	4.5%	0.8%	1.1%	14.4%

项目	年份										总计/平均
	2005	2006	2007	2008	2009	2010	2011	2012	2013	2014	
澳大利亚/新西兰	5.3	6.1	12.7	12.5	17.3	36.6	27.4	55.2	8.1	22.3	203.5
农食产品	—	29.5%	3.1%	12.0%	11.6%	2.2%	4.0%	4.0%	12.3%	4.0%	5.7%
机电仪器	32.1%	59.0%	59.1%	65.6%	56.1%	75.1%	47.4%	43.7%	19.8%	35.9%	51.5%
化矿金属	1.9%	4.9%	8.7%	12.8%	2.3%	6.0%	15.7%	15.2%	17.3%	21.1%	12.0%
纺织鞋帽	0.0%	1.6%	0.0%	0.8%	12.1%	3.6%	24.5%	31.5%	25.9%	6.7%	15.4%
橡塑皮革	—	0.0%	0.0%	3.2%	0.0%	5.2%	2.2%	1.3%	21.0%	6.7%	3.4%
玩具家具	1.9%	1.6%	26.8%	0.8%	6.9%	6.8%	4.7%	2.0%	2.5%	2.7%	5.2%
木材纸张非金属	62.3%	1.6%	2.4%	4.0%	11.0%	1.4%	1.8%	2.4%	1.2%	22.9%	6.6%

项目	年份										总计/平均
	2005	2006	2007	2008	2009	2010	2011	2012	2013	2014	
非洲国家	25.5	1.5	3.5	7.9	7.6	23.2	8.8	31.8	14.2	28.6	152.6
农食产品	—	26.7%	11.4%	0.0%	1.3%	3.4%	9.1%	4.1%	0.0%	0.0%	2.6%
机电仪器	82.0%	13.3%	82.9%	69.6%	55.3%	70.7%	42.0%	78.0%	71.8%	43.4%	66.3%
化矿金属	6.7%	13.3%	0.0%	15.2%	0.0%	2.2%	11.4%	0.0%	0.7%	12.2%	5.3%
纺织鞋帽	3.1%	6.7%	0.0%	8.9%	1.3%	0.9%	0.0%	2.5%	1.4%	27.3%	6.9%
橡塑皮革	0.0%	0.0%	0.0%	1.3%	23.7%	16.4%	25.0%	6.9%	19.0%	11.2%	10.5%
玩具家具	—	0.0%	5.7%	0.0%	13.2%	4.3%	12.5%	0.3%	1.4%	3.1%	2.9%
木材纸张非金属	8.6%	33.3%	0.0%	6.3%	3.9%	2.2%	0.0%	8.5%	5.6%	2.8%	5.5%

续表

项目	年份										总计/平均
	2005	2006	2007	2008	2009	2010	2011	2012	2013	2014	
拉美国家	—	1.4	11.2	14.6	2.9	9.7	17.7	45.8	44.8	36.7	184.8
农食产品	—	0.0%	6.3%	0.0%	34.5%	8.2%	5.1%	7.2%	0.4%	0.0%	3.7%
机电仪器	—	14.3%	50.9%	74.0%	17.2%	73.2%	57.6%	20.1%	91.7%	61.9%	58.2%
化矿金属	—	7.1%	0.0%	8.2%	10.3%	1.0%	12.4%	69.7%	3.6%	22.3%	24.6%
纺织鞋帽	—	7.1%	0.0%	0.0%	0.0%	0.0%	4.0%	0.0%	0.9%	2.2%	1.1%
橡塑皮革	—	7.1%	42.0%	15.8%	20.7%	10.3%	6.8%	1.1%	0.2%	11.4%	8.0%
玩具家具	—	14.3%	0.0%	0.0%	3.4%	0.0%	0.6%	0.0%	0.4%	1.6%	0.6%
木材纸张非金属	—	50.0%	0.0%	2.1%	13.8%	7.2%	14.1%	2.0%	2.9%	0.3%	3.7%

项目	年份										总计/平均
	2005	2006	2007	2008	2009	2010	2011	2012	2013	2014	
西亚国家	—	—	—	—	—	—	—	0.2	53.9	16.2	70.3
农食产品	—	—	—	—	—	—	—	0.0%	0.7%	12.3%	3.4%
机电仪器	—	—	—	—	—	—	—	0.0%	78.8%	21.0%	65.3%
化矿金属	—	—	—	—	—	—	—	0.0%	18.0%	43.8%	23.8%
纺织鞋帽	—	—	—	—	—	—	—	100.0%	1.9%	8.0%	3.6%
橡塑皮革	—	—	—	—	—	—	—	0.0%	0.0%	8.6%	2.0%
玩具家具	—	—	—	—	—	—	—	0.0%	0.2%	0.6%	0.3%
木材纸张非金属	—	—	—	—	—	—	—	0.0%	0.2%	6.8%	1.7%

项目	年份										总计/平均
	2005	2006	2007	2008	2009	2010	2011	2012	2013	2014	
其他	37.6	—	3.6	11	9.5	57.4	37.4	11.3	47.4	8.1	223.2
农食产品	20.5%	—	16.7%	26.4%	30.5%	5.9%	2.1%	0.9%	1.3%	28.4%	9.6%
机电仪器	9.0%	—	33.3%	58.2%	7.4%	19.2%	16.6%	14.2%	42.6%	35.8%	24.1%
化矿金属	0.0%	—	50.0%	12.7%	58.9%	52.6%	63.1%	76.1%	51.3%	1.2%	42.9%
纺织鞋帽	9.6%	—	0.0%	0.0%	2.1%	5.7%	2.4%	5.3%	2.1%	18.5%	4.9%
橡塑皮革	35.9%	—	0.0%	0.9%	0.0%	10.6%	14.2%	0.0%	2.3%	8.6%	12.1%
玩具家具	2.1%	—	0.0%	0.0%	0.0%	0.0%	0.0%	0.0%	0.0%	2.5%	0.4%
木材纸张非金属	22.6%	—	0.0%	0.0%	1.1%	5.7%	1.1%	4.4%	0.4%	3.7%	6.0%
总计	288.1	359.2	494.6	505.4	579.6	582.4	622.6	685	662	755.2	5534.2

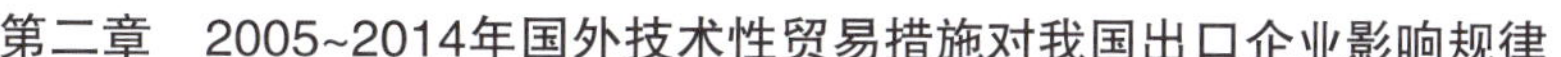

附表 2-5　2006～2014 年我国出口企业为适应各主要进口国/地区技术性贸易措施的新增成本

单位：亿美元

年份	美国	欧盟	日本	东盟国家	韩国	俄罗斯	加拿大	澳大利亚/新西兰	非洲国家	拉美国家	西亚国家	其他	新增成本总额
2006	69.1	93.1	13.1	1.5	1.6	6.7	3.7	1.8	0.4	0.7	0.0	0.0	191.6
2007	3.0	0.6	5.0	99.7	9.6	22.7	10.6	74.6	33.5	2.5	0.0	2.5	264.2
2008	72.0	79.4	16.8	8.6	5.8	15.3	7.4	16.3	5.8	4.6	0.0	8.7	240.7
2009	85.2	99.3	12.0	6.8	6.0	7.8	3.4	5.6	5.7	5.3	0.0	9.2	246.2
2010	52.0	100.9	20.5	3.2	7.9	12.9	8.2	15.8	9.2	3.5	0.0	9.9	243.9
2011	62.0	108.1	30.7	9.7	6.7	8.7	7.5	11.5	2.1	6.3	0.0	6.3	259.6
2012	77.8	97.6	10.0	9.3	3.8	28.5	6.3	11.5	9.0	16.2	0.0	10.1	280.2
2013	65.1	74.4	18.7	11.3	11.5	12.8	4.0	11.3	4.6	9.1	10.9	8.7	242.5
2014	45.2	96.4	11.1	8.7	7.8	16.5	3.6	4.2	7.0	6.5	7.6	7.6	222.2
新增成本总额	531.4	749.7	137.8	158.8	60.7	132.0	54.7	152.6	77.3	54.7	18.5	63.0	2191.2

附表 2-6　2006～2014 年我国出口企业为适应各主要进口国/地区技术性贸易措施的新增成本率

进口国/地区	年份									平均
	2006	2007	2008	2009	2010	2011	2012	2013	2014	
美国	3.4%	0.1%	2.9%	3.9%	1.8%	1.9%	2.2%	1.8%	1.1%	2.0%
欧盟	5.1%	0.0%	2.7%	4.2%	3.2%	3.0%	2.9%	2.2%	2.6%	2.8%
日本	1.4%	0.5%	1.4%	1.2%	1.7%	2.1%	0.7%	1.2%	0.7%	1.2%
东盟国家	0.2%	10.6%	0.8%	0.6%	0.2%	0.6%	0.5%	0.5%	0.3%	1.1%
韩国	0.3%	1.7%	0.8%	1.1%	1.1%	0.8%	0.4%	1.3%	0.8%	0.9%
俄罗斯	4.2%	8.0%	4.6%	4.5%	4.4%	2.2%	6.5%	2.6%	3.1%	4.2%
加拿大	2.4%	5.5%	3.4%	1.9%	3.7%	3.0%	2.2%	1.4%	1.2%	2.6%
澳大利亚/新西兰	1.2%	37.0%	6.6%	2.5%	5.3%	3.0%	2.8%	2.7%	1.0%	5.5%
平均	2.0%	2.2%	1.7%	2.0%	1.5%	1.4%	1.4%	1.1%	0.9%	1.5%

附表 2－7 各出口地区不同规模、不同行业出口企业受影响比例表

%

类别	北京			天津			河北			山西			内蒙古			辽宁			吉林			黑龙江		
	大型	小型	总体	大型	小型	总体	大型	小型	总体	大型	小型	总体	大型	小型	总体	大型	小型	总体	大型	小型	总体	大型	小型	总体
农食产品	33.7	28.5	31.3	31.5	51.2	41.0	37.4	37.5	38.7	63.9	47.2	58.3	33.3	32.4	31.4	41.0	31.9	34.7	21.3	18.5	21.3	33.3	16.7	23.3
机电仪器	22.2	10.9	14.6	10.1	25.0	20.1	33.3	12.0	18.9	5.6	30.6	19.4	5.6	0	2.8	27.8	14.5	15.1	31.5	12.0	21.1	38.9	53.7	47.8
化矿金属	23.2	11.9	17.1	23.8	13.1	16.6	27.0	15.7	19.8	38.9	31.5	35.7	8.3	5.6	8.3	18.9	11.6	13.9	27.8	16.7	22.2	22.2	29.6	26.8
纺织鞋帽	11.1	7.2	7.6	46.9	33.9	40.5	32.6	14.9	21.8	22.2	5.6	22.7	22.2	16.7	19.4	30.6	11.8	18.0	44.4	11.1	27.8	13.9	5.9	11.4
橡塑皮革	22.2	0	8.5	81.5	40.7	57.4	14.1	17.3	16.1	5.6	33.3	25.0	35.2	22.2	27.8	16.7	11.1	12.7	11.1	0	5.7	11.1	0	5.6
玩具家具	20.4	33.3	23.8	46.3	41.7	44.7	22.2	22.2	22.9	22.2	16.7	29.2	11.1	27.8	21.9	5.6	33.9	25.0	16.7	11.1	13.9	61.1	11.1	37.1
木材纸张非金属	33.3	3.7	15.2	13.9	25.9	20	18.5	23.5	21.1	22.2	22.2	22.9	16.7	11.1	13.9	25.8	25.7	26.1	31.5	27.8	29.7	37.0	9.3	20.5
类别	上海			江苏			浙江			安徽			福建			江西			山东			河南		
	大型	小型	总体	大型	小型	总体	大型	小型	总体	大型	小型	总体	大型	小型	总体	大型	小型	总体	大型	小型	总体	大型	小型	总体
农食产品	46.3	62.8	51.5	67.7	35.8	49.6	53.1	49.6	50.0	78.7	63.9	69.2	67.0	40.5	52.4	66.7	66.7	58.3	50.3	46.3	45.7	58.3	84.3	66.7
机电仪器	45.5	41.7	42.9	29.6	23.4	26.2	46.5	41.6	42.9	63.9	42.6	50.6	34.5	35.3	31.8	66.7	47.2	48.0	30.6	30.4	33.3	63.5	47.8	51.3
化矿金属	25.3	23.4	23.2	24.6	18.3	22.3	41.1	34.2	37.2	44.4	31.5	36.5	45.9	22.6	30.9	47.2	64.8	53.7	32.6	19.5	24.3	50.9	37.9	43.8
纺织鞋帽	24.7	20.8	23.2	29.3	17.9	23.9	30.4	32.5	30.6	33.3	34.3	35.9	38.1	48.7	41.5	37.0	38.0	34.5	29.6	21.1	25.9	44.4	72.2	63.6
橡塑皮革	15.8	16.9	16.8	30.3	18.6	24.2	39.4	27.6	37.1	61.1	50.0	55.6	24.4	21.9	23.6	38.9	25.9	32.4	42.3	17.7	29.5	94.4	50.0	71.4
玩具家具	37.5	40.8	34.1	52.3	36.8	40.1	41.9	37.6	40.2	44.4	51.9	51.4	45.6	41.8	43.2	44.4	38.9	60.9	33.9	46.4	40.6	63.0	33.3	48.6
木材质纸张非金属	20.6	33.9	27.6	34.0	30.9	31.4	22.6	22.5	25.3	11.1	11.1	11.4	23.0	31.5	27.6	38.9	27.8	33.3	44.0	42.2	41.5	74.1	44.4	59.5

续表

类别	湖北			湖南			广东			广西			海南			四川			重庆			贵州		
	大型	小型	总体	大型	小型	总体	大型	小型	总体	大型	小型	总体	大型	小型	总体	大型	小型	总体	大型	小型	总体	大型	小型	总体
农食产品	48.9	29.6	43.3	52.8	69.4	58.3	47.0	41.3	41.7	44.1	36.1	43.6	63.9	50.0	61.2	60.2	58.3	51.8	52.8	27.8	41.7	2.8	38.9	18.8
机电仪器	40.7	26.9	34.2	42.6	16.9	26.4	47.4	47.9	46.8	50.0	17.8	27.1	22.2	55.6	40.0	23.3	22.8	24.1	63.9	17.1	37.7	72.2	22.2	40.6
化矿金属	23.7	16.1	19.4	31.5	29.6	30.5	34.7	25.8	29.0	39.6	40.7	42.6	11.1	13.9	10.3	29.6	30.6	31.7	16.7	16.7	16.7	22.2	36.1	33.3
纺织鞋帽	33.3	20.4	25.4	50.0	27.8	38.9	38.9	30.4	35.2	38.9	27.8	33.3	5.6	11.1	8.3	36.7	37.8	36.4	22.2	5.6	13.9	0	5.6	6.3
橡塑皮革	33.3	22.2	29.4	44.4	44.4	44.4	41.6	32.3	35.7	72.2	22.2	47.2	0	0	0	33.0	27.8	31.3	33.3	16.7	25.0	1000	11.1	47.8
玩具家具	22.2	9.3	16.2	22.2	22.2	25.0	54.0	54.6	53.2	16.7	27.8	22.2	16.7	11.1	13.9	50.0	33.3	40.0	61.1	11.1	31.0	5.6	11.1	25.0
木材纸张非金属	11.1	33.3	22.2	50.0	61.1	55.6	52.0	48.4	49.6	33.3	33.3	31.9	22.2	55.6	38.9	16.7	11.1	15.2	61.1	11.1	31.4	0	16.7	11.1

类别	云南			西藏			陕西			甘肃			青海			宁夏			新疆			总计		
	大型	小型	总体	大型	小型	总体	大型	小型	总体	大型	小型	总体	大型	小型	总体	大型	小型	总体	大型	小型	总体	大型	小型	总体
农食产品	27.8	54.4	42.9	16.7	16.7	26.1	77.8	83.3	79.2	52.8	22.2	37.5	50.0	25.0	29.2	33.3	30.6	31.6	25.0	33.3	30.2	47.5	40.8	44.0
机电仪器	50.0	57.8	47.2	0	0	0	38.9	27.8	29.8	22.2	38.9	39.6	0	2.8	4.5	11.1	22.2	23.5	44.4	22.2	33.3	39.1	34.1	35.8
化矿金属	50.0	46.3	51.4	0	0	0	24.1	38.0	33.3	5.6	38.9	15.8	2.2	14.8	10.4	18.3	8.3	12.1	38.9	27.8	31.4	29.7	24.0	26.2
纺织鞋帽	11.1	0	5.1	11.1	2.8	7.7	27.8	44.4	36.1	38.9	5.6	25.8	5.6	16.7	12.1	22.2	33.3	27.6	12.8	5.6	11.3	32.2	26.2	29.2
橡塑皮革	0	5.6	4.3	0	11.1	14.3	0	11.1	14.3	16.7	16.7	23.5	0	22.2	22.2	11.1	13.0	12.9	44.4	11.1	32.3	34.7	23.8	29.0
玩具家具	0	5.6	4.3	0	0	0	33.3	16.7	25.8	16.7	27.8	28.0	0	0	0	0	11.1	6.7	16.7	0	8.8	40.6	39.4	40.0
木材纸张非金属	66.7	44.4	54.3	0	0	0	27.8	44.4	36.1	5.6	5.6	7.7	0	0	0	0	11.1	11.1	16.7	33.3	24.2	33.6	32.7	33.1

附表 2-8 不同类别、不同规模、不同地区出口企业遭受的直接损失总额估算值

单位：亿美元

企业类别		地区										
		北京	天津	河北	山西	内蒙古	辽宁	吉林	黑龙江	上海	江苏	浙江
大型企业	农食产品	1.94	1.42	0.13	0.15	0.12	8.39	5.98	0.10	9.13	3.74	6.17
	机电仪器	3.97	11.18	0.02	0.00	0.60	12.02	0.38	0.45	6.50	58.11	50.39
	化矿金属	52.19	104.78	15.58	7.03	1.87	6.99	0.40	0.63	2.18	29.47	157.40
	纺织鞋帽	0.38	0.37	1.00	0.14	0.09	0.32	0.31	2.46	31.61	16.83	66.39
	橡塑皮革	0.00	0.14	0.57	0.00	0.12	0.03	0.00	0.01	11.61	20.80	14.48
	玩具家具	0.14	1.69	0.05	0.00	0.00	0.00	0.00	0.40	1.66	6.08	14.74
	木材纸张非金属	0.08	0.02	0.04	0.04	0.03	1.65	1.36	1.13	3.02	9.26	1.67
大型企业合计		58.71	119.60	17.40	7.36	2.84	29.40	8.44	5.18	65.70	144.28	311.23
小型企业	农食产品	2.51	6.18	10.74	0.38	0.55	9.66	1.20	2.56	24.51	13.98	8.35
	机电仪器	35.59	15.92	0.06	1.23	0.00	4.77	0.88	1.73	69.46	291.52	145.04
	化矿金属	0.32	54.94	16.92	0.14	0.39	2.35	0.40	1.19	42.40	48.50	58.40
	纺织鞋帽	0.09	0.43	2.71	0.00	4.58	60.85	0.00	0.08	14.76	105.43	32.05
	橡塑皮革	0.00	0.12	19.73	0.36	0.00	0.05	0.00	0.00	14.75	8.06	15.95
	玩具家具	10.76	0.95	0.08	0.07	0.18	0.88	0.27	4.99	15.27	13.70	68.93
	木材纸张非金属	0.02	0.20	0.47	0.00	0.03	6.09	0.06	0.01	9.67	54.66	6.18
小型企业合计		49.29	78.75	50.71	2.19	5.72	84.64	2.82	10.57	190.83	535.85	334.89
总计		108.00	198.34	68.11	9.55	8.56	114.04	11.26	15.75	256.53	680.13	646.12

续表

企业类别		地区										
		安徽	福建	江西	山东	河南	湖北	湖南	广东	广西	海南	四川
大型企业	农食产品	0.76	22.52	1.22	70.83	4.67	2.14	0.19	74.06	0.27	6.36	1.88
	机电仪器	8.84	1.75	0.24	29.64	3.14	0.49	0.19	129.06	0.30	0.00	7.67
	化矿金属	1.04	1.61	3.62	13.74	3.00	1.16	3.94	30.58	3.27	0.48	4.06
	纺织鞋帽	0.12	12.92	0.05	11.48	0.18	0.12	0.20	41.58	0.26	0.00	0.79
	橡塑皮革	0.15	2.37	0.00	36.70	13.22	0.22	0.14	114.56	0.30	0.00	0.38
	玩具家具	0.39	11.15	0.71	2.02	0.05	0.00	0.00	67.08	0.06	0.00	0.00
	木材纸张非金属	2.07	9.37	0.34	7.30	1.26	0.00	0.65	73.74	0.07	0.00	0.48
大型企业合计		13.37	61.69	6.18	171.72	25.52	4.13	5.31	530.66	4.53	6.84	15.26
小型企业	农食产品	2.58	25.52	0.96	81.02	4.90	0.17	4.08	235.66	1.46	6.67	2.38
	机电仪器	68.32	45.54	6.23	236.76	162.45	12.10	9.33	422.38	0.56	4.21	30.61
	化矿金属	15.30	5.08	4.11	43.87	9.73	15.87	15.28	134.42	5.62	0.01	4.56
	纺织鞋帽	0.86	32.07	3.31	51.82	2.13	7.12	0.00	129.09	0.19	0.00	2.74
	橡塑皮革	1.04	1.48	0.24	25.66	1.66	0.02	0.10	88.70	0.23	0.00	0.11
	玩具家具	5.82	13.46	0.25	238.36	0.10	0.00	0.01	76.36	0.08	0.00	1.10
	木材纸张非金属	0.05	31.48	0.44	18.39	1.92	0.02	0.22	86.28	1.28	0.02	0.31
小型企业合计		93.98	154.63	15.55	695.88	182.90	35.29	29.02	1172.89	9.43	10.91	41.82
总　计		107.35	216.32	21.73	867.60	208.42	39.42	34.33	1703.56	13.95	17.76	57.09

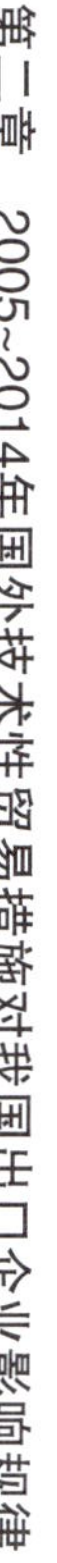

续表

企业类别		地区									
		重庆	贵州	云南	西藏	陕西	甘肃	青海	宁夏	新疆	总计
大型企业	农食产品	0.02	0.00	0.45	0.00	0.38	0.14	0.00	0.00	0.20	223.36
	机电仪器	3.72	0.00	0.00	0.00	2.16	0.09	0.00	0.00	0.49	331.41
	化矿金属	0.00	1.10	25.99	0.00	0.08	0.02	0.00	0.70	0.78	473.70
	纺织鞋帽	0.03	0.00	0.00	0.00	0.05	0.26	0.00	0.05	0.70	188.68
	橡塑皮革	1.87	0.08	0.00	0.00	0.00	0.01	0.00	0.00	1.69	219.45
	玩具家具	0.09	0.00	0.00	0.00	0.00	0.05	0.00	0.00	0.01	106.39
	木材纸张非金属	1.23	0.00	0.34	0.00	0.05	0.00	0.00	0.00	0.04	115.23
大型企业合计		6.96	1.18	26.78	0.00	2.72	0.56	0.01	0.75	3.91	1658.22
小型企业	农食产品	0.19	0.27	19.15	0.01	3.90	0.00	0.01	0.05	0.05	469.63
	机电仪器	1.95	0.03	10.00	0.00	13.54	0.04	0.00	0.00	1.23	1591.49
	化矿金属	0.23	0.32	21.58	0.00	0.40	3.69	0.03	0.00	0.36	506.38
	纺织鞋帽	0.00	0.00	0.00	0.00	0.15	0.00	0.16	0.06	0.78	451.48
	橡塑皮革	0.05	0.01	0.17	0.00	0.00	0.09	0.00	0.02	0.00	178.59
	玩具家具	0.02	0.00	0.00	0.00	0.04	0.02	0.00	0.00	0.00	451.72
	木材纸张非金属	0.00	0.06	0.81	0.00	0.70	0.00	0.00	0.00	0.01	219.39
小型企业合计		2.44	0.68	51.71	0.01	18.72	3.84	0.19	0.12	2.42	3868.68
总　计		9.39	1.87	78.49	0.01	21.44	4.40	0.20	0.87	6.33	5526.90

附表 2－9　不同类别出口企业遭受的直接损失总额估算值排名前五位的地区、损失额及所占比例

单位：万美元

企业类别	1			2			3			4			5		
	地区	损失额	所占比例	地区	损失额	所占比例	地区	损失额	所占比例	地区	损失额	所占比例	地区	损失额	所占比例
农食产品	广东	309.73	44.70%	山东	151.85	21.90%	福建	48.04	6.90%	上海	33.63	4.90%	云南	19.60	2.80%
机电仪器	广东	551.44	28.70%	江苏	349.62	18.20%	山东	266.40	13.90%	河南	165.59	8.60%	上海	75.97	4.00%
化矿金属	广东	165.01	16.80%	天津	159.72	16.30%	江苏	77.97	8.00%	山东	57.61	5.90%	北京	52.51	5.40%
纺织鞋帽	广东	170.67	26.70%	江苏	122.26	19.10%	山东	63.29	9.90%	辽宁	61.17	9.60%	上海	46.37	7.20%
橡塑皮革	广东	203.26	51.10%	山东	62.36	15.70%	江苏	28.86	7.30%	上海	26.35	6.60%	河北	20.30	5.10%
玩具家具	山东	240.39	43.10%	广东	143.44	25.70%	福建	24.61	4.40%	江苏	19.78	3.50%	上海	16.94	3.00%
木材纸张非金属	广东	160.02	47.80%	江苏	63.92	19.10%	福建	40.85	12.20%	山东	25.69	7.70%	上海	12.69	3.80%

附表 2－10　2006～2014 年不同地区出口企业新增成本估算值

单位：亿美元

地区	年份									
	2006	2007	2008	2009	2010	2011	2012	2013	2014	总计
北京	0.7	0.6	0.7	2.0	1.6	2.8	1.2	4.9	1.8	16.3
天津	1.2	1.4	0.6	8.9	0.07	3.9	1.1	6.8	8.7	32.67
河北	0.4	3.2	4.4	2.4	2.8	2.0	4.3	1.5	2.8	23.8
山西	0.9	0.03	0.8	0.2	0.03	0.02	0.3	0.4	0.2	2.88
内蒙古	0.3	0.5	0	1.8	1.6	0.03	0.07	0.01	0.06	4.37
辽宁	0.5	1.7	13.5	7.7	3.4	2.9	9.4	8.3	10.1	57.5
吉林	0.07	0.2	0.09	2.2	0.1	1.2	2.9	0.3	0.4	7.46
黑龙江	0.7	3.2	1.2	1.0	1.5	1.1	0.5	0.9	0.7	10.8
上海	11.6	10.2	26.6	9.2	65.0	12.1	23.8	14.3	18.3	191.1
江苏	12.0	17.7	20.6	13.1	23.2	22.0	25.8	46.3	26.5	207.2
浙江	98.7	97.9	43.7	5.9	10.4	36.8	53.5	45.9	42.4	435.2
安徽	0.2	1.0	1.3	2.4	0.4	1.2	7.5	8.1	8.7	30.8
福建	7.1	16.6	9.2	6.7	7.1	3.7	7.3	5.4	11.6	74.7
江西	0.9	0.6	2.0	1.0	0.5	0.7	0.2	8.9	0.4	15.2
山东	3.4	11.0	11.9	26.3	29.4	51.2	95.3	21.8	22.4	272.7
河南	0.9	2.5	3.2	5.3	2.9	1.2	2.3	2.6	6.2	27.1
湖北	3.9	2.2	0.2	16.4	0.2	0.1	0.1	1.9	1.9	26.9
湖南	0.2	0.1	3.0	1.7	1.4	0.6	0.2	2.7	1.3	11.2
广东	46.7	82.1	95.2	127.1	79.5	99.2	39.4	51.8	51.5	672.5
广西	0.3	0.3	0.5	0.6	0.3	0.5	0.6	0.4	0.3	3.8
海南	0.1	0.06	0	2.9	5.6	5.9	0.4	0.1	0.2	15.26
四川	0.2	2.2	0.6	0.9	4.1	4.1	0.1	1.2	2.3	15.7
重庆	0.09	0.6	0.6	0.06	0.02	0.7	2.0	4.6	0.7	9.37
贵州	0.04	0.04	0.01	0.4	0.4	0.07	0.02	0.05	0.1	1.13
云南	0	0.09	0.2	0.3	1.2	0.3	0.8	0.1	0.5	3.49
西藏	0	0	0	0	0	0	0	0	0	0
陕西	0.2	2.7	0.3	1.0	0.3	4.4	0.4	0.4	1.0	10.7
甘肃	0	0.09	0.01	0.04	0.02	0.03	0.3	2.1	0.07	2.66
青海	0	0.07	0.01	0.00	0.00	0.02	0.07	0.04	0.8	1.01
宁夏	0	0.00	0.00	0.01	0.00	0.00	0.02	0.04	0.07	0.14
新疆	0	5.5	0.04	0	0.8	0.7	0.3	0.7	0.2	8.24

第三章　国家区域战略典型省区技术性贸易措施影响综合分析

2014年12月11日，中央经济工作会议指出，要重点实施京津冀协同发展、“一带一路”、长江经济带三大区域经济战略，发展成为新的经济增长带。同时，此三大战略被视为2015年经济工作重点，中国经济将正式开启区域协同作战的“大棋局”。

2015年，中国的区域经济格局呈现出“增长极”领先、区域板块齐头并进之势。作为结构调整的重要手段，经济空间格局的优化列入2015年经济工作主要任务。在继实施西部开发、东北振兴、中部崛起、东部率先的区域发展总体战略的基础上，强调重点实施“一带一路”、长江经济带、京津冀协同发展三大战略，争取有良好开局。全国质量监督检验检疫工作会议提出，主动服务“三大战略”，推进区域一体化，推进服务便利化，推进质检国际合作。

为更好地发挥质检系统技术性贸易措施相关工作在服务“三大战略”中的重要作用，需要了解区域内主要省份的对外贸易发展基本情况，以及企业对技术性贸易措施服务的需求。基于此，本章选择各区域内典型省份，在对其进出口贸易特点分析的基础上，选择重点行业分析技术性贸易措施对行业造成的影响，以及行业内企业对技术性贸易措施服务的需求，并提出相应的政策建议，以期通过对技术性贸易措施的推动来带动区域经济发展。

第一节　“一带一路”战略典型省份分析

2013年9月和10月，中华人民共和国国家主席习近平在出访中亚和东南亚国家期间，先后提出共建“丝绸之路经济带”和“21世纪海上丝绸之路”（以下简称“一带一路”）的重大倡议，得到国际社会高度关注。丝绸之路经济带涵盖东南亚、东北亚经济整合，并最终融合在一起通向欧洲，形成欧亚大陆经济整合的大趋势。21世纪海上丝绸之路经济带战略从海上联通欧亚非三个大陆，与丝绸之路经济带战略形成一个海上、陆地的闭环。

“一带一路”战略将推动中国经济构建全方位开放的新格局。推进“一带一路”建设，是中国扩大和深化对外开放、全面提高开放型经济水平的需要，是实行更加积极主动开放战略的具体实践，同时推动沿线各国实现经济协调，开展更大范围、更高水平、更深层次的区域合作，打造开放、包容、均衡、普惠的区域经济合作架构，由此将促进中国适应经济全球化以及区域一体化的新形势新要求，进一步推动建立互利共赢、多元平衡、安全高效的开放型经济体系。

2015年3月28日，国家发展改革委、外交部、商务部联合发布《推动共建丝绸之路经济带和21世纪海上丝绸之路的愿景与行动》，对各省份在“一带一路”规划中的定位予以明确，这将充分发挥国内各地区的比较优势，进一步优化西北、东北、西南、沿海和港澳台、内陆五大区块的定位与布局，加强东中西互动合作，全面释放内陆开放潜力、提升内陆经济开放水平，构建全

方位开放新格局，促进中国经济持续健康发展。本书结合“一带一路”几大核心区，选取广东、山东、河南、广西、黑龙江、新疆六个省份对其2005～2014年十年间外贸发展形势及受技术性贸易措施影响的情况进行综合分析，以期为技术性贸易措施服务“一带一路”战略，促进各省外贸发展提供思路和建议。

一、广东技术性贸易措施影响综合分析

（一）广东进出口贸易特点分析

1. 2005～2014年广东进出口贸易趋势

“广东省外贸约占全国的四分之一，可谓举足轻重”。作为改革开放的前沿阵地，广东对外贸易一直居全国前列，亦为经济社会发展的主要动力，进出口贸易额、外贸顺差多年排名全国第一。基于特殊的历史机遇及发展战略，广东对外贸易历程可视为中国外贸的缩影，代表国内外贸的最高水平。十年来，广东出口贸易总体上呈持续增长的态势。从2005年的2410亿美元增加到2014年的6464亿美元，年平均增长11%以上（见表3－1）。

表3－1　2005～2014年广东出口贸易额及逐年增长情况

项目	年份										平均
	2005	2006	2007	2008	2009	2010	2011	2012	2013	2014	
出口额/亿美元	2410	3055	3737	4113	3624	4672	5319	5742	6369	6464	—
增长率	—	26.8%	22.3%	10.1%	－11.9%	28.9%	13.9%	8.0%	10.9%	1.5%	11.0%

表3－1显示，2006～2007年广东对外出口贸易以20%以上的速度高速增长。2008年下半年金融危机爆发，广东外贸出口首当其冲受到很大冲击，当年出口增长率下降到10.05%，2009年广东出口贸易自改革开放以来首次出现负增长，负增长率为11.88%。主要原因是国外订单的单价大幅度压低，很多出口企业出现负利润，出口企业采取了少接单或不接单的自我保护措施。另外，国外贸易保护措施的纷纷出台令出口形势更为艰难。2010年出口形势有所好转，加上广东采取了“腾笼换鸟”等转型措施，广东对外贸易逐渐走出美国次贷危机和欧洲债务危机的阴影，出现平缓向好的趋势（见图3－1）。但近三年，尤其是2013年和2014年，由于受到出口转型、汇率及技术性贸易措施等因素影响，广东出口因受内外各种因素的影响增长势头放缓。

2. 出口目的地分布

广东出口产品较多的国家或地区依次为中国香港、美国、欧美、东盟、日本、拉美国家、韩国、新西兰、非洲、西亚国家、俄罗斯、加拿大、澳大利亚和其他。中国香港、美国、欧盟三个国家和地区占出口总额的70%，其中中国香港占42%（因中国香港仅为中转地，为便于分析，此处不包含中国香港数据，见图3－2）。

2005年，广东出口欧美占了六成，2014年，仅占四成，东盟和俄罗斯比重均有较大的增长（见图3－3和图3－4）。

表3－2是为了进一步分析各年度的出口地区分布情况而逐年按贸易额进行统计（见表3－2和图3－5）。

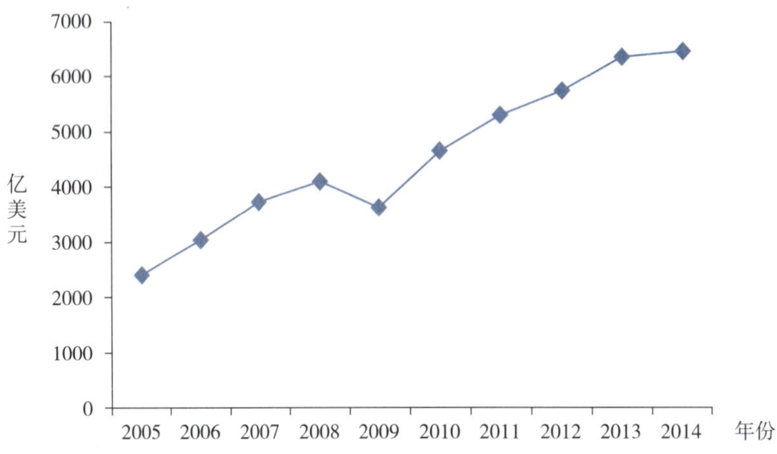

图 3-1　2005～2014 年广东出口额趋势示意图

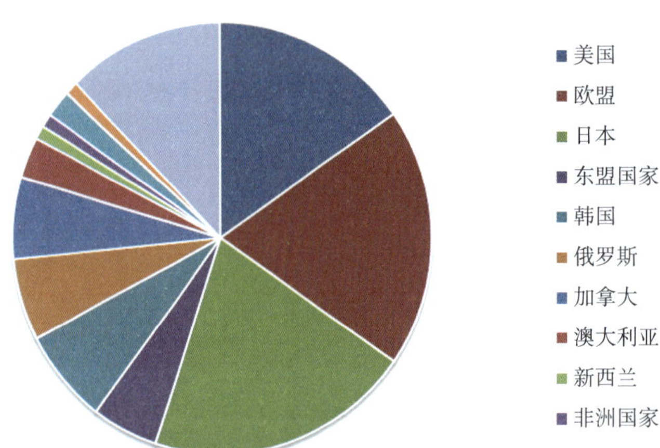

图 3-2　2005～2014 年广东出口贸易目的地（中国香港除外）分布示意图

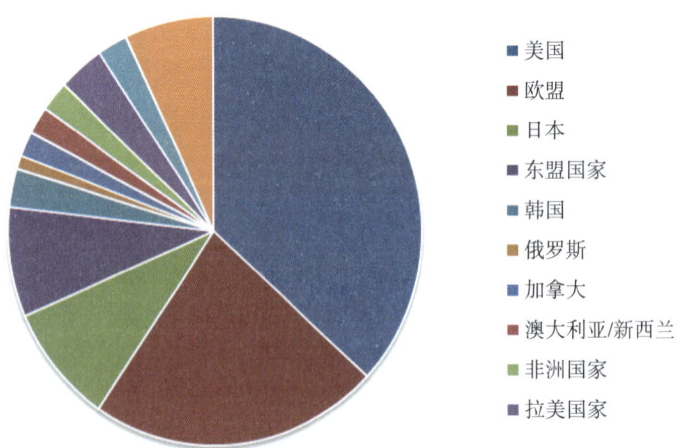

图 3-3　2005 年广东出口贸易目的地（中国香港除外）分布示意图

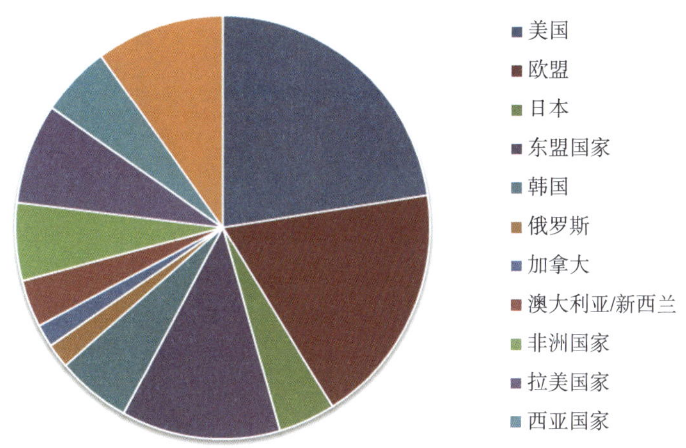

图 3－4　2014 年广东出口贸易目的地（中国香港除外）分布示意图

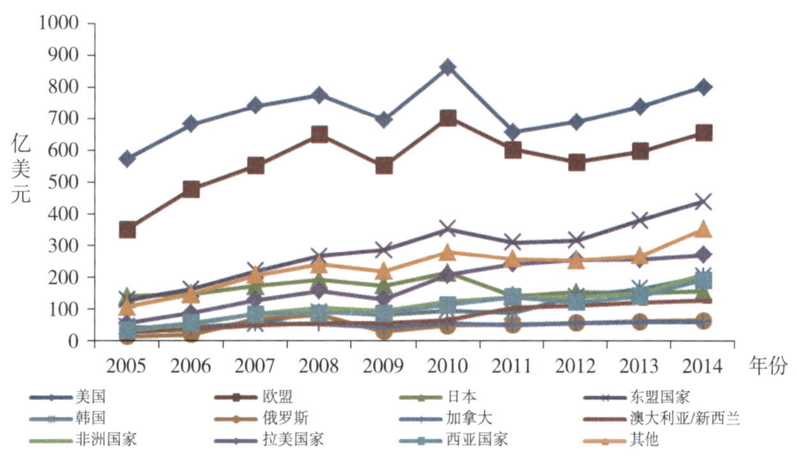

图 3－5　2005～2014 年广东出口贸易目的地（中国香港除外）趋势分布示意图

从图 3－5 中可以清楚地看出，美国一直是广东第一大出口目的国，其次是欧盟，近年来中国与东盟的贸易额以 10％以上的速度迅速增长，中国已连续五年成为东盟第一大贸易伙伴，东盟已经连续四年成为中国的第三大贸易伙伴；继东盟地区之后拉美地区、西亚地区与广东的贸易额保持良好的增长势头；日本、韩国等东亚国家仍是我国重要的贸易伙伴。东盟、拉美和西亚地区的增长弥补了美国、欧盟等贸易额的损失。

表 3－2　2005～2014 年广东各年度出口贸易（额）目的地一览表

单位：亿美元

国家 /地区	年份										十年汇总	比例
	2005	2006	2007	2008	2009	2010	2011	2012	2013	2014		
中国香港	852	1083	1303	1342	1157	1531	2563	2917	3311	2959	19017	41.63％
美国	574	682	741	775	696	863	659	690	740	801	7222	15.81％
欧盟	353	479	552	651	553	703	602	564	599	657	5713	12.51％
日本	141	150	174	193	174	216	142	154	153	158	1656	3.62％
东盟国家	129	163	221	269	288	355	311	318	382	441	2877	6.30％
韩国	45	46	57	91	82	97	91	141	165	205	1019	2.23％

续表

国家/地区	年份										十年汇总	比例
	2005	2006	2007	2008	2009	2010	2011	2012	2013	2014		
俄罗斯	16	22	69	84	32	50	54	57	63	67	513	1.12%
加拿大	29	42	58	55	46	58	51	56	60	62	517	1.13%
澳大利亚/新西兰	32	39	51	57	57	68	105	114	122	129	774	1.69%
非洲国家	36	55	87	106	97	125	137	138	150	211	1142	2.50%
拉美国家	57	89	130	158	133	210	244	257	258	272	1809	3.96%
西亚国家	37	58	86	89	89	115	139	124	143	194	1074	2.35%
其他	108	147	208	242	221	280	259	254	270	354	2345	5.13%

3. 出口产品结构

广东作为全球制造业重要基地，凭借其产业链完善、产品物美价廉等竞争优势，在当前的全球贸易竞争中独树一帜。主要工业产品特别是传统劳动密集型产品的出口持续加快，主要以外资企业开展的加工贸易为主。广东出口产品的比较优势依然集中在劳动密集型的产品，竞争优势也充分体现在这些产品上，如纺织鞋帽、玩具家具、陶瓷、农食产品。经历了2008年全球金融危机之后，广东大力实行转型升级战略，出口商品结构也经历了很大的转型，技术密集型的机电、高新技术产品比例有所上升。2005～2014年，广东行业出口总金额最多的是机电仪器，占62%，其次是玩具家具，占12%，纺织鞋帽排名第三，占11%，如图3-6所示。

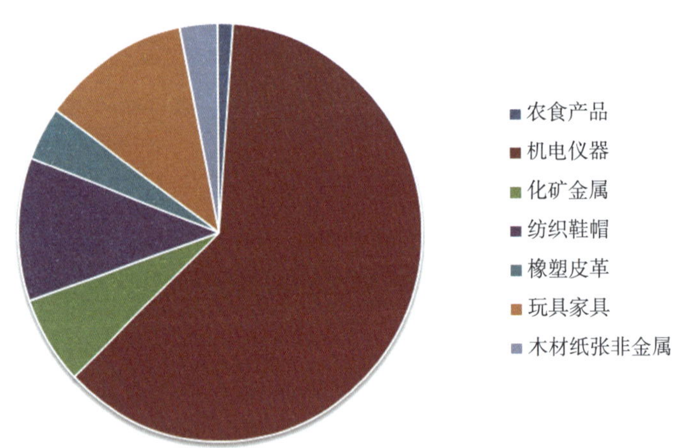

图3-6　2005～2014年广东出口产品结构图

从2005年和2014年出口产品结构图（见图3-7和图3-8）可以看出，2005～2014年，广东出口金额翻了两番有余，但产品出口结构没有明显变化，玩具家具占比增加了4个百分点，纺织鞋帽降低了2个百分点，其他行业几乎没有变化。

（二）广东重点行业发展情况分析

广东目前已形成了包括玩具、家具、LED照明、家电、陶瓷、农食等特色产品为主的全国最大出口产业集群。本节选取这六个重点行业发展情况进行概述。

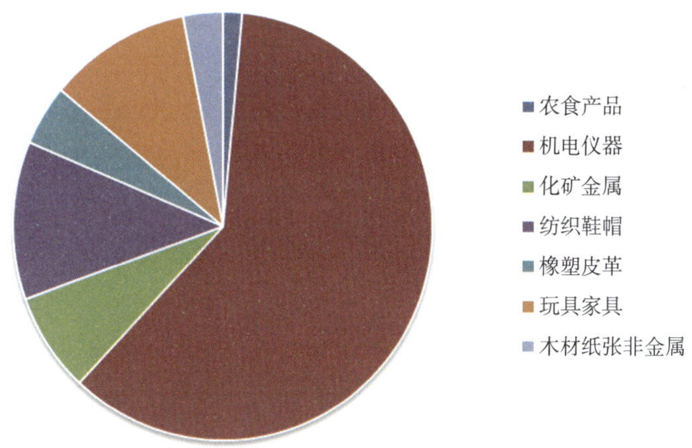

图 3－7　2005 年广东出口产品结构图

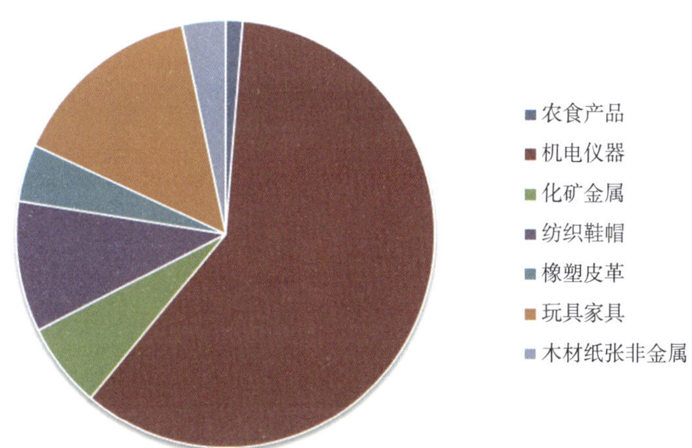

图 3－8　2014 年广东出口产品结构图

1. 玩具

广东作为全国最大的玩具行业生产基地，年出口玩具占全球市场的 50%以上。生产厂商约有 5500 家，2014 年出口玩具 173.4 亿美元，同比增长 47.7%，占全国玩具出口的 65.9%。

位于珠三角地区的出口玩具生产企业中，外资企业占了主导地位，主要出口到美国、欧盟、日本、中国香港等玩具消费大市场，产品单价较高，质量也相对较好。

位于粤东地区的出口玩具企业以民营企业为主，主要以一般贸易方式出口玩具产品，主要销往中国香港、东盟、中东等国家和地区，少量出口欧美地区，其中出口欧盟的产品，也大多销往东欧等经济较为落后的国家和地区。

2008 年，在广东省委省政府的政策扶持下，一些玩具企业也将部分产能向粤北、粤西地区作梯度转移，从而带动了这些地区玩具产业的发展。近年来，粤东、粤北玩具产业发展速度远超深圳、东莞等传统玩具加工贸易生产基地，并且正日益成为广东玩具产业自创品牌的主力军。2014 年，在广东玩具加工贸易出口构成中，进料加工贸易增长 15.7%，而来料加工装配则大幅下降 31.8%。以自有品牌出口的一般贸易，从 2010 年的占比 28.2%上升到 37.0%，期间还经历了欧美实施的最严厉技术性措施的考验。2014 年，广东检验检疫局牵头制定了玩具增塑剂的国际标准，在国际标准制定上占领了制高点，使广东省玩具制造业正稳步从“中国制造”向“中国创造”转型升级。

2. 家具

广东家具行业主要集中在佛山、东莞、中山等地，主要以出口玩具家具和木制品为主。2014 年，广东省出口家具 196.5 亿美元，同比增长 12.6%，占全国家具出口的 33.8%，主要出口美国、欧盟和东盟。

广东家具行业一般贸易出口方式比例逐年上升，加工贸易出口比例在逐年下降。2005～2014 年，一般贸易与加工贸易的比例从 7∶3 调整到 8∶2，彻底改变过去过度依赖加工贸易出口的局面，一般贸易成为广东省家具出口的主体。

在政府相关部门的支持下，广东家具行业克服了来自美国的木制卧室家具反倾销日落复审带来的重大冲击，克服了来自欧美国家连续出台一系列技术贸易壁垒，及时调整出口产品结构、出口国家结构、出口贸易结构，充分运用国家 15%出口退税政策，实现了出口数量、金额大幅度提高，产品质量、品种得到了长足的进步。

3. 照明产品

广东各类灯具企业 5000 余家，占全国总数的 60%左右。产品主要以各类装饰灯具、室内功能性灯具为主。产品销往世界 130 多个国家和地区。

2014 年，广东出口照明设备 112.1 亿美元，同比增长 37%，占全国出口照明设备的 36.6%。照明产业创造性地产生了五个第一、产业规模全国第一、推广应用成效全国第一、专利规模全国第一、首创产品评价“标杆体系”、全国第一个实施推广标准光组件计划。这五个“第一”奠定了广东照明产业领跑全国的良性发展局面。2013 年，广东 LED 产品产值达到 2811.0 亿元，继续位居全国首位，涉及的上市企业有近 30 家，约占全国上市 LED 公司的六成，总市值近千亿元，成为我国 LED 技术创新、标准制定的主导力量。近年，照明行业遭遇的技术壁垒主要是节能环保方面的措施和各类认证。

4. 家电

家电行业是我国改革开放以来发展的新兴行业。经过多年发展，广东已经成为中国家电产业品类最齐全、产业链最完整、产值最大的省份。目前，广东主要家电制造企业已经超过 3000 家，生产的家用电器包括以空调器、电冰箱、洗衣机等产品为主的白色家电；以彩色电视机、高清播放器等产品为代表的视听家电（也称黑色家电）；以新能源和新光源电器、光电 LED 等产品为代表的“绿色家电”三大板块。主要出口美国、日本、欧盟。2014 年 1～10 月，广东口岸累计出口家电 1474.1 亿元人民币，比 2013 年同期增长 6.9%，约占全国家电行业累计出口值的 57.5%。

广东家电行业由于紧紧抓住“加快行业转型升级，建设广东省家电强省”这个核心，企业不断优胜劣汰，产业集中度越来越高，规模越来越大。在知识资源、技术创新、市场经营和战略水平等方面居于全国领先地位，且与国外先进水平的差距在缩小。依托大品牌家电企业发展的珠江三角洲，聚集着众多中小型家电制造厂、配套厂和服务商，形成了我国最大的家用电器生产基地。仅是佛山市顺德区 2013 年生产的家电产品销售额已达 2100 多亿元，约占全国同行业的 20%。家用电器制造业作为顺德区域经济主导产业，以其规模庞大、品类齐全、名牌云集而蜚声中外。顺德，这个“中国家电之都”现已拥有“美的”等 8 个中国驰名商标、23 个中国名牌产品和 19 个广东省著名商标。

5. 陶瓷

2014年，广东出口陶瓷产品475.2亿元人民币，同比增长24.1%，占全国陶瓷出口的35%，主要出口东盟国家。一般贸易方式出口占90%。近年来，广东对东盟、中东、欧盟、美国的出口保持增长。2014年，广东对东盟国家出口陶瓷产品91.1亿元，增长23.4%，占同期广东省陶瓷产品出口总值的19.2%；对欧盟、美国分别出口50.3亿元和43.1亿元，增长26.6%和17.3%。同期对中东地区出口增长较快，其中对伊朗出口20.9亿元，增长2.4倍；对非洲出口59.5亿，增长48.7%。

广东陶瓷行业以建筑用陶瓷、家用陶瓷出口为主。2014年，广东出口建筑用陶瓷259.3亿元，增长16.4%，出口家用陶瓷164.9亿元，增长42.7%，两者合计占同期广东省陶瓷产品出口总值的89.3%；此外，出口装饰用陶瓷38.7亿元，增长11.3%。

对陶瓷行业来说，各类认证注册制度给陶瓷出口造成了巨大障碍，企业因此要增加高昂的注册认证检测成本。

6. 农食产品

2014年1～12月，我国农食产品出口719.6亿美元，同比增长6.1%。广东农食产品出口517.9亿元，增长2.7%。

由于地理位置的缘故，广东农产品进出口贸易在全国占有重要地位，约占全国的1/4左右，是我国传统的农产品对外贸易大省。2005～2014年，广东农食产品出口呈上升态势，出口额从35.1亿美元增加到82.9亿美元，总增长136%，年均增长10%；进口额从2005年的39.1亿美元增长到2014年的168.2亿美元，总增长330%，年均增长17.6%。统计表明，2002年至今，广东农产品进口额一直领先于出口，年增长速度也同样是进口高于出口，其结果是贸易逆差越来越大，从2002年的10.83亿美元增加到2012年的63.1亿美元，年均递增48.4%。可见，在广东对外贸易一直增长时，农产品对外贸易的贡献额却是逐年下降。

广东农产品出口市场较为集中，主要在东南亚，出口额最大的七个国家和地区分别是中国香港、美国、日本、印度尼西亚、中国澳门、马来西亚和新加坡，其中港澳地区占六成左右。近年来，广东的农产品出口在国际市场上遭遇各种技术壁垒而频频受挫，发达国家制定的严格苛刻的技术标准对广东农产品出口造成了巨大压力。如美国的FDA自动扣留机制，对广东水海产品出口造成损失严重；欧盟对水海产品中氯霉素含量标准提高了50倍，限制了广东水海产品出口。近些年，广东检验检疫局一方面实施源头管理，向企业推荐国际标准化生产管理，另一方面主动与国外官方机构磋商谈判，解除了多项禁令，使得广东省农食产品顺利出口。

（三）十年调查数据的各类图表和初步分析

2005～2008年间，受技术性贸易措施影响，广东企业的直接损失率呈逐年上升的态势。2008年以后，随着检验检疫部门多项质量整治工作的开展，以及出口企业对产品质量的重视，直接损失率开始降低，尤以2013年最低，仅为1.15%。但是，受技术性贸易壁垒不断更新变化的影响，2009～2014年，直接损失率不断波动，但基本保持在4%以下（见表3－3和图3－9）。

表 3-3　2005～2014 年广东出口直接损失额

项目	年份									
	2005	2006	2007	2008	2009	2010	2011	2012	2013	2014
损失额/亿美元	95	144	222	241	106	175	189	221	73	237
出口额/亿美元	2410	3055	3737	4113	3624	4672	5319	5742	6369	6464
直接损失率	3.93%	4.70%	5.95%	5.87%	2.92%	3.75%	3.56%	3.84%	1.15%	3.67%

图 3-9　2005～2014 年广东出口直接损失额

从 7 个不同行业来看，农食产品最为敏感，受技术性贸易措施的影响最大，损失率远远高于其他行业，但其货值较低，总损失额仅排名第二。而机电仪器货值较大，受技术性贸易措施影响产生的损失额最高，但损失率却排在各行业末尾；橡胶皮革的损失率也超过了十个百分点，受技术性贸易措施影响较大，但损失额与纺织鞋帽、化矿金属、玩具家具、木材纸张非金属基本相当，如表 3-4、表 3-5 和图 3-10、图 3-11 所示。

表 3-4　2005～2014 年广东不同行业损失额汇总

行业	农食产品	机电仪器	化矿金属	纺织鞋帽	橡塑皮革	玩具家具	木材纸张非金属
损失额/亿美元	309.73	551.44	165.01	170.67	203.26	143.44	160.02

表 3-5　2005 年～2014 年广东不同行业损失率汇总

行业	农食产品	机电仪器	化矿金属	纺织鞋帽	橡塑皮革	玩具家具	木材纸张非金属
损失率	54.66%	1.96%	5.32%	3.39%	10.72%	2.64%	11.52%

2014 年，广东对玩具、家电、灯具和陶瓷四大重点出口行业的专项调查受损情况见表 3-6。

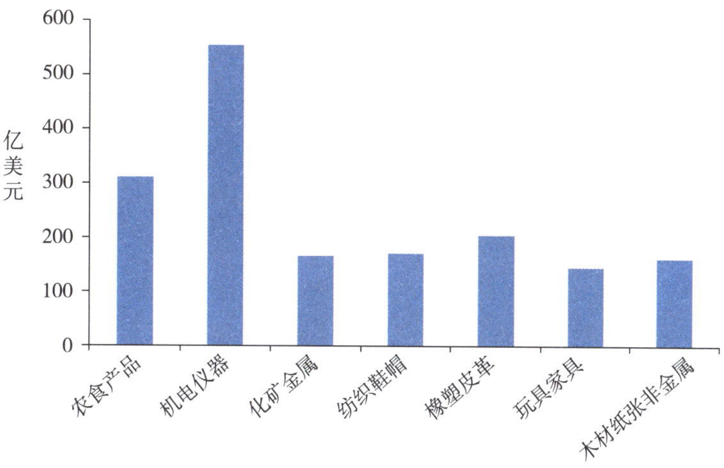

图 3－10　2005 年～2014 年广东不同行业损失额十年汇总

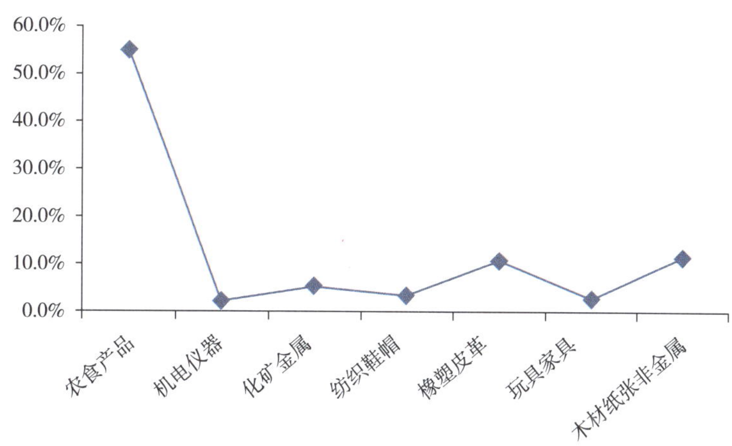

图 3－11　2005～2014 年广东不同行业损失率十年汇总

表 3－6　2014 年广东四大重点行业专项调查受损情况表

行业	抽查数	受影响比例	平均直接损失/万美元	占出口额的比例	平均新增成本/万美元	占出口额的比例
玩具	123	72.36%	36.54	3.38%	12.93	3.13%
家电	112	75.89%	74.18	5.37%	34.9	2.9%
灯具	119	55.46%	6.45	3.63%	3.74	3.98%
陶瓷	95	67.4%	123.21	15.34%	9.84	3.38%

注：①平均直接损失＝直接损失额/填选直接损失项目的企业数；

②占出口额的比例＝直接损失额/填选直接损失项目的企业出口额总和；

③平均新增成本＝新增成本额/填选新增成本项目的企业数；

④占出口额的比例＝新增成本额/填选新增成本项目的企业出口额总和。

2005～2014 年的十年来，小型企业在技术性贸易壁垒中所受到的损失是大型企业的两倍，主要因为小型企业技术力量相对薄弱，更难抵御由技术性贸易措施带来的冲击（见图 3－12）。

2006～2014 年，造成企业损失的最主要形式是丧失订单，占所有损失形式的 43%；2008 年遭受损失发生次数最多，占十年总数的 34%，其次是退回货物（见图 3－13）。

在新增成本方面，2009 年最多，约为 127 亿元，多为提高竞争力打开市场投入的研发成本。最少为 2012 年，约为 39 亿元。2006～2009 年，新增成本逐年上升，之后两年虽有下降但仍有 79 亿美元和 99 亿美元。2012～2014 年间新增成本基本稳定在 40 亿美元上下，为广东产业转型升级打下坚实基础（见图 3－14）。

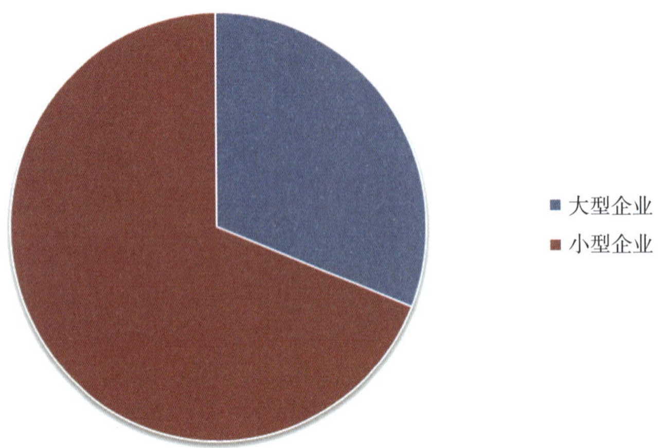

图 3－12　2005～2014 年广东不同企业规模的损失额十年汇总

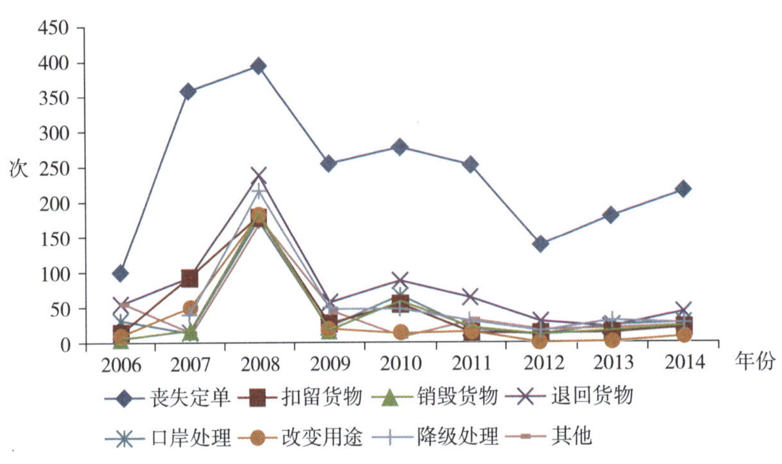

图 3－13　2006～2014 年广东企业损失形式

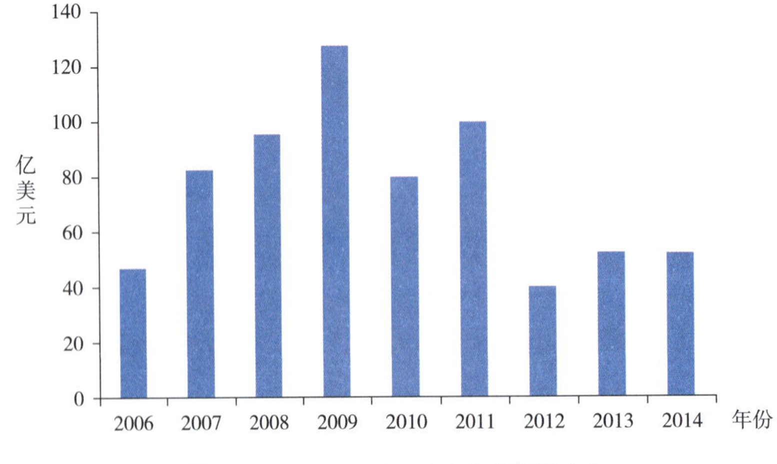

图 3－14　2006～2014 广东企业新增成本

图 3－15 所示的 7 个行业中，机电仪器的新增成本仍然遥遥领先，占总成本的 40%。这与广东大力促进高新产业、高附加值产品的发展战略有关，橡塑皮革、纺织鞋帽分别是 18%和 13%，居第二、三位。

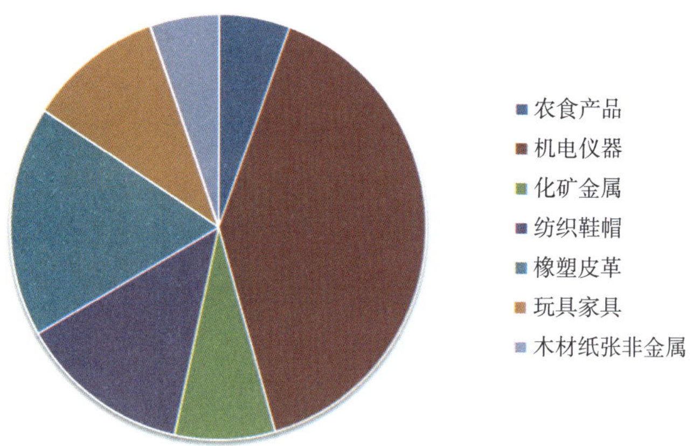

图 3－15 2005～2014 年广东不同行业新增成本

按照企业规模来看，小型企业的新增成本远高于大型企业，是大型企业的 1.5 倍，其受技术性贸易措施的影响更大（见图 3－16）。

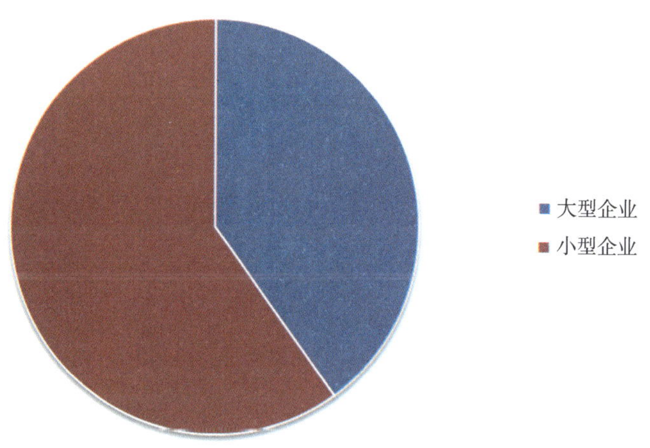

图 3－16 2005～2014 年广东不同企业规模新增成本

提高自身竞争力是企业应对技术性贸易措施的最佳方式，其次是选择向质检部门报告或主动与外商交涉，还有一些企业愿意寻求行业商协会的帮助。2012 年以后，企业在应对技术性贸易措施方面显得更为积极，更加愿意通过提高竞争力或是寻求相关政府部门、民间组织支持的方式应对技术性贸易措施（见图 3－17～图 3－19）。

企业对技术性贸易措施信息 80%的获取途径来源于检验检疫机构、国外经销商、行业商协会和媒体，检验检疫机构因其在进出口领域的职能成为企业最愿意获取信息的渠道（见图 3－20 和图 3－21）。

对于广东的出口企业来说，2006～2014 年，每年影响出口的主要障碍前三名都是汇率、技术性贸易措施和关税，且这三项占所有影响出口因素的 71%。在三项主要障碍中，技术性贸易措施因其隐蔽性和合理性被运用的越来越频繁（见图 3－22）。

在应对技术性贸易措施方面，企业寻求帮助的意愿逐年增加，且对信息、技术的需求较为强烈，同时也希望相关部门或组织通过对外交涉的方式为企业争取利益（见图 3－23 和图 3－24）。

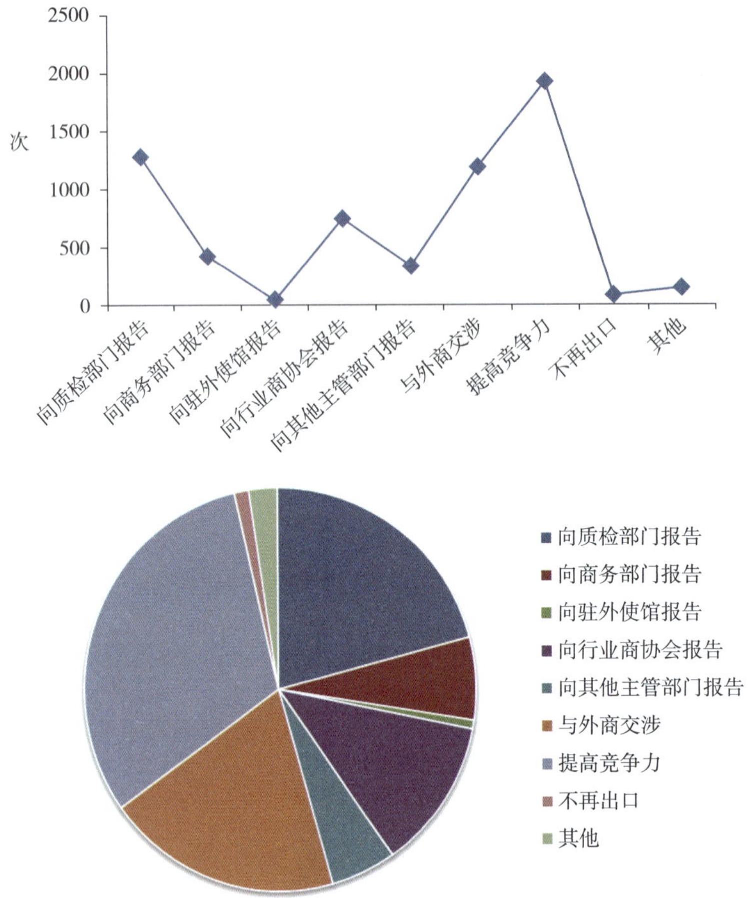

图 3-17　广东企业的应对方式累计数

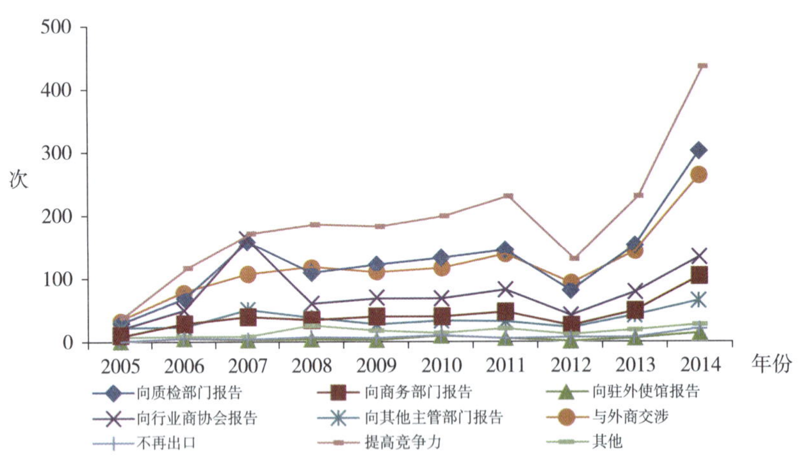

图 3-18　2005～2014 广东企业的应对方式变化趋势

据企业反应问题文字内容汇总分析，政府部门在提供技术性贸易措施服务方面多数还停留在较浅层次和有限领域，服务内容还未能贴近企业日益精细化、专业化的服务需求，还存在着各方面的问题，主要有：

一是为适应国外不同市场的技术要求，企业重复认证、重复检测成本高，急需政府部门更广泛地建立互认机制，帮助企业降低出口成本。

二是有核心竞争力的企业已明确表达出主动参与国际合作的迫切需求，包括参与和主导国际

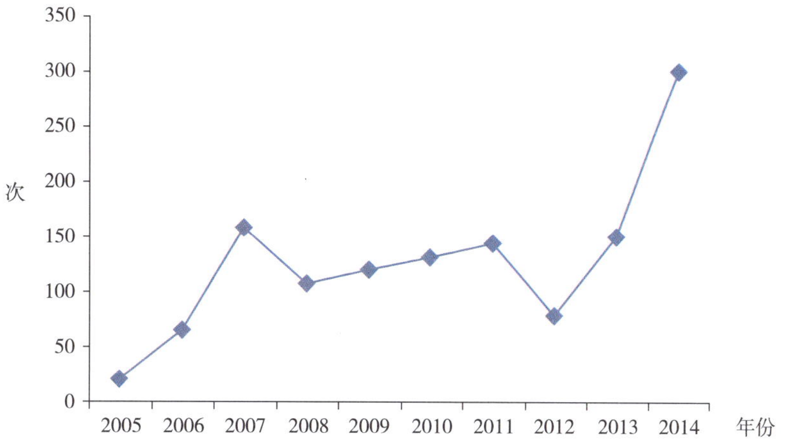

图 3-19　2005～2014 年广东企业向质检部门报告的案例数量

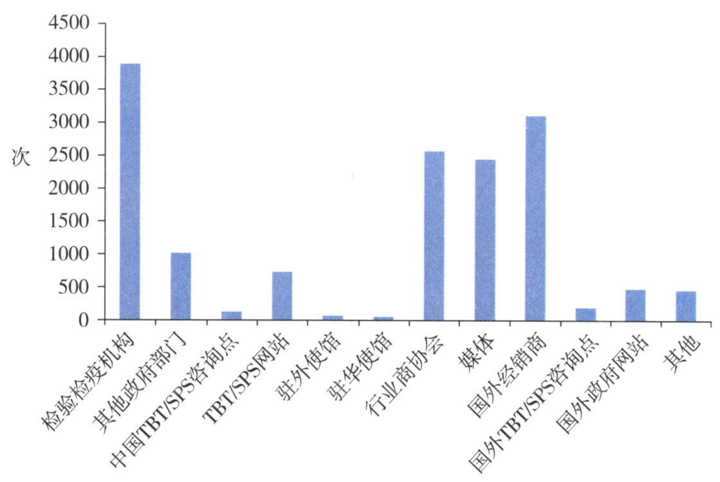

图 3-20　2005～2014 年广东企业获取信息途径

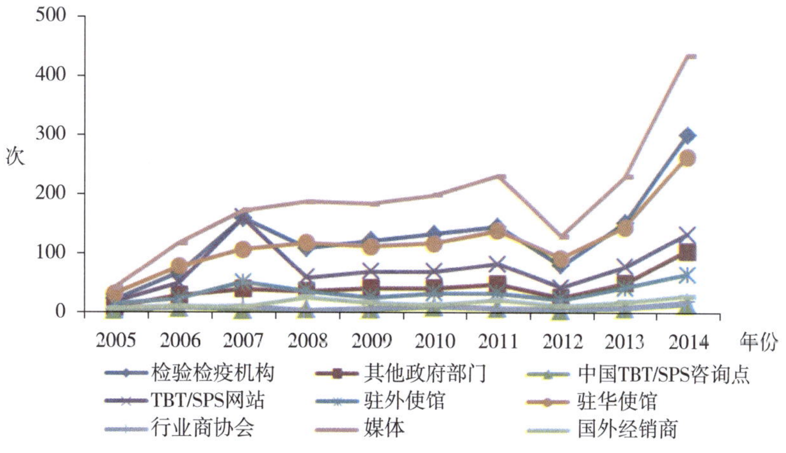

图 3-21　2005～2014 年广东企业获取信息途径变化趋势

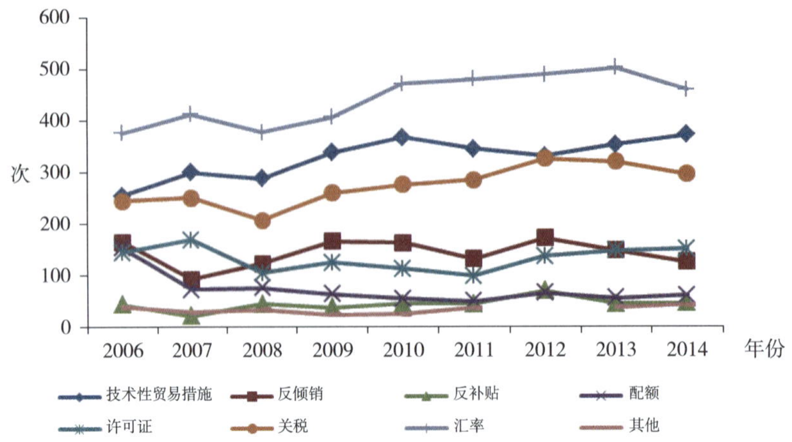

图 3-22　2006～2014 年广东企业主要出口障碍变化趋势

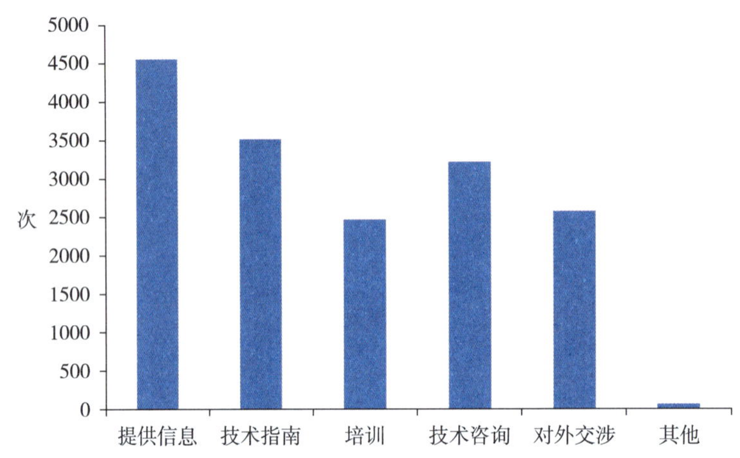

图 3-23　2005～2014 年广东企业希望获得的帮助

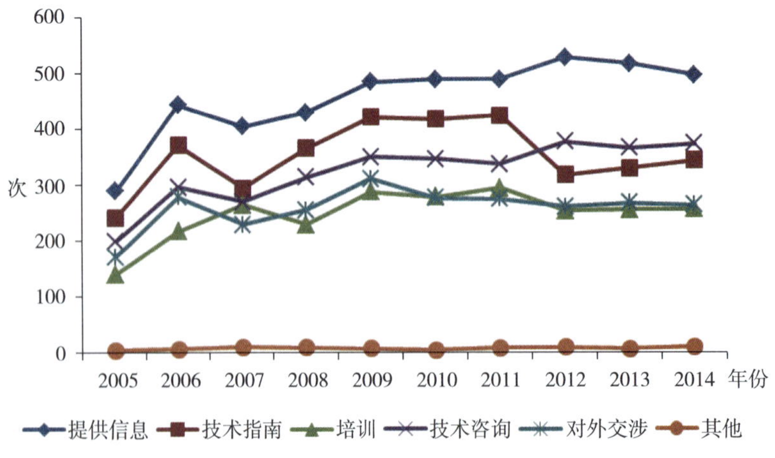

图 3-24　2005～2014 广东企业希望获得的帮助变化趋势

标准制修订，表达国外歧视性执法的不满等，但企业存在人才瓶颈，期望政府部门更多地搭建平台，为企业参与国际合作创造便利。

三是新兴市场技术性贸易措施影响逐步抬头，由于其透明度低，缺乏规则意识和法制环境，企业难以通过正常途径解决不公平待遇，期望政府部门能够通过多、双边机制减少出口阻碍。

四是中小企业急需获得有针对性的公共服务帮助其扩大出口，期望政府部门利用公共资源帮助解决实际问题。

五是发达国家的化学品管理法规（如欧盟 REACH 法规等）对出口产品的影响日益严重，期望政府部门给予更有力的指导和帮助，尤其是在产品原材料供应商的选择和原材料化学物质信息的提供方面，帮助企业减轻频繁检测的负担。

（四）关于技贸措施推动广东经济发展的政策建议

根据 2005～2014 年十年技术性贸易措施影响调查数据分析，广东面临技术性贸易措施的挑战尤为明显，产业需求更为突出，特别是广东作为“一带一路”战略枢纽、经贸合作中心和重要引擎，对新形势下的技术性贸易措施工作提出了更高的要求。同时，广东产业基础雄厚、产业链成熟、外贸遍布全球、实验室技术研发水平高、名牌和知名企业多、地方政府支持度高，建立技术性贸易措施工作联合协作机制具备得天独厚的优越条件。本书对广东如何结合需求，进一步发挥地方优势，整合资源，提升作用，提出以下政策建议：

1. 地方政府职能部门要加强联合，各尽其责

出台《广东省技术性贸易措施工作指导意见》，应明确技术性贸易措施工作在相关部门的职能和作用，发挥广东省技术性贸易措施工作联动机制作用，加强各部门之间的协调沟通。外经贸、检验检疫、质监等部门作为主要牵头部门，切实加强规划指导。对于各地、各部门技术性贸易措施工作在机构、人员配备和专项资金方面给予明确指导，各地市财政应设立技术性贸易措施专项经费，科技部门要设立科技专项给予科技保障。

2. 建立联动协作机制，提升国际话语权

广东应发挥国际合作、港澳合作的优势，加强贸易伙伴政府间的多边和双边对话、沟通机制，加大合格评定程序互认、交涉、磋商力度，解决企业集中反映的问题。鼓励企业积极参与国际标准化工作和 WTO 事务，并且引导企业更多参与国际标准的制订，掌握技术要求发展趋势。同时，鼓励有条件的企业参与国外技术贸易措施通报评议，了解国内企业与国外企业的技术差距，并通过 WTO 的沟通机制，为企业争取更多权益，减少损失。

3. 行业协会要成为中坚力量

推动行业协会改革，理顺管理体制，真正发挥行业协会的重要协调组织作用。行业协会应积极组织开展技术协作、标准制定和信息预警，真正成为政府与企业的桥梁纽带，协助出口企业执行国际标准和标准认证工作；帮助收集国外技术和产业供应链信息，为企业提供咨询和沟通信息的平台；研究本行业遭遇技术性贸易措施的情况，提出对策和建议；开展国际间交流，建立与国外行业商协会之间的磋商沟通机制，以便减少技术壁垒的影响。

4. 企业要主动担负主体责任

企业要密切同政府和行业组织间的联系，全面提升运用技术性贸易措施手段推动转型升级的能力。培养技术性贸易措施专业人才，关注行业国际标准和先进生产标准动态，根据国际市场需要和

发展趋势及时调整技术和管理标准，将国外技术与自主开发相结合，推动转型升级。行业龙头企业要积极参与信息平台建设、通报评议甚至对外谈判等应对工作，树立示范企业，提高企业主体作用。

5. 重点支持产业联盟、技术性贸易措施研究评议基地、产业转型示范基地等多种合作形式，增强应对合力

广东可在产业集群地开展技术性贸易措施研究评议基地和产业转型示范基地建设，吸引政府部门、行业协会及企业参与，整合资源合力应对国外技术性贸易措施，消除不公正贸易壁垒，运用技术性贸易措施倒逼机制促进产业转型升级，合理运用国际规则维护我国产业利益。提高应对工作的稳定支撑和示范辐射效应。充分发挥基地作为应对共性关键技术孵化器作用，积极探索应对产品和服务的推广应用新模式，推动经济结构调整和产业转型升级。

6. 社会要形成良好舆论氛围

广东各有关部门应广泛宣传技术性贸易措施工作的巨大意义，提升广东人民对其的认知程度，宣传角度要进一步贴近人民关心的健康、环保、质量等民生需求，让全社会认识到我国技术性贸易措施体系在促进生产转型、产品升级等方面的正面作用，可以为提升广东人民的消费品质，改善生产、生活环境，构筑起保护生态家园和人民健康的“铜墙铁壁”，让老百姓真切享受到技术性贸易措施工作带来的福祉。

二、山东技术性贸易措施影响综合分析

（一）山东进出口贸易特点分析

1. 2005～2014 年进出口贸易趋势

山东半岛地处我国东部沿海，是黄河流域最便捷的出海通道，是东北亚经济圈的重要组成部分，是环渤海地区对接长三角地区的桥头堡，是由南向北扩大开放、由西向东梯度发展的战略节点和参与“一带一路”建设的重要战略支点。2005～2014 年，山东出口额基本保持较为稳定的增长（除在 2009 年受国际金融危机影响，出口额有所下降），进出口总额由 768.9 亿美元增至 2778.1 亿美元，增长了 2.6 倍，年均增长率为 15.3%，其中，出口总额由 462.5 亿美元增至 1448 亿美元，增长了 2.1 倍，年均增长率为 13.4%（见图 3－25）。

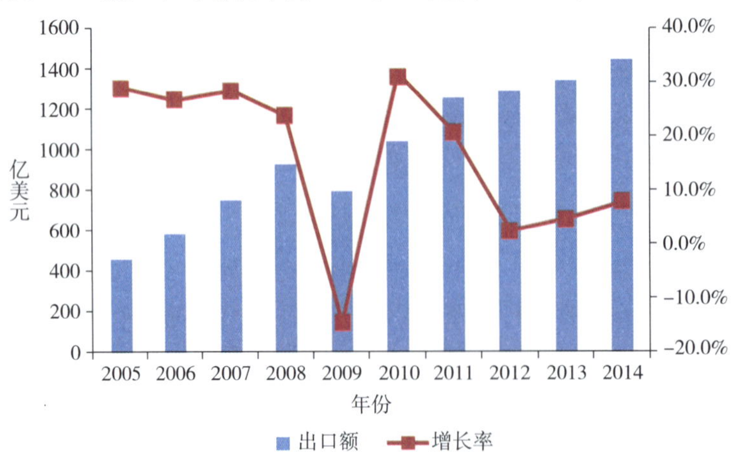

图 3－25　2005～2014 年山东出口额及其增长率

按照山东外贸出口额发展趋势，可大体分为四个阶段。第一阶段是2005～2008年，对外贸易快速发展阶段，其年出口量增幅均超过20%；第二阶段是2008～2009年，受国际金融危机影响，出口额首次出现负增长；第三阶段是2009～2011年，随着全球经济复苏，出口额再次大幅上扬；第四阶段是2012～2014年，受全球经济下行影响，对外贸易发展增速放缓，出口额逐年小幅上升。

2. 出口目的地分布

山东产品出口国家和地区主要集中在美国、欧盟、日本、韩国，2005年对上述国家和地区的出口额占出口总额的68%，2013年占出口总额的53%（见图3-26）。2005～2013年，山东对日本与韩国的外贸出口增幅相对较小，接近1倍，美国为1.4倍，欧盟为1.8倍。东盟、澳大利亚、俄罗斯等市场的出口量增长较为明显，其中对澳大利亚出口量大幅增长，增幅高达4.4倍。

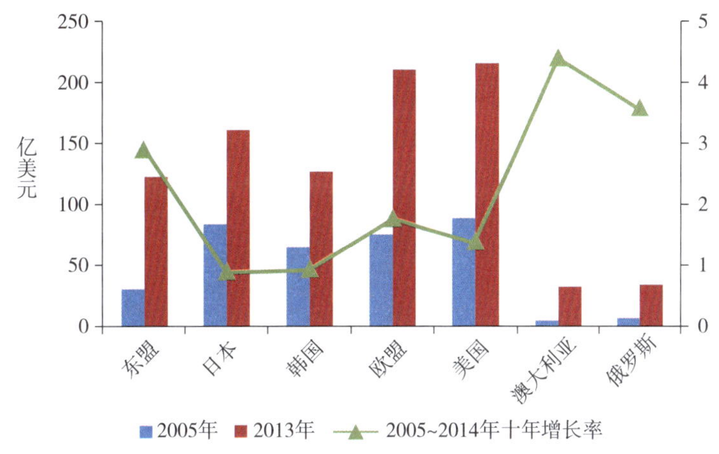

图3-26　2005年和2013年山东对主要出口国家和地区出口额及增长率[①]

3. 出口产品结构情况

山东出口产品结构主要以机电产品、农食产品、纺织服装为主。与2005年相比，2014年山东重点产品出口情况有如下变化。机电产品增长迅速，增长了3.1倍，机电产品在出口额中所占比例呈总体上升趋势，由2005年的29.3%上升至2014年的38.8%；农食产品增长缓慢，仅增长55.0%，占总出口额的比例逐年下降，由2005年的22%下降至2014年的10.9%；纺织服装增长1.1倍，增长较明显，但占总出口额比例呈下降趋势（见图3-27）。

（二）山东重点行业发展情况分析

山东位于我国东部沿海，处在环渤海经济圈的中心位置，是东北亚经济区的腹地和环太平洋经济带的重要组成部分，紧邻日本、韩国等农产品进口大国，与南北美洲隔海相望，航线密集，运销便捷，具有显著的区位优势。

山东是我国传统的农业大省，改革开放30多年来，特别是加入世界贸易组织的十多年来，山东农食产品对外贸易持续稳定发展。自2000年起，山东农食产品出口额一直居全国首位，占全国的1/4左右。近年来，山东“区域化布局、标准化生产、规范化管理、国际化经营”的大农业格局渐次形成，一大批鸡肉、鸭肉、兔肉、猪肉、水产品、蔬菜、花生、水果等食品和农产品纷纷打入国际市场，远销日本、韩国、美国、欧盟、东南亚、加拿大、澳大利亚等几十个国家和地

① 数据来源：《山东统计年鉴》。

区。其中，出口禽肉占全国的50%，出口兔肉、花生均占全国的85%，水产品出口占全国的40%，蔬菜出口占全国的35%。截至2014年12月，山东备案出口食品企业达到3059家，占全国备案企业总数的22.2%，连续16年稳居全国首位。山东累计共有1606厂次食品加工企业获国外注册，占全国总数的27.3%。

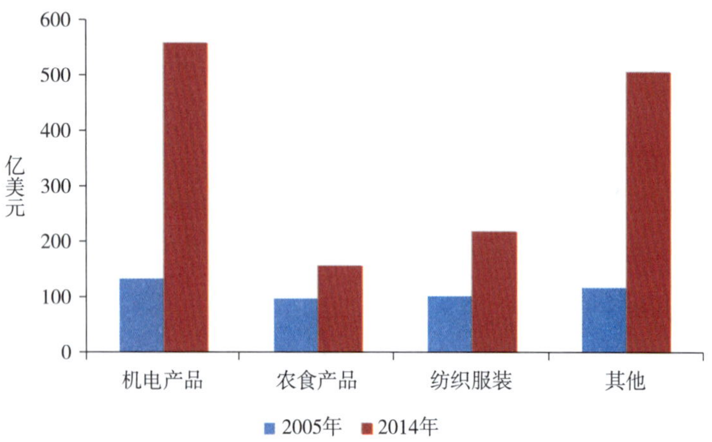

图3－27　山东2005年和2014年重点商品出口额

2005～2014年，山东凭借着良好的资源优势和便利区位优势大力开展农产品出口贸易，出口额逐年增加，农食产品出口额由87.2亿美元增至216.4亿美元，增幅为148%（见图3－28），出口至韩国、日本、美国、欧盟等150多个国家和地区。

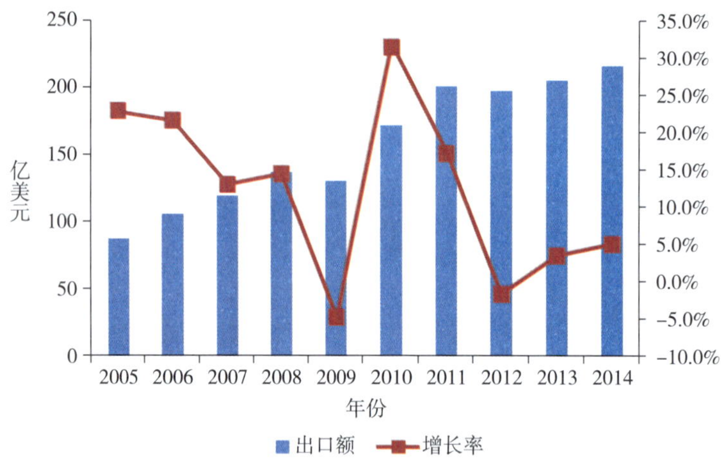

图3－28　2005～2014年山东农食产品出口额

山东农食产品由于在生产管理技术上的不足，出口受到严重限制。为突破国外技术壁垒，自2007年起，山东率先在全国开展出口农产品质量安全示范区建设，从“安丘模式”到“威海经验”，从“山东成果”到“全国共享”。山东出口农食产品质量安全水平稳步提升，逐步跨跃了日本、欧盟、美国等发达国家和地区设置的技术性贸易壁垒，顺利通过了新加坡、韩国、蒙古、加拿大、印度尼西亚等官方对山东出口肉类、大蒜官方监管体系和企业质量管理体系的检查，我国熟制禽肉产品首次获准出口北美，两家兔肉企业重返俄罗斯市场。欧盟、加拿大、日本相继将封关多年的产品对山东企业开放。2014年，山东出口农食产品国外通报率比2013年同期下降36.8%，出口农食产品质量安全水平的稳步提升促进了山东肉类、蔬菜、水产、花生等大宗优势

农产品的顺利出口。通过创新监管模式，促进了“三农”发展。通过示范区建设，山东带动群众增收达44.7亿美元，带动农村就业人口达539万，出口创汇增加19.9亿美元。示范区在提升出口食品农产品质量安全水平、促进山东优势食品农产品出口方面发挥了比较好的引领作用。

示范区建设开辟了农产品质量安全国际对话渠道，增强了国外消费者对山东农产品的信心。围绕农产品质量安全示范区建设，牢牢抓住涉及出口质量安全的核心问题，完善相关措施，狠抓质量管理，山东出口农产品逐步走上“源头无隐患、生产有标准、投入无违禁、监管无盲区、质量可追溯、出口无障碍”的良性发展轨道，农产品出口竞争力大幅提高。截至2014年年底，山东省级示范区已发展到78家，约占山东涉农县市区的60%；示范市发展到8个，占山东17个地市的47%，获得国家级示范区称号的有32家，占全国总数的22.2%。

2014年，山东省政府为适应农产品出口新形势和农产品质量安全新要求，确定创建出口农产品质量安全示范省，按照“一个标准、两个市场、以外促内、统筹发展”的总要求，推动内外贸一体化发展，促进优质农产品由出口保障转向全民共享。计划通过连续3年的示范省创建活动，到2017年，初步建成全产业链标准体系；农产品市场流通更加高效便捷；重点培育的农产品国际知名品牌达到100个；农产品年出口力争达到200亿美元。山东80%以上的县（市、区）建成示范区，主产区的市建成示范市，有效控制了区域性、系统性和行业性重大农产品质量安全风险。

（三）国外技术贸易措施对山东出口企业影响调查数据分析

1. 不同类别企业分析

2006～2014年，山东出口企业受国外技术性贸易措施影响比例分别为19.4%、24.3%、55.4%、40.0%、29.7%、40.8%、22.9%、40.6%、45.4%，平均比例为35.4%。其中，2008年、2009年、2011年、2013年、2014年有40%以上的企业受到了影响。

2006～2014年，农食产品、玩具家具类和木材纸张非金属类企业受影响的比例较大，其中，农食产品类企业在2006年、2007年和2014年受国外技术性贸易措施影响比例最高，分别为43.9%、60.7%和53.2%；木材纸张非金属类企业2008年、2009年受国外技术性贸易措施影响比例最高，分别为72.2%和55.6%；玩具家具类企业2010年、2011年、2012年受国外技术性贸易措施影响比例最高，分别为42.9%、57.1%和34.8%；橡塑皮革类企业2013年受国外技术性贸易措施影响比例最高，为51.9%（见图3-29）。

2. 贸易损失分析

（1）因国外技术性贸易措施造成损失的形式分析

2005～2014年，丧失订单已经连续十年成为山东企业遭受损失的最主要表现形式，占比达到45%。其次是降级处理、退回货物，以上三种损失形式占所有损失的比例达到69%（见图3-30和图3-31）。

（2）出口企业所遭受的直接损失分析

2005～2014年，山东大型出口企业因国外技术性贸易措施而遭受的直接损失基本呈递增趋势，不同类别的大型出口企业所遭遇的直接损失总额为171.72亿美元①。其中，农食产品类企业遭受的直接损失最大，占十年直接损失总额的41.3%；其次为塑料皮革类企业，占直接损失总额的21.4%；机电仪器类企业的直接损失额居第三位，占17.3%（见图3-32和图3-33）。

---

① 为更精确列出不同年份直接损失额，对直接损失额保留两位小数，下同。

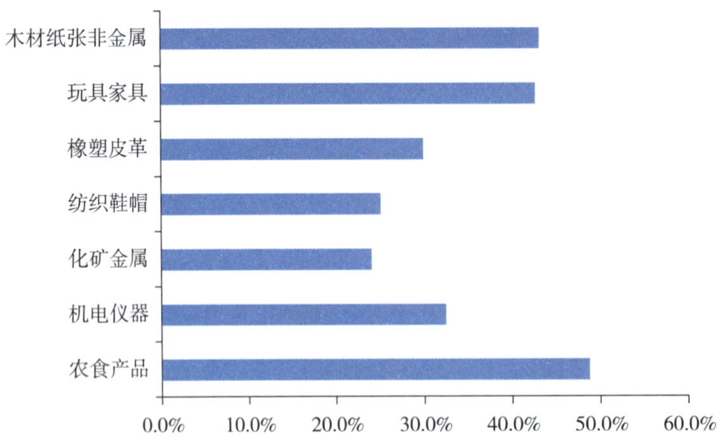

图 3－29　2006～2014 年山东不同类别企业遭受技术性贸易措施影响比例

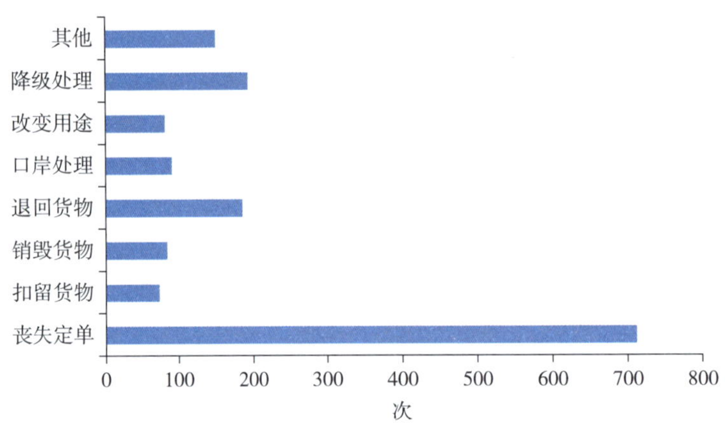

图 3－30　2005～2014 年山东出口企业遭受损失的主要形式分布情况

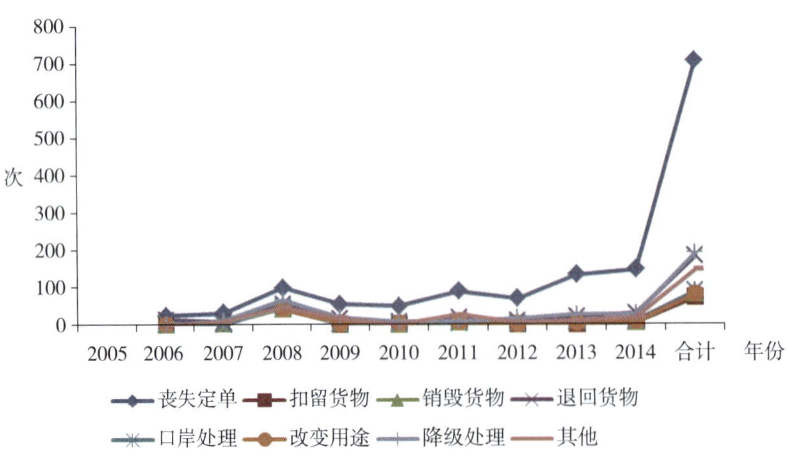

图 3－31　2005～2014 年山东出口企业遭受损失的主要形式和趋势

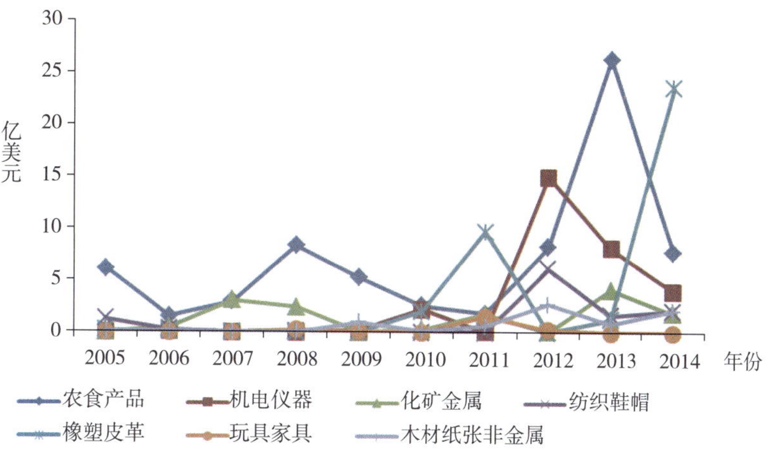

图 3－32 2005～2014 年山东出口大型企业所遭受的直接损失趋势

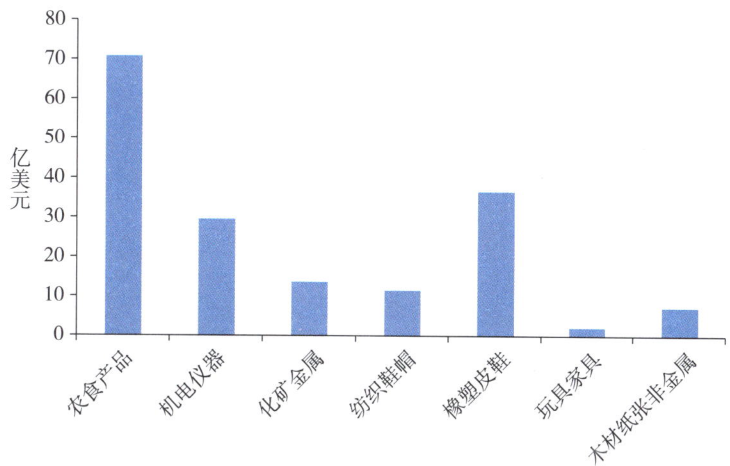

图 3－33 2005～2014 年山东出口大型企业遭受的直接损失总额

2005～2014 年，山东玩具家具类小型出口企业遭受的直接损失最大，占直接损失总额的 34.3%；其次为机电仪器类企业，占直接损失总额的 34%；农食产品类企业的直接损失额居第三位，占 10.8%（见图 3－34～图 3－37）。

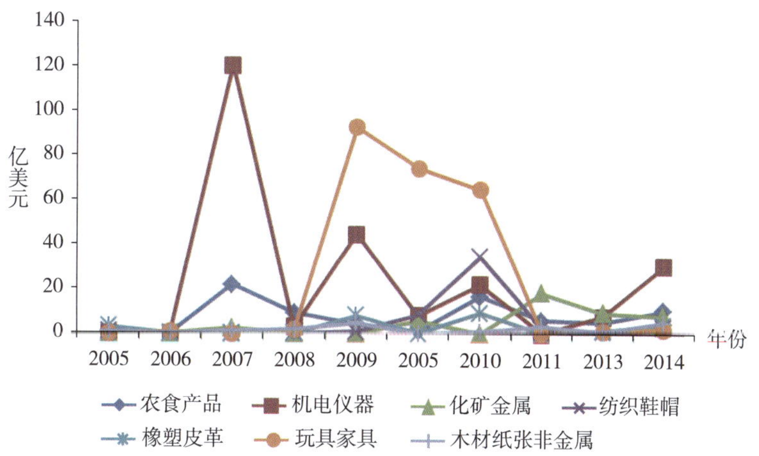

图 3－34 2005～2014 年山东小型出口企业所遭受的直接损失趋势

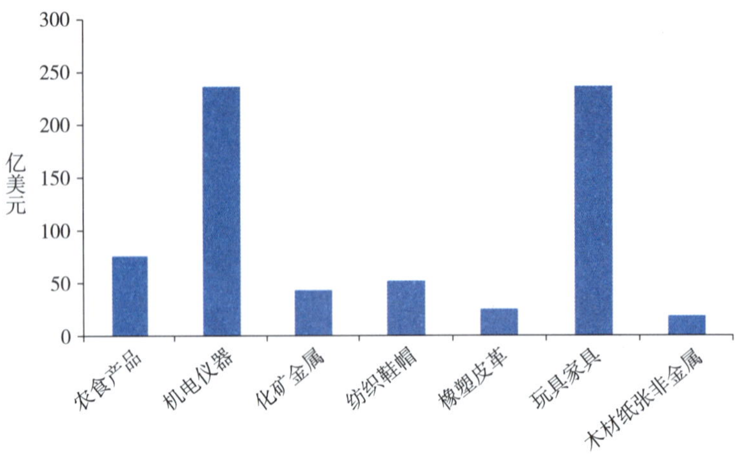

图 3-35　2005～2014 年山东各类小型出口企业遭受的直接损失总额

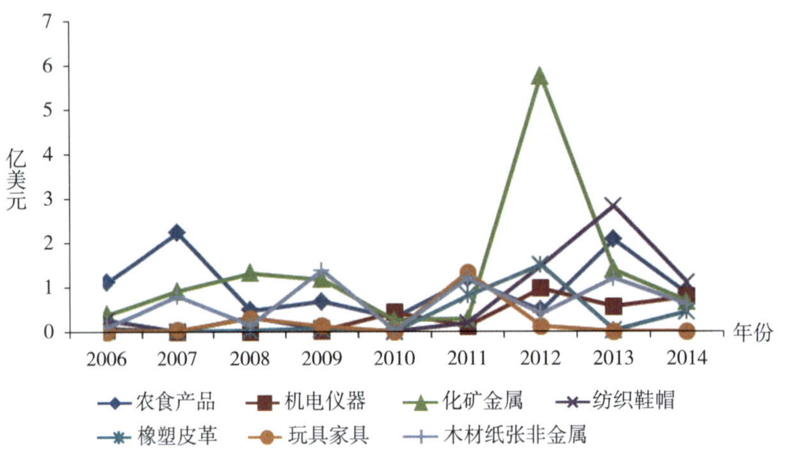

图 3-36　2005～2014 年山东大型出口企业新增成本趋势

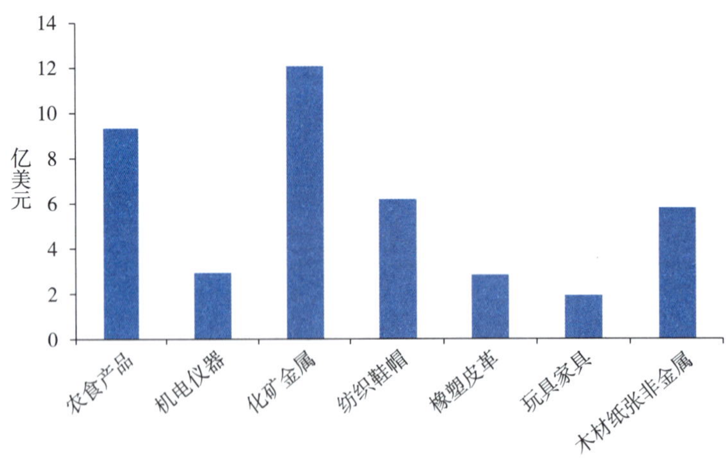

图 3-37　2005～2014 年山东各类大型出口企业新增成本总额

可以看出，按企业规模，除橡塑皮革类大型出口企业所遭遇的直接损失比小型出口企业高外，其余六个类别小型出口企业所遭遇的直接损失均明显高于大型出口企业。

（3）为适应进口国技术要求而发生的新增成本情况

2005～2014 年，为满足国外技术新要求，七大类别企业按照新增成本由多到少的顺序分别为化矿金属类、农食产品类、纺织鞋帽类、木材纸张非金属类、机电仪器类、橡塑皮革类、玩具家具类。

为满足国外技术新要求，山东七大类别小型出口企业按照新增成本由多到少的顺序分别为机电仪器类、玩具家具类、纺织鞋帽类、化矿金属类、农食产品类、橡塑皮革类和木材纸张非金属类（见图 3－38）。

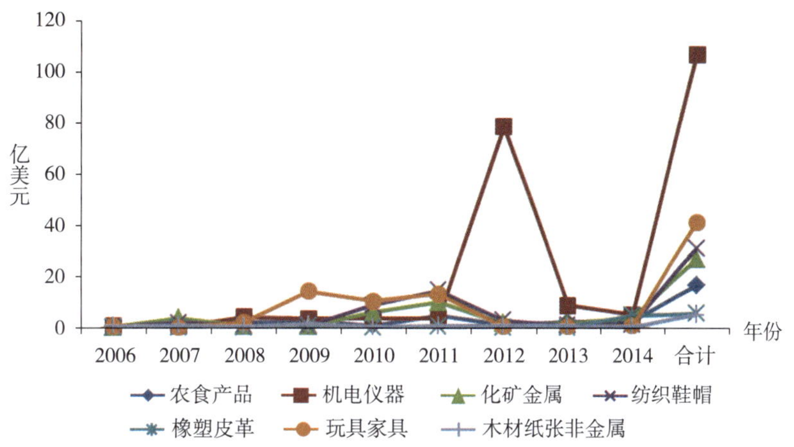

图 3－38　2005～2014 年山东各类小型出口企业新增成本趋势

按企业规模，除木材纸张非金属类大型出口企业的新增成本比小型出口企业高外，其余六个类别小型出口企业的新增成本均明显高于大型出口企业。农食产品类、机电仪器类、化矿金属类、纺织鞋帽类、橡塑皮革类、玩具家具类小型出口企业新增成本分别比大型出口企业高 7 亿美元，103.5 亿美元、14.3 亿美元、24.6 亿美元、2.7 亿美元和 39 亿美元（见图 3－39）。

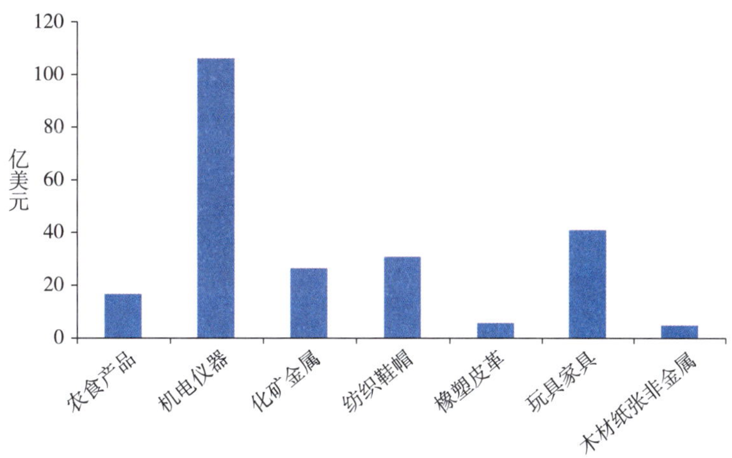

图 3－39　2005～2014 年山东各类小型出口企业新增成本总额

3. 不同技术性贸易措施对出口企业影响分析

2005～2014 年，对工业品出口企业影响较大的技术性贸易措施要求前四位分别为认证要求、技术标准要求、有毒有害物质限量要求、包装材料要求（见图 3－40）。

出口农产品遭遇较多的技术性贸易措施依次是食品中农兽药残留要求、重金属等有害物质限量要求、食品微生物指标要求、加工厂/仓库注册要求、食品标签要求（见图 3－41）。

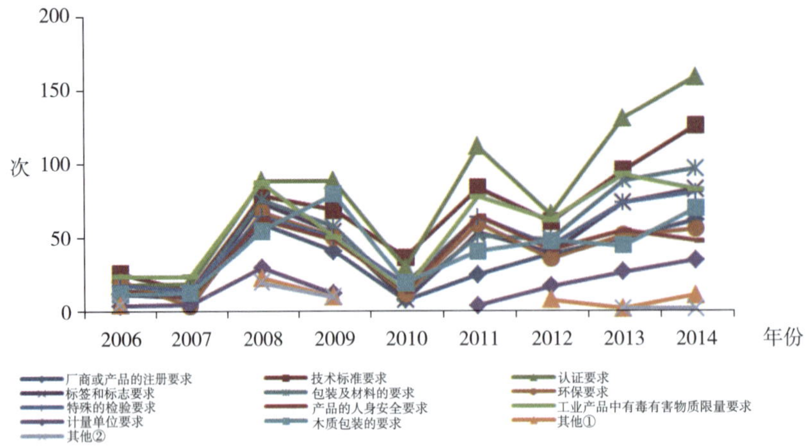

图 3-40 2006～2014 年山东出口工业品遭遇不同技术性贸易措施影响趋势

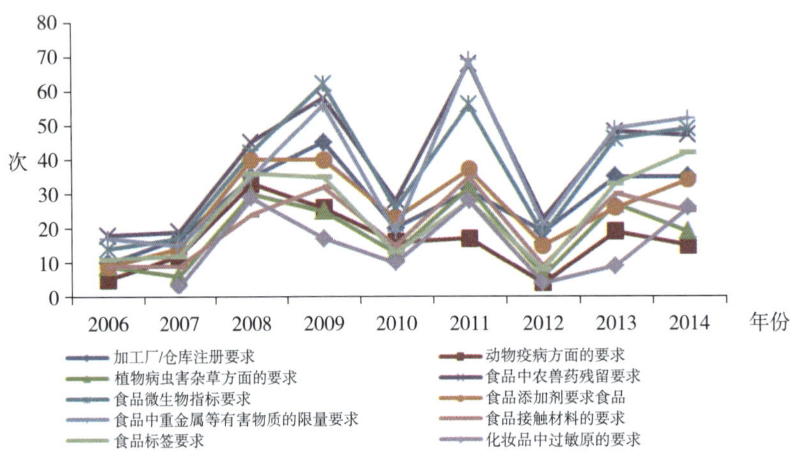

图 3-41 2006～2014 年山东农产品遭遇不同技术性贸易措施影响趋势

4. 与技术性贸易措施有关的其他问题分析

（1）主要障碍分析

2005～2014 年，汇率连续十年成为山东出口企业所遭受的主要障碍，技术性贸易措施是居于汇率、关税措施之后的第三大贸易障碍（见图 3-42 和表 3-7）。

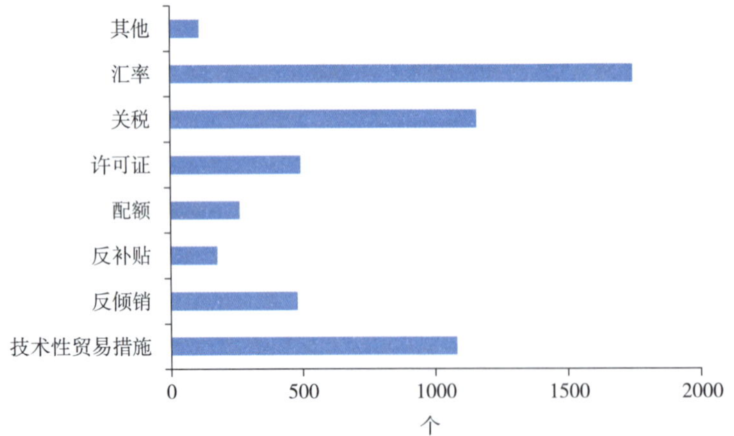

图 3-42 2005～2014 年山东出口企业所遭受的主要障碍

表 3-7　2005～2014 年山东出口企业所遭受的主要障碍

主要障碍	年　份									合计
	2006	2007	2008	2009	2010	2011	2012	2013	2014	
技术性贸易措施	95	71	80	106	115	115	137	166	197	1082
反倾销	68	29	36	53	45	45	70	76	59	481
反补贴	20	9	10	21	22	21	31	26	16	176
配额	65	23	20	25	19	15	32	27	36	262
许可证	59	33	26	46	45	38	80	84	83	494
关税	100	69	60	108	111	121	187	205	199	1160
汇率	150	130	125	157	170	180	282	280	271	1745
其他	16	14	17	15	10	13	0	15	13	113
总计	573	378	374	531	537	548	819	879	874	5513

（2）遭遇措施时采取的做法

在遭遇技术性贸易措施时，有 29%的企业选择提高竞争力来破解，23%的企业选择向质检部门报告，22%的企业选择与外商交涉。以上企业选择的三种应对方式占到所有应对方式的 74%，仅 1%的企业选择不再出口（见图 3-43）。

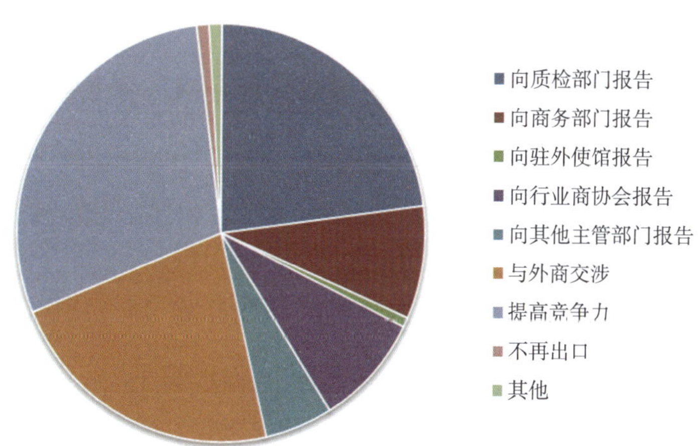

图 3-43　2005～2014 年山东企业应对国外技术性贸易措施不同做法的比例

（3）获得信息的途径

国家质量监督检验检疫机构已连续十年成为出口企业获取信息的最主要来源，比例达到 27%，其次是国外经销商，比例为 23%，第三为各种媒体，比例为 17%（见图 3-44），第四为行业商协会。

（4）希望得到的帮助

“及时提供国外技术性贸易措施的最新信息”“提供针对具体产品的应对国外技术性贸易措施的技术指南”及“提供有针对性的技术咨询”已经连续七年（2008～2014 年）成为企业面对技术性贸易措施时最希望得到的三项帮助。“及时对外交涉”在 2012 年、2013 年上升为位列第三的需求，体现了出口企业在应对技术性贸易措施方面主动性和积极性的提高（见图 3-45）。

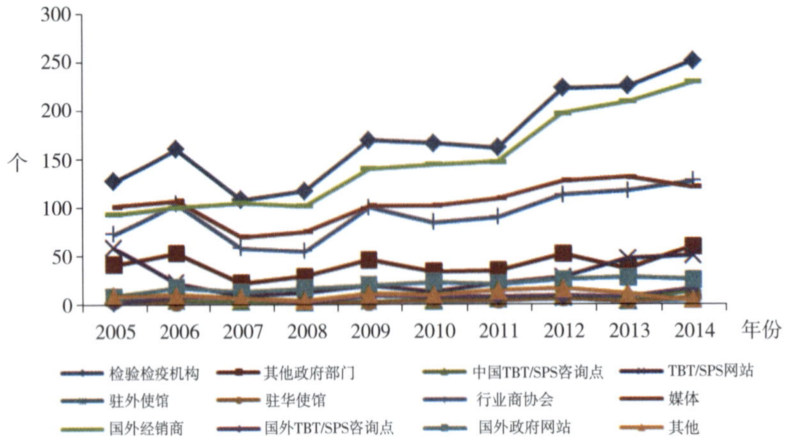

图 3-44　2005～2014 年山东出口企业获取国外技术性贸易措施信息途径

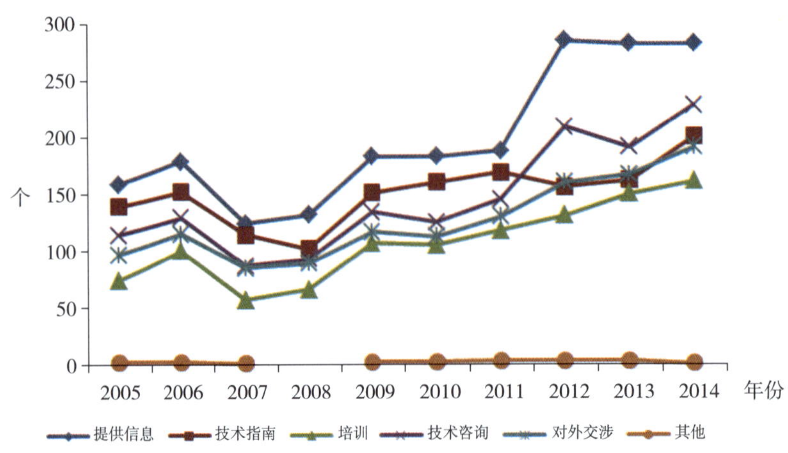

图 3-45　2005～2014 年山东出口企业在应对国外技术性贸易措施时所期帮助

（四）关于技术性贸易措施推动山东经济发展的政策建议

当前，全球经济仍处于危机后的深度转型调整期，复苏进程非常艰难。金融危机后，发达国家开始加速发展新兴产业和“再工业化”，新兴经济体和发展中国家也在积极发展具有自身比较优势的产业和技术，我国产业升级与新兴产业发展面临着发达国家拦截和发展中国家追赶的双重挑战。当前复杂多变的国际外经贸发展形势要求我们必须未雨绸缪，必须按照市场经济的规律办事，要学会运用 WTO 规则和其他通行的国际贸易规则，加强技术性贸易措施研究和应对。为此，对如何做好技术性贸易措施应对工作提出以下建议。

1. 加强中韩自贸区技术贸易措施研究与应对

韩国是山东第二大贸易伙伴，2014 年 5 月，中韩自贸区正式启动，由此带来的关税减免进一步促进山东农产品、纺织品等优势产业的出口贸易，但也需要警惕韩国为保护国内产业而出台更加严苛的技术性贸易措施。建议在自贸区建设中，主动加强技术性贸易措施领域的研究，特别加强对重点行业的分析和研判，指导企业做好应对工作。另外，对汽车、船舶、电子、石化、医药等韩国优势行业，开展反向研究，在 WTO 框架协议下，针对安全、卫生、健康、环保等方面制定我国的技术性贸易措施，在提升国门把关要求的基础上进一步维护国内产业利益。

2. 消除国外技术性贸易措施对“一带一路”战略实施的负面影响

近年来，“一带一路”沿线国家不断紧跟发达国家，措施数量和严苛程度后来居上，严重影响了山东外贸出口。建议在“一带一路”战略中，加强技术性贸易措施领域的研究，一方面建设沿线国家标准和技术法规共享平台，加强与国外的技术标准和技术法规对接；另一方面积极参与对外交流，加强对外交涉，掌握在技术性贸易措施领域的规则制定权。

3. 强化帮扶指导

调查显示，山东出口企业的应对国外技术性贸易措施意识不断增强，在加强沟通交涉、提升产品竞争力、获取最新信息等方面都有着迫切的需求。2005～2014 年，山东 29%的企业选择提高竞争力来破解国外技术性贸易措施，检验检疫机构的正式书面通知、电子邮件、国家技术性贸易措施网站等是企业希望获取国外技术性贸易措施的主要形式和途径。企业对服务要求的深化，迫切需要政府部门转变服务理念，积极开展认证认可、咨询服务、技术支持、对外交涉等高附加值的服务，不断强化服务效果。一是加强认证认可工作，引导企业获得国际注册、认证，从国家层面积极加强与国际主要认证认可机构的交流与合作，充分借鉴发达国家的经验，争取签署更多的互认协议，建立产品认证、体系认证与实验室认可的互认机制。二是发挥山东地域和资源优势，建设东北亚技术标准平台，追踪研究国外最新法规动态，为出口企业提供信息咨询和风险分析服务。三是打造山东半岛检测基地、技术研发基地和公共技术服务平台，提高公共技术服务平台的服务水平。四是加强与国外政府主管机构的交流和协商，充分运用国际规则，及时反馈企业出口中遭遇不合理和歧视性问题，有效维护企业合法利益。

4. 提升标准化工作

从目前情况看，我国技术法规、技术标准体系仍然不健全，国际标准、国家标准、行业标准、地方标准和企业标准并行。据统计，我国已有国家标准 19278 项，但其中 70%～80%低于国际标准，出口产品不符合国际标准要求的争端时有发生。只有占据标准的高地，才能掌握主动权。因此，要积极参加国际标准化组织和相关行业国际组织的活动，特别在国际标准制定、修订方面，积极争取承担起草工作，提升我国的地位。同时，注重发挥在主要国际标准化机构中的作用：一方面，坚决反对发达国家将歧视性、垄断性的标准制定为国际标准；另一方面，合理反映我国的要求和意见，并将我国具有竞争力的行业标准纳入国际标准体系。

三、河南技术性贸易措施影响综合分析

（一）河南进出口贸易特点分析

1. 十年进出口贸易趋势

2005～2014 年，河南进出口总额从 77.3 亿美元增至 644.4 亿美元，年均增长率 26.6%。其中出口总额从 51.0 亿美元增至 393.8 亿美元，年均增长率 25.5%（见图 3－46）。河南 2005～2014 年的外贸发展有力促进了省内经济社会发展，也为全国贸易增长和经济发展做出了积极贡献。

河南自 2005～2014 年近十年的发展经历了三个阶段（见图 3－47）：2005～2008 年，平稳增长期；2008～2011 年，受美国次贷危机等因素影响的波动期；2011～2014 年，跨越发展期。河南

作为国家实施“一带一路”、“工资输出”（工业输出、资本输出）、开放国内大市场（特别是资本市场、消费品市场开放）三大主战略，国家三大区域发展战略，以及国家粮食生产核心区、中原经济区、郑州航空港经济综合实验区“河南三大国家战略”的核心区域，跨境贸易电子商务综合试验区、自贸区、自主创新示范区“新三大国家战略”，国家战略的实施为河南对外贸易发展提供了政策红利和历史机遇。

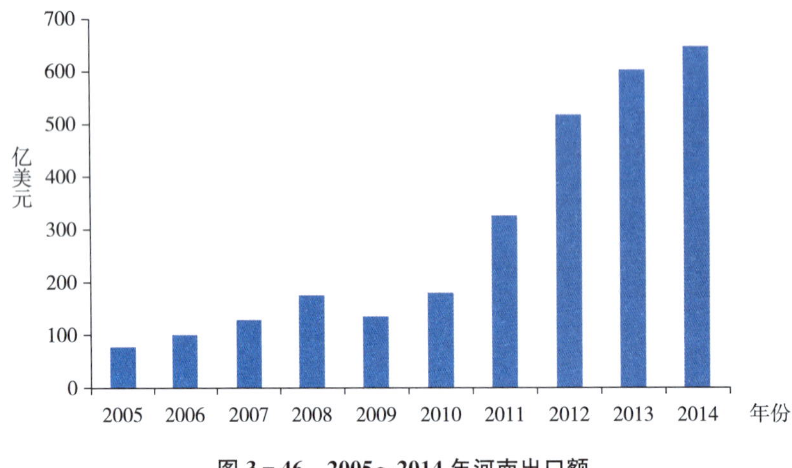

图 3－46　2005～2014 年河南出口额

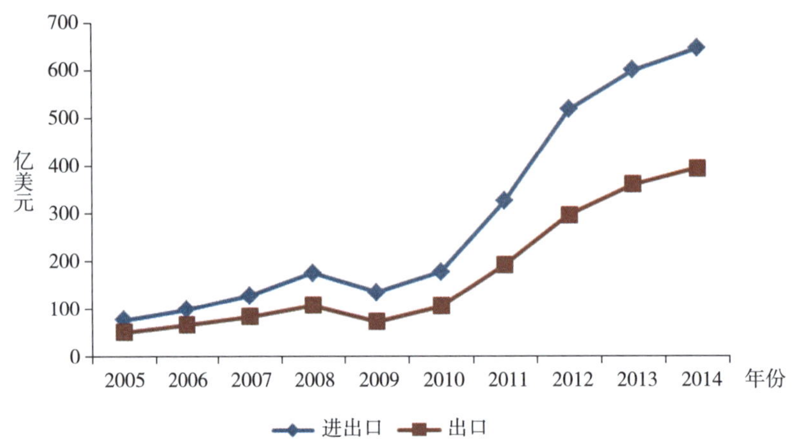

图 3－47　2005～2014 年河南进出口发展趋势

2. 出口目的地分布

河南主要出口贸易市场为美国、欧盟、日本、东盟、非洲、韩国、俄罗斯、加拿大和澳新（澳大利亚和新西兰地区）。2008 年以前，上述九个国家和地区的出口贸易额占河南出口额的七成，自 2011 年以来河南省十大出口市场货值占全省出口总值的八成。2005 年，河南主要出口国家和地区前三位分别是美国、欧盟、韩国；2014 年河南主要出口国家和地区前三位分别是美国、欧盟、日本，美国作为近十年河南最大的出口贸易国，由 2005 年的占比 21％增至 2014 年的占比 42％，发展迅猛。韩国在河南 2005～2014 年的十年外贸发展的过程中，出口占比下降 15 个百分点，被日本、东盟国家、非洲赶超，跌出前三位（见图 3－48 和图 3－49）。2005～2014 年，主要出口国家的出口额都有大幅提高，尤其是美国、欧盟、日本、东盟国家、非洲国家（见图 3－50）。

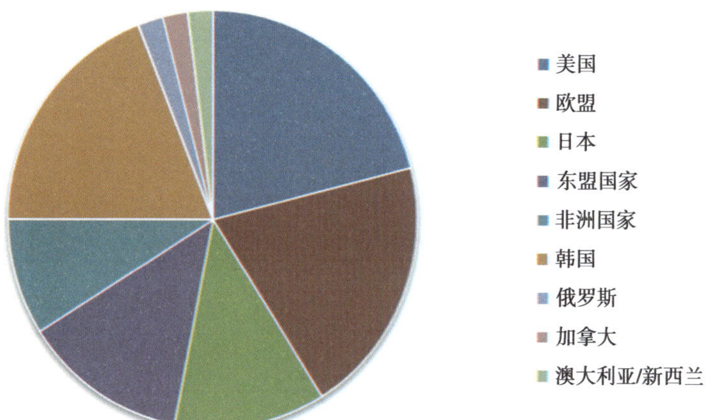

图 3－48　2005 年河南主要出口国家或地区占比

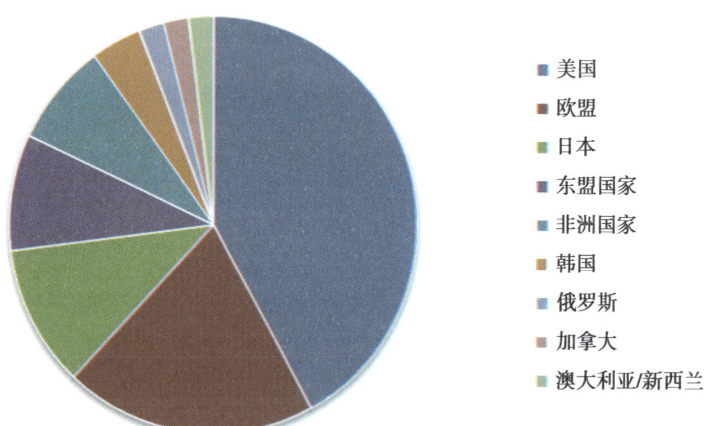

图 3－49　2014 年河南主要出口国家或地区占比

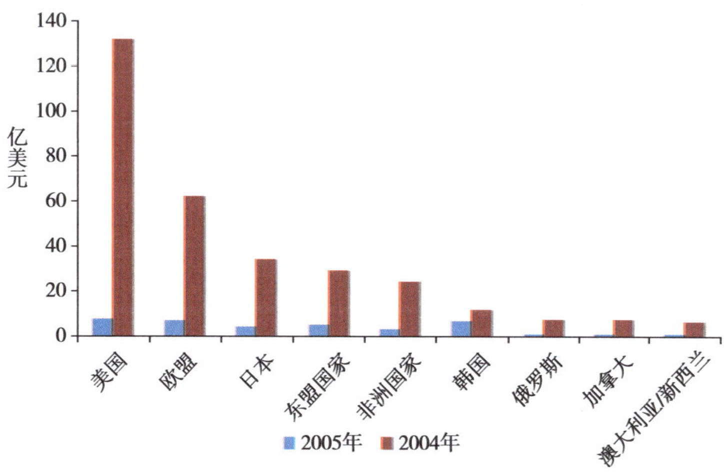

图 3－50　2005 年、2014 年河南主要出口国家出口额对比

3. 出口产品结构情况

河南出口产品结构主要包括农产品、纺织品、机电产品、有色金属、高新产品五大类。2005 年，农产品出口额 4.1 亿美元，纺织品出口额 7.3 亿美元，机电产品出口额 9.3 亿美元，有色金属出

口额 10.6 亿美元，高新产品出口额 0.9 亿美元；2014 年，农产品出口额 15.1 亿美元，纺织品出口额 24.1 亿美元，机电产品出口额 53.6 亿美元，有色金属出口额 12.6 亿美元，高新产品出口额 218.8 亿美元。2005 年和 2014 年河南重点产品出口情况见图 3－51。

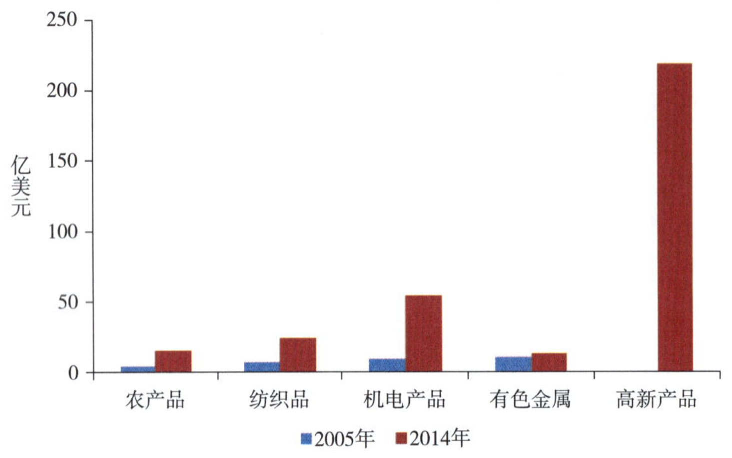

图 3－51　2005 年和 2014 年河南主要商品出口额

2005～2014 年，河南重点产品除有色金属外，均有较迅猛的发展（见图 3－51），尤其是 2011 年富士康入驻郑州保税区，使高新产品的出口从 2005 年到 2014 年增长 243 倍，实现质的飞跃；机电产品增长 6 倍，农产品与纺织品分别增长近 3 倍。富士康的到来，不仅使河南高新产品的出口有了大跨越、大发展，同时也改变了河南产品出口结构（见图 3－52）。2005 年，农产品出口占 13%，纺织品出口占 22%，机电产品出口占 29%，有色金属出口占 33%，高新产品出口占 3%；2014 年，农产品出口占 5%，纺织品出口占 7%，机电产品出口占 17%，有色金属出口占 4%，高新产品出口占 67%。

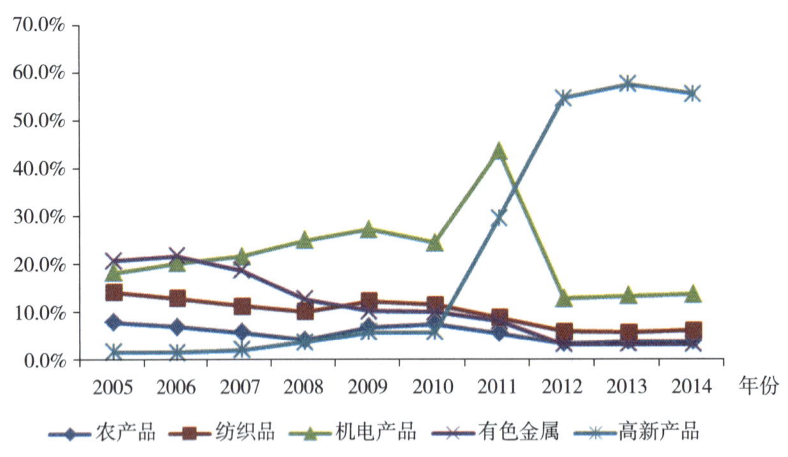

图 3－52　2005～2014 年河南重点产品出口占比

（二）河南重点行业发展情况分析

2005～2014 年，河南食品农产品出口经济效益显著高于内销。经调查分析，河南种植粮食作物（小麦、玉米）、内销经济作物（露天蔬菜）、出口经济作物（露天蔬菜）亩均收益比为 1∶5.1∶12.5；食品农产品出口还是农业提质增效和农民增产增收的重要手段，不仅可以帮助农民脱贫致富，而且

还提供了大量就业岗位。据国际平均水平测算，每1万美元的食品农产品出口，可直接或间接创造约20个就业岗位。据此测算，河南2014年出口食品农产品可安排419万多人就业，比2013年新增就业岗位47万个。

河南省政府高度重视食品农产品出口工作，批准建立河南省食品农产品出口联席会议制度、河南检验检疫局积极落实省政府要求，把推动食品农产品扩大出口作为彰显智能、服务出口的主平台和主抓手，牵头起草了《河南省人民政府关于促进食品农产品出口跨越式发展的意见》，河南食品农产品出口保持了持续增长态势，出口货值至2014年增至20.93亿美元，2005～2014年十年年均增速19.9%。目前食品农产品出口已经成为河南出口支柱产品和对外贸易的重要组成部分。

近年来，国外技术性贸易措施对食品农产品出口的影响越来越大，为跨越这些技术性贸易措施要求，自2009年起，国家质检总局在全国大力推行"出口食品农产品质量安全示范区建设"战略，以示范区建设引领食品安全管理，保障整个行政区域的出口食品安全。2014年，河南的灵宝市香菇、卢氏县香菇、固始县柳编、内乡县猪肉、汤阴县鸡肉、温县四大怀药、民权县果蔬、洛阳市洛龙区牡丹芍药种苗花卉等8家示范区被质检总局批准为国家级出口食品农产品质量安全示范区。其中，固始县柳编、洛阳市洛龙区牡丹芍药种苗花卉作为非食用农产品类型示范区跻身国家级示范区行列，在全国开创先河。目前，河南共建成省级示范区71家，国家级示范区17家，国家级示范区数量位居全国第二，仅次于食品农产品出口强省山东。

示范区以点带面的引领作用日益凸显，河南出口食品农产品质量整体水平得到有效提升。2013年示范区出口食品农产品被国外通报的产品中只有6批来自示范区，通报率为0.04%，2014年河南全省示范区内产品出口未发生质量安全问题。

通过开展示范区建设，地方政府充分发挥政府主导作用，通过扶持各地市开展"一县一品"、"一县多品"工程，加快了品牌创建与新市场开拓，力促农食产品扩大出口，河南全省由示范区提供的原料已占农食产品出口总值的50%以上。在河南全省范围内深入挖掘三门峡果品、汤阴禽肉等一批传统优势产品出口潜力，重点培育内乡猪肉、固始柳编、洛阳牡丹等一批出口种养殖基地，大力扶持"世界肉王"双汇、"世界鸭王"华英等一大批以"农"字打头的产、工、贸企业集团扩大出口，有效提升了豫牌食品农产品国际印象质量。2013年，灵宝市出口果品果汁质量安全示范区通过了加拿大食品检验署（CFIA）代表团和智利官方专家考察团的考核，三门峡苹果正式获得加拿大、智利官方注册，拿到了国际高端水果市场"通行证"。2014年，西峡县出口香菇及其制品4.6万吨，货值6.5亿美元，分别比2013年同期增长36.6%和32.7%，日本市场七成香菇来自西峡，西峡香菇已成为"河南卖全球"的知名农产品。

（三）国外技术性贸易措施对河南出口企业影响调查数据分析

1. 总体情况

2005～2014年，河南企业遭受国外技术性贸易措施影响较为严重，平均超过一半的企业受到影响，并且受影响企业比例总体呈上升趋势，到2014年高达66%，远高于全国受影响企业比例（见图3－53）。

河南遭受国外技术性贸易措施影响而产生的直接损失额由2005年的3.3亿美元上升至2014年的9.8亿美元，2005～2014年十年中的直接损失额在对外出口贸易额中平均占6.2个百分点（见图3－54）。

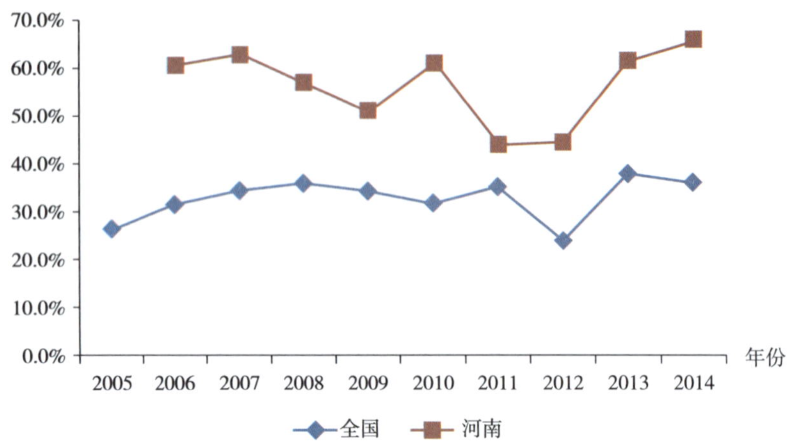

图 3－53　2005～2014 年河南企业与全国企业受国外技术性贸易措施影响比例

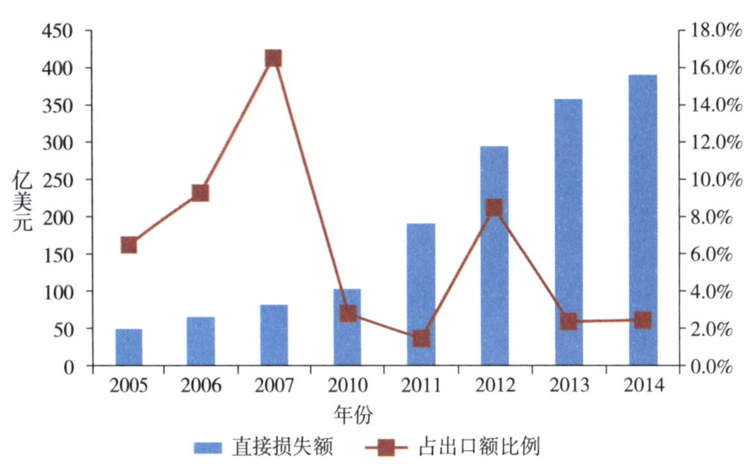

图 3－54　2005～2014 年河南直接损失额及占出口额比例

2. 主要损失形式分析

主要损失形式主要表现在丧失订单、扣留货物、销毁货物、退回货物、口岸处理、改变用途、降级处理。河南企业损失形式主要是丧失订单，比例高达 43%，其次是降级处理及退回货物，分别是 14%和 12%（见图 3－55）。

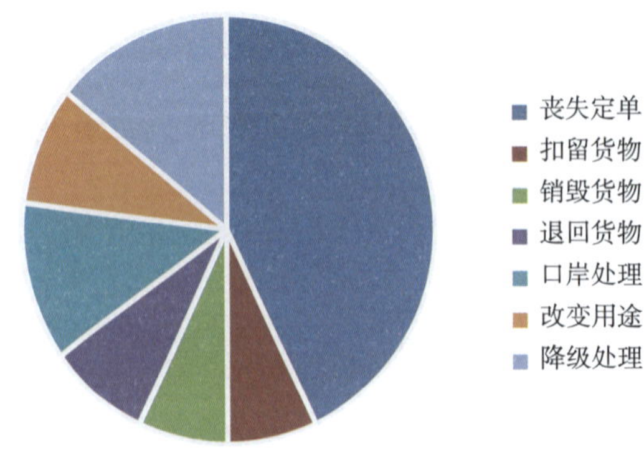

图 3－55　河南企业受国外技术性贸易措施影响的主要损失形式占比

3. 不同行业受国外技术性贸易措施种类分析

国外技术性贸易措施按农业品和工业品区分各有 12 项，农业品措施主要包括加工厂/仓库注册要求、动物疫病方面的要求、植物病虫害杂草方面的要求、食品中农兽药残留要求、食品微生物指标要求等；工业品措施主要有厂商或产品的注册要求（包括审核）、技术标准要求、认证要求、标签和标志要求、包装及材料的要求等。2005～2014 年，对河南农业品出口影响最大的措施前三项是食品中重金属等有害物质的限量要求、食品微生物指标要求及植物病虫害杂草方面的要求，分别占比 12%、12%及 11%（见图 3－56）；对河南工业品出口影响最大的措施前三项是认证要求、技术标准要求和工业品中有毒有害物质限量要求，占比分别是 15%、13%和 10%（见图 3－57）。

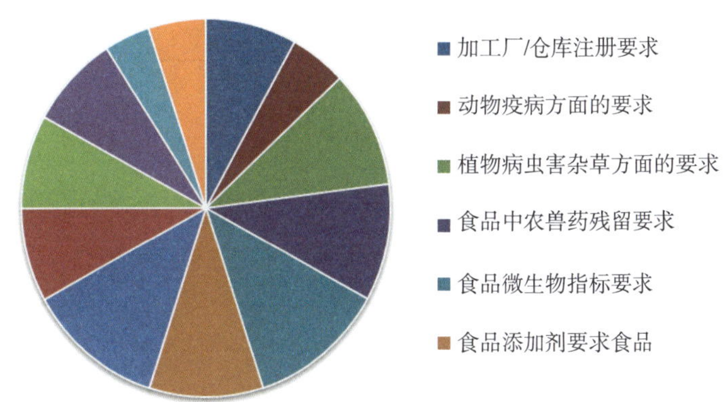

图 3－56　2005～2014 年河南出口农业品受国外技术性贸易措施种类占比

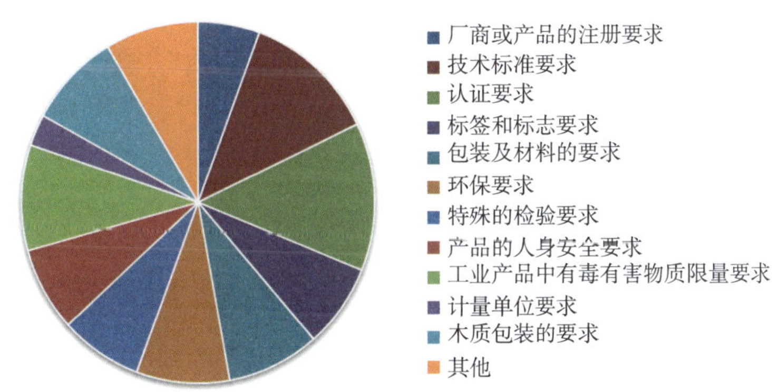

图 3－57　2005～2014 年河南出口工业品受国外技术性贸易措施种类占比

4. 不同行业受影响分析

2005～2014 年，河南出口额共计 1653.5 亿美元，国外技术性贸易措施造成的直接损失共 73.0 亿美元。出口企业主要分成七大行业，分别是农食产品类、机电仪器类、化矿金属类、纺织鞋帽类、橡塑皮革类、玩具钟表类、木材纸张非金属类。2005～2014 年，国外技术性贸易措施造成直接损失最大的行业是机电仪器类，损失额达 31.6 亿美元，占 2005～2014 年十年直接损失总额的 43.3%；紧随其后的是橡塑皮革类和化矿金属类，分别损失 14.9 亿美元和 12.7 亿美元，分别占十年直接损失总额的 20.4%、17.4%；农食产品损失额也较高，达 9.6 亿美元，占十年直接损失总额的 13.2%；纺织鞋帽类、木材纸张非金属类及玩具钟表类直接损失分别是 2.3 亿美元、3.0 亿美元及 0.1 亿美元（见表 3－8）。

表 3-8 不同行业受国外技术性贸易措施影响直接损失情况

单位：亿美元

产品类别	年份								合计
	2005	2006	2007	2010	2011	2012	2013	2014	
农食产品	1.8	0.7	2.9	0.4	0.5	2.2	0.6	0.3	9.4
机电仪器	0.0	0.6	1.1	1.2	1.3	17.1	6.7	3.6	31.6
化矿金属	0.9	2.8	0.7	0.4	0.0	4.2	0.0	3.7	12.7
纺织鞋帽	0.0	0.0	0.1	0.1	0.0	0.2	0.3	1.6	2.3
橡塑皮革	0.0	0.0	9.1	0.9	1.0	1.6	0.5	0.6	13.8
玩具家具	0.0	0.0	0.0	0.0	0.1	0.0	0.0	0.0	0.1
木材纸张非金属	0.6	2.2	0.0	0.0	0.0	0.1	0.1	0.0	3.0
总计	3.3	6.3	13.9	3.0	2.9	25.4	8.3	9.8	73.0

（四）关于技贸措施推动河南经济发展的政策建议

河南郑州是全国高速铁路、航空运输、高速公路、管道运输、邮政物流、信息网络的中部枢纽。随着河南加快国际航空物流中心、中欧物流主通道、国际邮件集疏中心等建设，进口肉类、粮食、水果、汽车、水产品、澳大利亚供宰活牛等进口指定口岸的推进，河南已成为国内、国际物流集散地，人流、物流、交通流、信息流、资金流的集聚与辐射能力会进一步增强，河南外贸出口正处于蓬勃发展的黄金时期。未来国际贸易的竞争将是在技术性贸易措施不断涌现的情形下展开，破解技术性贸易措施将成为政府、行业协会、检验检疫和企业必须要解答的课题，提出建议如下：

一是建立河南技术性贸易措施服务平台。推动建立“政府部门主导，行业协会主体，龙头企业主力，专家学者支撑”的“三主一支撑”的技术性贸易措施工作体系，健全贸易摩擦预警及应对机制，定期发布分析报告，及时向政府部门和进出口企业提供有效的预警，提供标准法规服务，贴近河南进出口企业需要，与重点行业和企业紧密合作，有效破解技术性贸易壁垒，推动科技创新、产业创新、产品创新、市场创新，优化产品结构，促进转型升级。

二是加强对郑欧班列沿线国家的标准及技术法规的研究，消除技术性贸易措施的影响。一方面建设沿线国家标准和技术法规共享平台，加强与国外的技术标准和技术法规对接；另一方面积极参与对外交流，加强对外交涉，掌握在技术性贸易措施领域的规则制定权。

三是促进出口农食产品的提质增量。充分发挥河南促进农食产品出口工作联席会议制度作用，政府相关部门鼓励引导出口企业构建生产、加工、包装、储存、运输、消费等环节的全产业链标准体系，推动河南农业生产方式与国际相关认证体系接轨，规范出口农产品示范区建设的质量安全要求，检验检疫部门将加大出品农食产品对外注册工作力度，督促有关方面采取积极有效的应对措施。

四、广西技术性贸易措施影响综合分析

（一）广西进出口贸易特点分析

1. 十年进出口贸易趋势

广西具有沿边、沿海、又沿江的区位优势，近年来，随着国家西部开发优惠政策的陆续出

台、中国一东盟自由贸易区的建成，以及广西北部湾经济区发展规划的制订，广西经济快速发展。2005～2014年十年间，全区进出口总额由2005年的51.8亿美元增至2014年的405.5亿美元，增长了6.8倍，年均增长率为25.7%。其中，出口总额由28.8亿美元增至243.3亿美元，增长了7.5倍，年均增长率为26.8%。2005～2014年广西出口总额及出口增长率如图3-58所示。

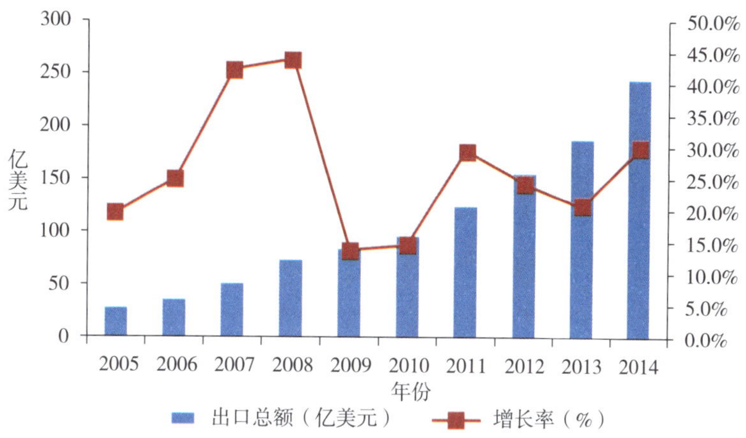

图3-58 2005～2014年广西出口总额及出口增长率

可以看出，2005～2014年的十年来，广西外贸出口总额保持增长的态势，但增长率不稳定，受市场影响波动幅度较大。按照广西外贸出口发展趋势，可大体分为3个阶段。第一阶段：2005～2008年，对外贸易快速发展阶段，其年出口量增幅基本在20%以上，增长率最高年份为2008年，达到43.8%；第二阶段：2008～2009年，受国际金融危机影响，出口总额增长缓慢，增长率出现最低值，为13.9%；第三阶段：2009～2014年，随着全球经济的复苏，出口总额再次上扬，但对外贸易发展增速放缓，出口总额逐年小幅上升。

2. 出口目的地分布

广西是中国通往东盟的国际大通道，处于中国与东盟进出口贸易的“桥头堡”位置，与东盟的双边贸易有着广泛的发展机遇。2005～2014年的近十年，广西产品出口国家和地区主要集中在东南亚联盟国家，其次是美国、欧盟、日本、印度、澳大利亚，2005年对上述国家和地区的出口额占广西出口总额的80.6%，2014年占广西出口总额的92.0%（见图3-59）。

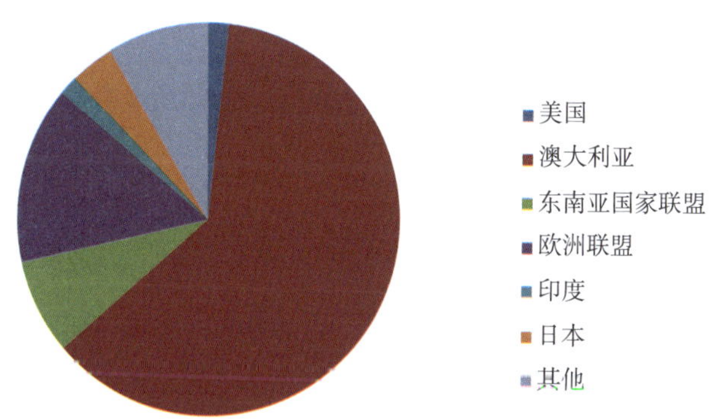

图3-59 2005～2014年广西主要出口国家和地区（中国香港除外）分布

由图3-60可以看出，东盟国家连续十年是广西最大的贸易伙伴和最大出口市场，且广西与东盟的贸易额逐年增长强劲；美国是广西的第二大贸易出口国，2011年后美国与广西的贸易额呈

现增长的势头；欧盟、日本、印度、澳大利亚仍是广西重要的贸易伙伴。

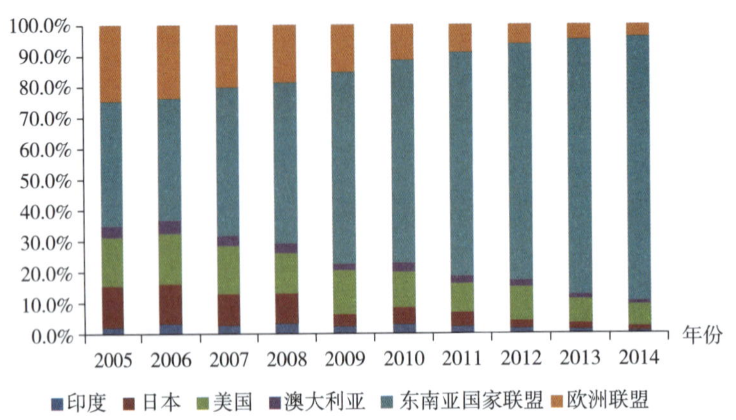

图 3-60　2005～2014 年广西主要出口国家和地区（中国香港除外）趋势分布

3. 出口产品结构情况

广西出口产品主要以机电仪器、化矿金属、纺织鞋帽、农食产品为主。

由图 3-61 可知，2005～2014 年广西出口产品中机电仪器出口额最高，占广西出口总额的 29.9%；其次是化矿金属、纺织鞋帽、农食产品。

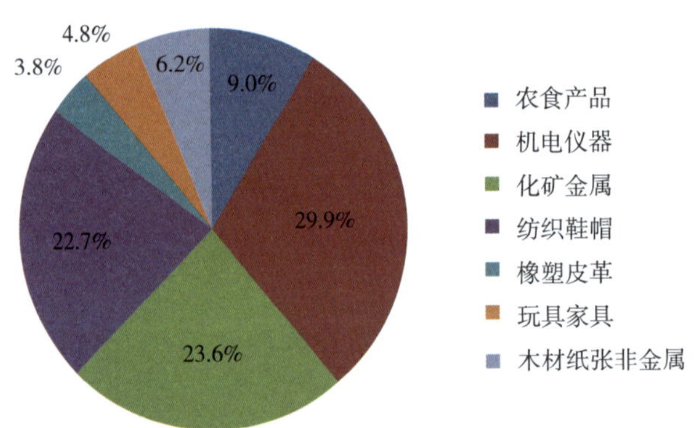

图 3-61　2005～2014 年广西不同行业出口额分布示意图

由图 3-62 可以看出，2009 年以前广西出口额最高的是化矿金属，2009 年后机电仪器、纺织鞋帽出口额迅速增长，2005～2014 年广西机电仪器出口额由 5.0 亿美元增至 86.3 亿美元，增长了 16.3 倍，年均增长率为 37.2%；纺织鞋帽出口额由 2.6 亿美元增至 59.7 亿美元，增长了 22.0 倍，年均增长率为 41.7%。

（二）广西重点行业发展情况分析

广西地处中国一东盟自由贸易区的中心位置，是华南经济圈、西南经济圈和东盟经济圈的结合部，近年来广西大量引进外资，拓展对外贸易，贸易规模迅速扩大，下面具体介绍机电产品、纺织服装、农食产品等重点行业的发展情况。

1. 机电产品行业

机电产品是广西外贸出口的主要产品，东盟是主要出口市场，多年保持了广西机电产品第一大贸易伙伴和第一大出口市场地位。近年来，随着中国一东盟自由贸易区进程的推进，使广西的

地缘优势得到进一步显现，广西各地党委、政府紧紧抓住发展机遇，出台了一系列的相关扶持政策，促使了广西机电产品出口的高速增长，成为广西外贸出口增长的一个大亮点。

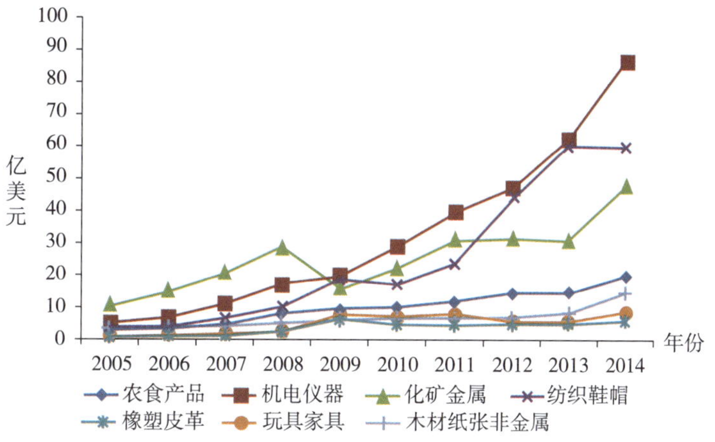

图 3-62　2005～2014 年广西不同行业出口额趋势分布图

由图 3-63 可知，近十年广西机电产品出口额增长强劲，增长率基本维持在 20%以上，其中 2007 年增长最快，增长率达 58.4%。2014 年出口额为 107.4 亿美元，占广西外贸出口总额的 44.1%，其中以机械设备、电器及电子产品出口为主。但广西机电产品出口额在全国所占的比例并不高，据海关数据显示，2014 年全国机电产品出口总额为 13109.0 亿美元，广西占比仅为 0.8%。此外，广西出口的机电产品主要是劳动密集型产品，电子信息等高新技术产品所占的比例不高，尽管近年来广西高新技术行业发展较快，但机电企业在竞相拓展海外市场的同时，仍需要建立科技创新与技术推广的新模式，加强行业自律，避免无序竞争，转变机电综合产业的发展方式。

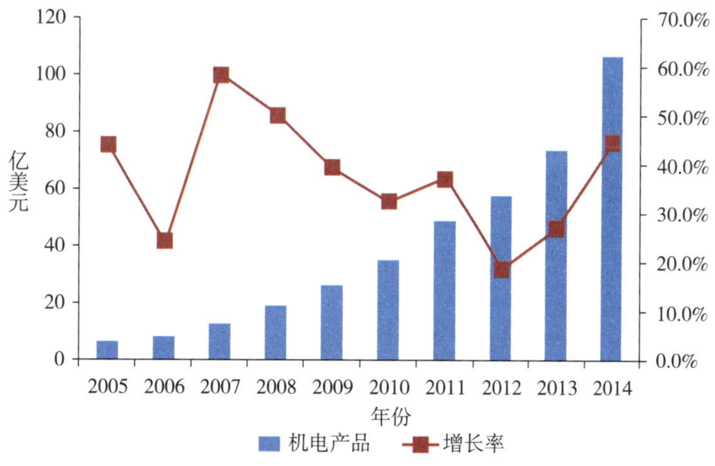

图 3-63　2005～2014 年广西机电产品出口额及增长率情况

2. 纺织服装工业

纺织服装工业是国民经济的传统支柱产业和重要的民生产业。经过多年的发展，广西纺织服装工业已成为工业经济的重要组成部分，但与东部传统主产地区相比仍有较大差距，主要是经济总量少，企业规模小，原料性产品比重大，精深加工滞后，产业链短，附加值低以及专业技术人才短缺等。

随着国家实施《纺织工业调整和振兴规划》等一系列重大政策，广西良好的区位优势和丰富的原料、劳动力资源，为引进技术、资金、人才和扩大出口，实施多元化市场以及承接经济发达地区产业转移创造了极为有利的条件，为广西纺织服装工业发展提供了新的发展空间和机遇。尤其近年来，在东部地区产业转移等因素推动下，广西纺织服装工业逐步发展壮大，出口额也逐年增加。出口产品以服装及衣着附件，纺织纱线、织物及制品为主，2014 年两者出口额之和为 54.2 亿美元，占广西纺织鞋帽行业出口额的 90.9%。图 3－64 展示了 2005～2014 年近十年广西纺织鞋帽行业主要产品的出口额情况。

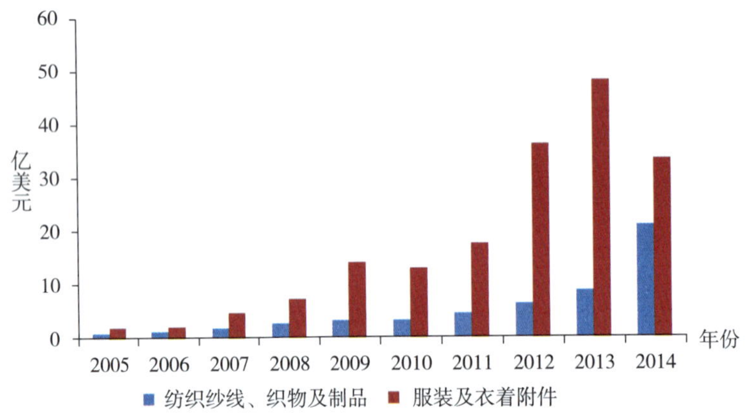

图 3－64　2005～2014 年广西纺织鞋帽行业主要产品出口额情况

此外，广西抓住国家实施“东桑西移”机遇，大力发展茧丝绸业，实现了跨越式发展，成为国内茧丝绸业最具发展潜力的地区之一。2014 年广西蚕丝出口量为 2652 吨，出口额为 1.1 亿美元，位居全国第 5 位。茧丝绸业成为广西比较优势突出、带动辐射面较广、市场潜力较大、涉及农工贸的新兴产业。

3. 农食产品行业

广西属于亚热带季风气候，拥有得天独厚的天然气候优势，有利于多种农作物的生长，农产品资源丰富，广西出口农产品主要有荔枝、四季豆、黄瓜、豆角等，主要出口到东盟、美国、欧洲等国家和地区。近年来，随着广西质量兴桂战略的实施，各级政府从战略的眼光，高度重视农产品的出口工作，并积极推进广西出口农食产品质量安全示范区建设工作，广西农产品出口呈现增长趋势，如图 3－65 所示，增长率基本保持在 10%以上，其中增长率最高的年份是 2008 年，达到 70.1%。

在广西农食产品出口中，HS 编码 03 章（鱼，甲壳动物，软体动物等）、HS 编码 08 章（食用水果及坚果；水果或甜瓜的果皮）、HS 编码 12 章（果实，果仁，工业或药用植物；稻草，饲料）、HS 编码 20 章（蔬菜，水果，坚果或植物其他部分的制品）等产品的出口额较大，2014 年以上四类产品的出口额为 10.1 亿美元，占广西农食产品行业出口额的 51.2%。其中，HS 编码 03 章涉及产品的出口在全国占有重要地位，据海关数据显示，2014 年广西 HS 编码 03 章出口额为 5.6 亿美元，位居全国第 6 位。

（三）国外技贸措施对广西出口企业影响调查数据分析

1. 企业分析

不同年份广西出口企业受国外技术性贸易措施影响的程度有所不同。由于受到 2008 年全球和

国内经济变动的影响，2006～2014 年广西受国外技术性贸易措施影响的出口企业数量基本在总数的 40%以下，其中 2009 年影响最为严重，比例高达 55.0%（见图 3-66）。

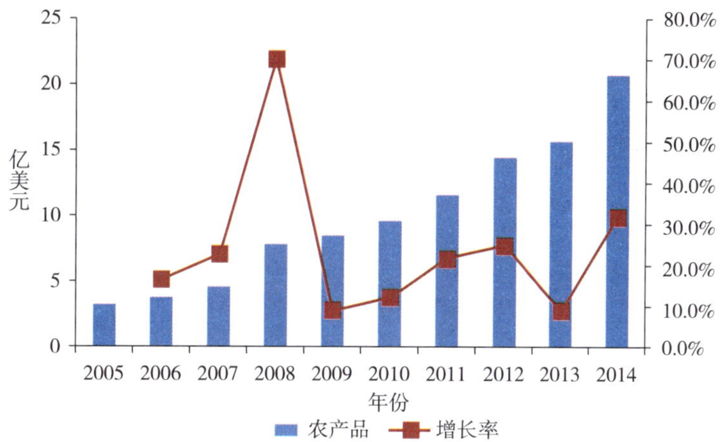

图 3-65　2005～2014 年广西农产品出口额及增长率情况

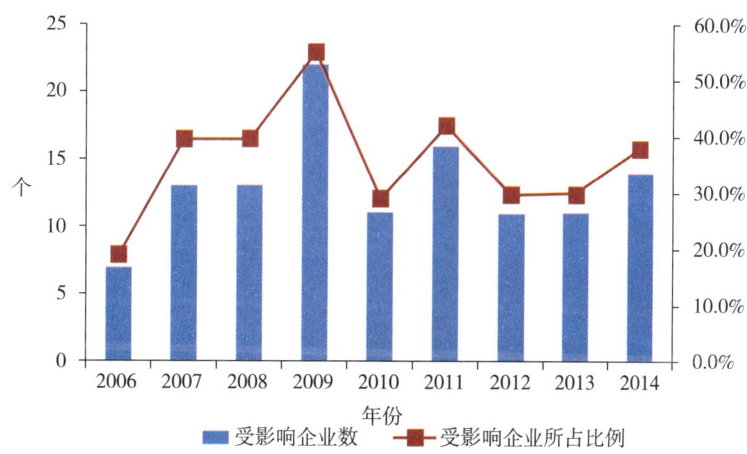

图 3-66　2006～2014 年广西出口企业受国外技术性贸易措施影响

不同行业出口企业受国外技术性贸易措施影响的程度有所不同。从图 3-67 可以看出，2006～2014 年广西受国外技术性贸易措施影响最为严重的行业是“橡塑皮革”，受影响企业所占比例 47.2%；遭受影响较轻的行业是“玩具家具”，受影响企业所占比例 22.2%。

2. 贸易损失分析

（1）损失形式分析

2005～2014 年近十年广西出口企业受国外技术性贸易措施影响造成损失的主要形式有所不同。由图 3-68 可以看出，2006～2014 年由于“丧失定单”而遭受损失的企业达 158 家，是造成损失的主要表现形式，在全部损失中所占的比例为 29.4%，然后是“扣留货物”和“口岸处理”。

（2）直接损失分析①

不同年份广西出口企业受国外技术性贸易措施影响遭受的损失程度有所不同。从图 3-69 可以看出，2006～2014 年广西出口企业受影响最为严重的是 2011 年，直接损失额估算值达 5.43 亿

① 此处数据以亿美元为单位数值较小，因此保留 2 位小数。

美元；受影响较轻的是 2013 年。

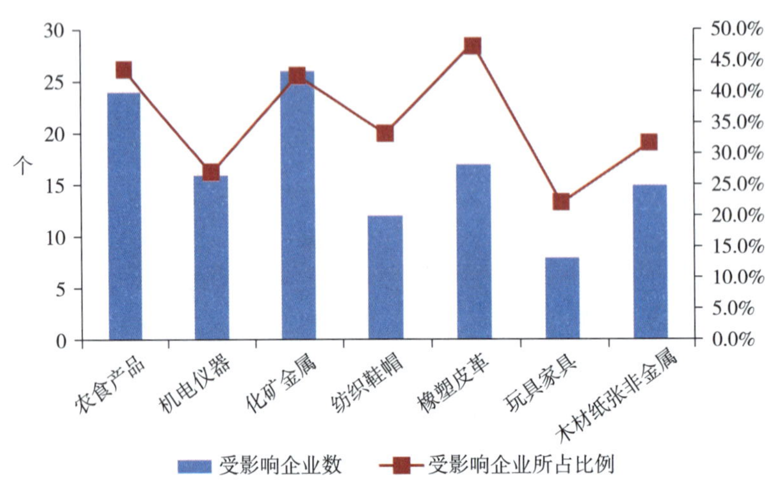

图 3-67　2006～2014 年不同行业广西出口企业受国外技术性贸易措施影响情况

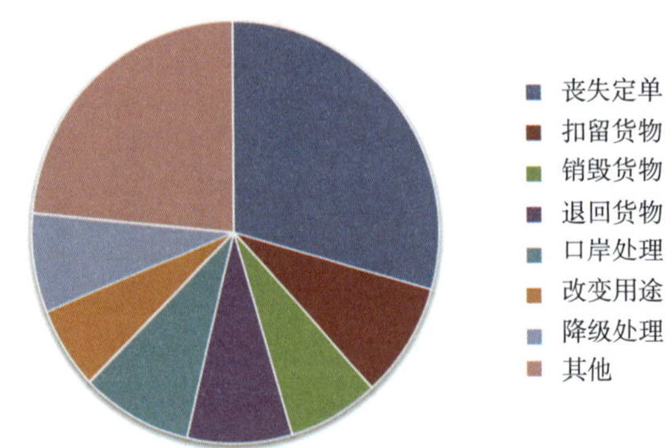

图 3-68　2006～2014 年广西出口企业遭受损失的主要形式分布

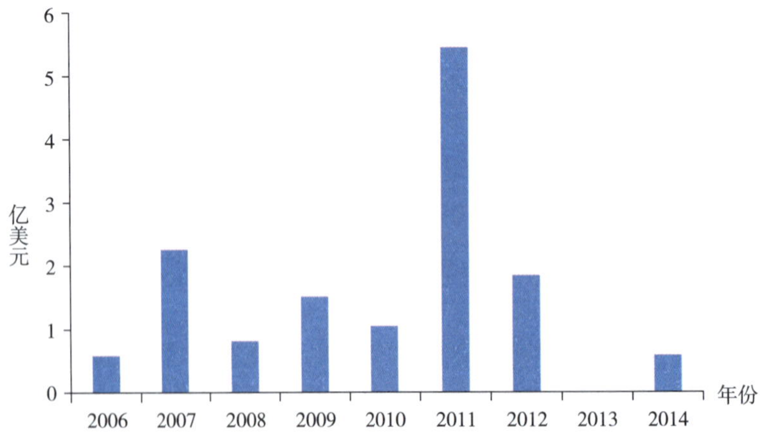

图 3-69　2006～2014 年广西出口企业遭受的直接损失额估算值

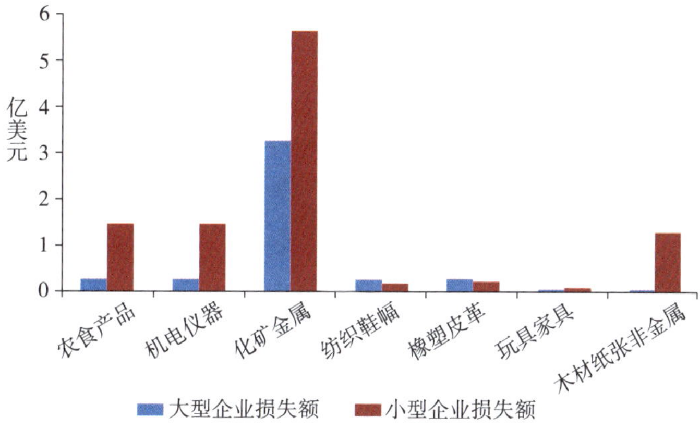

图 3－70　2006～2014 年不同行业、不同规模广西出口企业遭受的直接损失额估算值

不同行业、不同规模广西出口企业受国外技术性贸易措施影响遭受的损失程度有所不同。从图 3－70 可以看出，2006～2014 年“化矿金属”行业遭受的损失额最高，直接损失额估算值为 8.88 亿美元；“玩具家具”行业遭受的影响较小，直接损失额估算值为 0.15 亿美元。从企业规模来看，小型企业受国外技术性贸易措施影响遭受的损失比大型企业更为严重。

（3）新增成本情况分析

不同行业、不同规模广西出口企业受国外技术性贸易措施影响新增成本估算值有所不同。从图 3－71 可以看出，2006～2014 年新增成本估算值最高的行业都是“化矿金属”，为 1.81 亿美元，占新增成本总额 47.2%；新增成本估算值最低的行业是“橡塑皮革”，为 0.16 亿美元，仅占新增成本总额 4.2%。从企业规模来看，小型企业受国外技术性贸易措施影响后为适应进口国技术要求而发生的新增成本估算值较高。

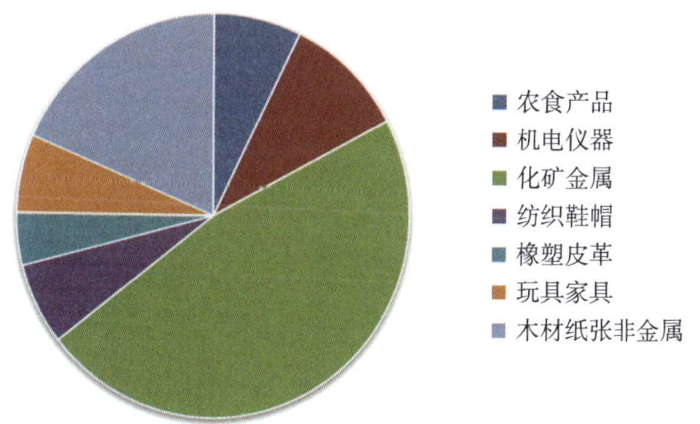

图 3－71　2006～2014 年不同行业广西出口企业新增成本估算值占比情况

3. 不同技术性贸易措施对出口企业影响分析

由于产品结构和生产技术水平的不同，广西出口企业遭遇国外技术性贸易措施的类型情况也存在差异。2005～2014 年近十年广西受国外技术性贸易措施影响种类较多，主要集中在工业产品，农业品影响程度较小。

由图 3－72 可知，2006～2014 年工业产品中受“认证要求”措施影响的企业最多，达到 108 家，其次受“厂商或产品的注册要求（包括审核）、技术标准要求、标签和标志要求、包装及材料的要求、环保要求（包括节能及产品回收）、特殊的检验要求（如指定检验地点、机构、方法）、产品的人身安全要求、工业产品中有毒有害物质限量要求、木质包装的要求”措施影响的企业也居多。

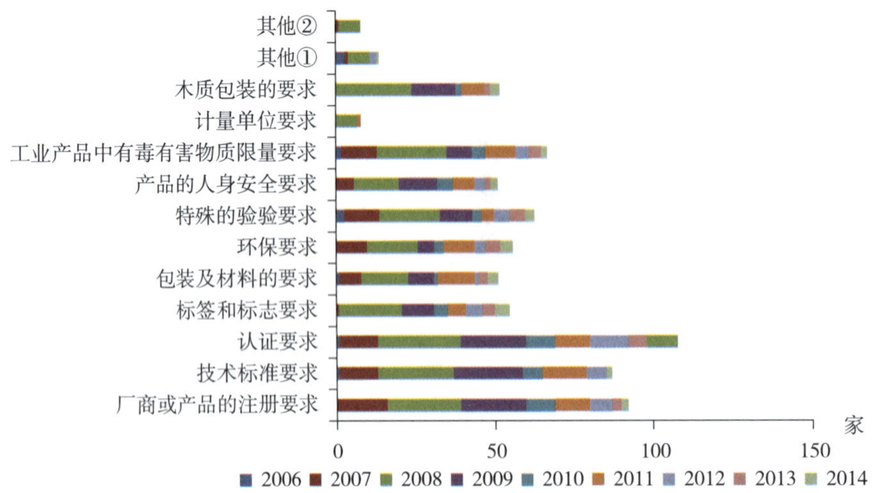

图 3-72　2006～2014 年广西工业产品出口企业遭遇不同贸易措施影响

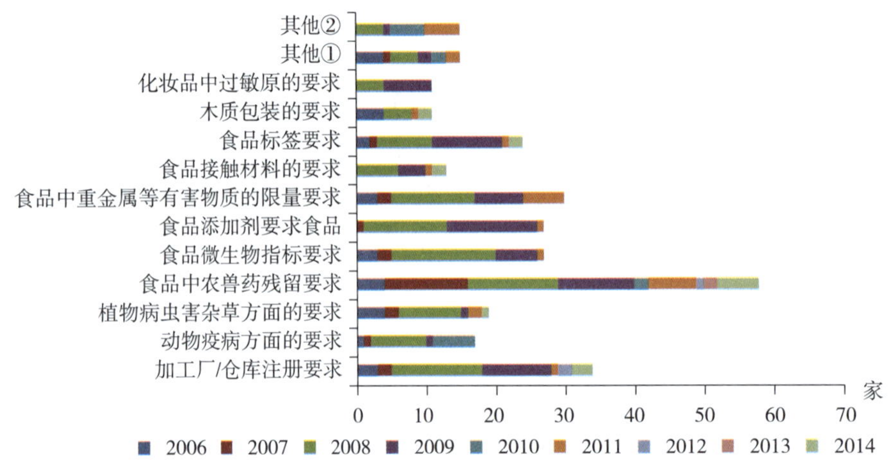

图 3-73　2006～2014 年广西农业品出口企业遭遇不同贸易措施影响

由图 3-73 可知，2006～2014 年农业品中受“食品中农兽药残留要求”措施影响的企业最多，达到 58 家，其次受“加工厂/仓库注册要求、食品中重金属等有害物质的限量要求”措施影响的企业较多。

4. 与技术性贸易措施有关的其他问题分析

（1）主要障碍分析

2006～2014 年广西企业出口时所遇到的主要障碍有所不同，汇率是第一大贸易障碍，其次是技术性贸易措施（见图 3-74）。

（2）遭遇措施时采取的做法

2006～2014 年广西出口企业遭遇技术性贸易措施时采取的做法基本相同，多数企业都选择主动应对，将“加强管理、自主创新、提高竞争力”作为遭遇技术性贸易措施时的首要选择，其次是“与外商交涉、向质检部门报告”（见图 3-75）。

（3）获得信息的途径

2006～2014 年广西出口企业获取国外技术性贸易措施信息的主要来源总体一致。质量监督检

验检疫机构是广西出口企业获取信息的主要来源，此外，国外经销商、行业商协会、媒体也是企业获取信息的主要来源（见图3－76）。

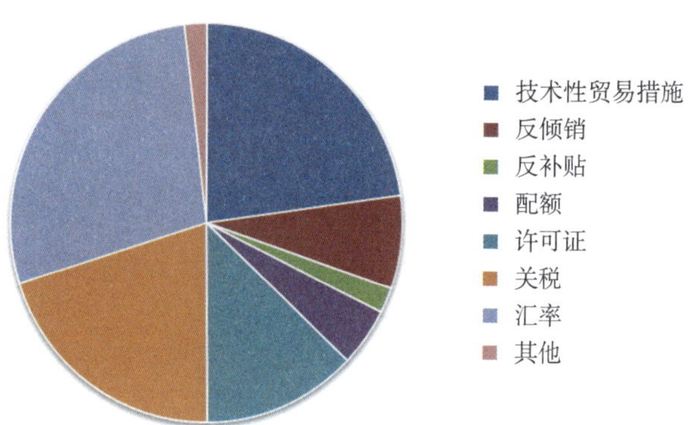

图3－74　2006～2014年广西企业出口遭受障碍情况

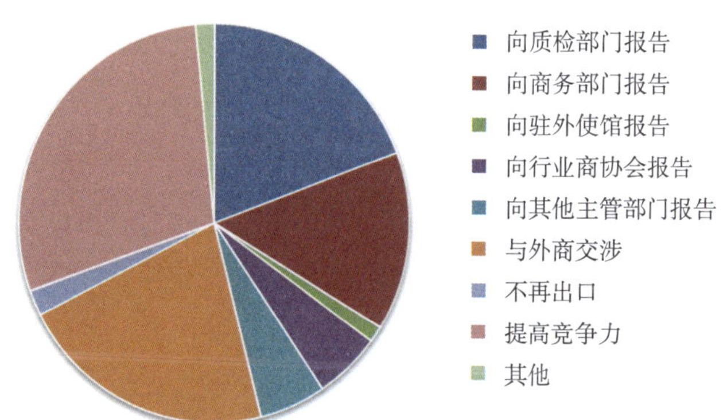

图3－75　2006～2014年广西出口企业遭遇技术性贸易措施时采取的做法

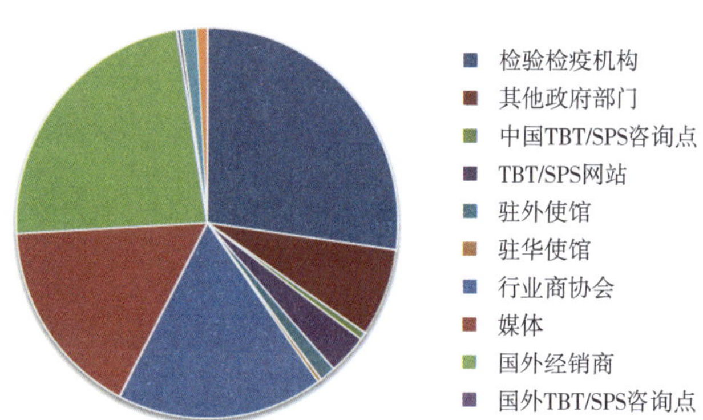

图3－76　2006～2014年广西出口企业获取国外技术性贸易措施信息的途径

（4）希望得到的帮助

2006～2014年广西出口企业在应对国外技术性贸易措施时希望得到最多的帮助是“提供信息”，其次是“技术指南、技术咨询、对外交涉、培训”，这反映出广西出口企业迫切需要相关机构及时提供有关的最新信息和应对国外技术性贸易措施的技术指导（见图 3－77）。

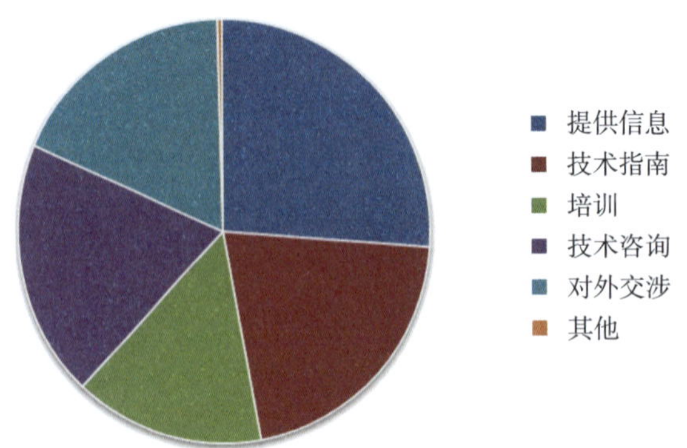

图 3－77　2006～2014 年广西出口企业在应对国外技术性贸易措施时希望得到的帮助

（四）有关技贸措施推动广西经济外贸发展的政策建议

随着全球贸易自由化进程的加快及关税壁垒的逐步取消，技术性贸易措施作为贸易保护主义的新形式，对发展中国家对外贸易的影响越来越显著。近年来，广西遭受国外技术贸易措施的影响越来越严重，已成为出口发展的主要障碍。因此，加强国外技术性贸易措施的研究与应对，有利于确保广西外贸经济稳步发展。为此，对如何做好技术性贸易措施应对工作提出以下建议：

1. 政府部门发挥管理和服务职能

在应对国外技术贸易措施工作中，政府部门应当加强出入境检验检疫有关的法律制度、标准体系和认证认可体系等的建设；加强与国外相关组织或机构进行交涉，并开展技术交流与合作，力争使国外取消对出口产品的不合理限制措施；加强对国际市场技术准入条件和出口商品技术竞争力的监测，为帮助企业跨越国外技术性贸易措施提供技术服务；加大评议力度，选择国外即将实施的对我国影响较大的有关技术法规、标准、合格评定程序，组织评议，为多双边工作奠定基础等。

2. 企业努力提高自身的应对能力

企业应努力提高技术水平和质量控制能力，从根本上提高产品出口竞争力。企业能否立足于国际市场并取得长期稳定的发展，关键要看产品质量的优劣和技术含量。企业应深入实施“自主品牌”战略，以创新、创意和品牌为动力，不断提升产业层次，向高端产业链、高附加值环节延伸，延长增值链条，大力提升外贸产品附加值，尽可能免受技术性贸易壁垒的限制。针对国外在卫生检疫、技术规范、质量标准、环境保护等方面设置的贸易壁垒，企业应该积极获得各种国际认证。

3. 发挥行业协会的技术服务作用

推进政府相关技术服务职能向行业协会转移工作，加快行业协会体制改革，充分发挥行业协会的桥梁和纽带作用。做好国际组织及广西主要贸易伙伴相关的产品质量标准、技术法规最新动态跟踪工作，为政府、专业技术机构及企业加强技术性贸易措施工作提供情报支持。此外，组织对企业开展 WTO 规则及有关技术性贸易壁垒业务知识的培训；积极配合政府参与国际谈判，协助企业解决相关争议；建立与境外行业协会定期交流机制，开辟信息获取、国际认证、争端解决的新渠道；积极推出机制灵活的协会指导性技术文件，加快在全行业推广应用。

4. 积极采用国际标准和国外先进标准

标准已成为新一轮国际贸易竞争的核心，谁掌握了国际标准或先进标准的制定权，谁就掌握了市场的主动权。因此，提高标准化水平是提高技术性贸易壁垒应对能力最有效、最重要的途径。在标准制定方面应注重与国际接轨，加强发达国家先进标准的比对研究，增加先进标准的采标率，加快标准更新周期，提高技术标准水平。此外，要积极参加国际标准化组织和相关行业国际组织的活动，特别在国际标准制修订方面，积极争取承担起草工作，提升我国的地位，从而有利于提高我国技术和管理水平，参与国际化生产分工和全球贸易竞争。

五、黑龙江技术性贸易措施影响综合分析

（一）黑龙江进出口贸易特点分析

1. 十年进出口贸易趋势

2005～2014 年，黑龙江进出口贸易额稳步上升，年平均增长率 16.9%，且连续十年占据全国对俄罗斯进出口贸易额的 1/4 左右。2009 年，由于国际金融危机致使外需低迷，内需不旺，黑龙江外贸发展进程严重受阻，从事进出口贸易的企业数量尤其是规模企业数量也明显减少，贸易额呈现下降趋势。

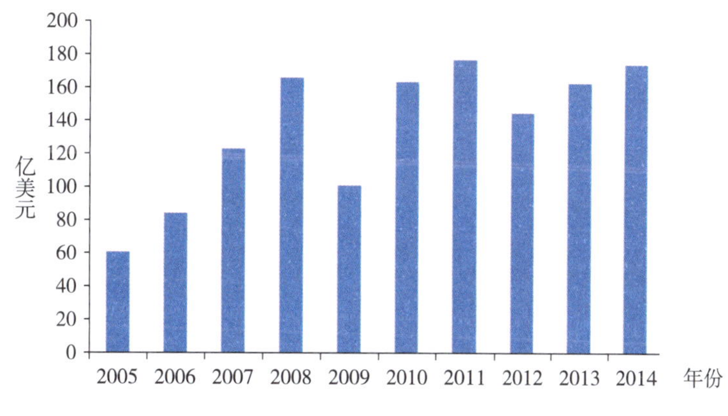

图 3－78　2005～2014 年黑龙江出口额

2012～2014 年，黑龙江贸易额增长明显放缓，年平均增长率仅为 1.4%，主要受全球经济增速放缓影响，国际主要大宗商品的价格低位震荡。由于国内需求明显减弱，进口企业观望情绪不断上升，因而不利于提振进口增长。黑龙江传统进口主要商品，如原油、原木、铁矿砂、纸浆等进口乏力，致使进口总值下降。在出口方面，由于俄罗斯经济发展形势不容乐观，经济下行压力日益增大，且由于俄罗斯民众对经济的悲观情绪渐浓，开始收缩消费，以致对黑龙江扩大出口形成制约。

2. 出口目的地分布

俄罗斯是黑龙江的主要进出口贸易伙伴，连续十年排名首位。黑龙江与俄罗斯远东地区的 5 个州（或边区）隔江相望、水陆相连，中俄边境线 2981 公里，占中俄罗斯总边境线的近 3/4。全省共有 25 个国家一类口岸，9 个边境互贸区和 1 个综合保税区，与俄罗斯沿边口岸达 15 对，是我国对俄开放口岸最多的城市。2005～2015 年，黑龙江平均对俄进出口贸易总额占全省贸易额

的 51.1%，占全国对俄进出口贸易额的 25%左右。

在俄罗斯之后，黑龙江产品主要出口国家和地区依次为欧盟、美国、东盟、中东。2005 年黑龙江对上述国家和地区的出口额占出口总额的 10.8%，2014 年这一数据则攀升至 28.1%（见图 3-79）。

2005～2014 年，黑龙江对东盟、中东、美国、欧盟、俄罗斯等市场的出口量增长较为明显，其中对东盟出口量大幅增长，增幅高达 15 倍。但黑龙江对日本与韩国的外贸出口增幅却出现下降，呈现负增长（见图 3-80 和图 3-81）。

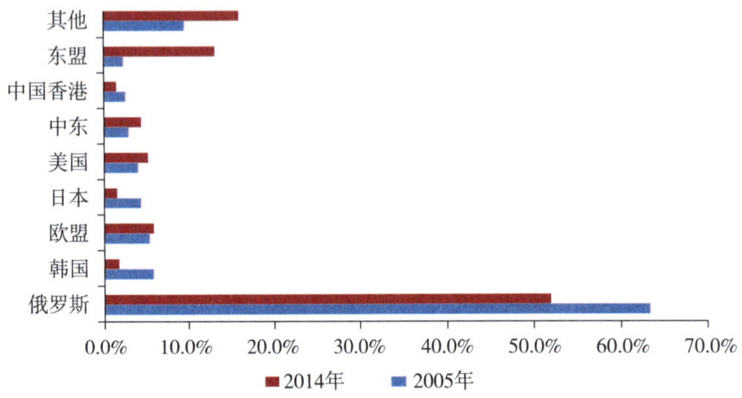

图 3-79　2005 年和 2014 年黑龙江产品出口主要国家和地区分布情况

数据来源：哈尔滨海关统计数据、黑龙江商务厅对外贸易统计。

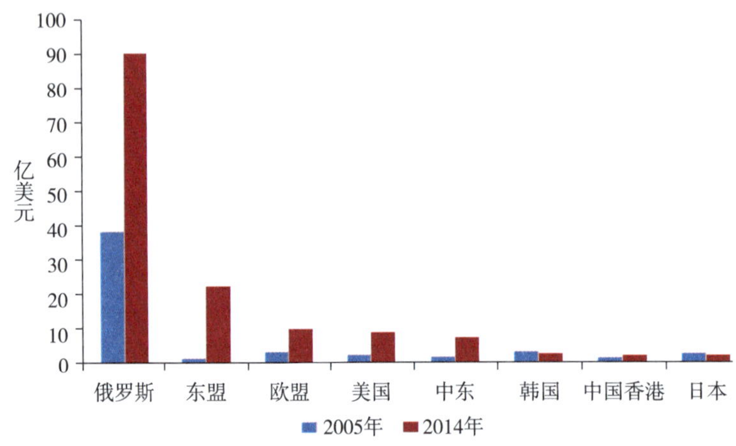

图 3-80　2005 年和 2014 年黑龙江对主要出口国家和地区出口额

数据来源：哈尔滨海关统计数据、黑龙江商务厅对外贸易统计。

3. 出口产品结构

服装及衣着附件、机电产品、鞋类等工业制成品为黑龙江 2005～2014 年近十年的出口主打产品，十年平均占全省贸易额的近 1/3。其他主要出口产品包括箱包及类似容器、农产品、家具及其零件、纺织纱线、织物及制品、塑料制品、高新技术产品和钢材等。

2005～2014 年，服装及衣着附件虽总体呈现增长趋势，但在 2009 年贸易额大幅下滑后，一直增长乏力，增长幅度较小，尤其在近几年的贸易中表现更是如此；机电产品贸易额则从 2010 年开始大幅攀升，总体增长 5.6 倍；鞋类产品贸易额则比较稳定，稳中有升，总体增长 0.5 倍（见图 3-82）。

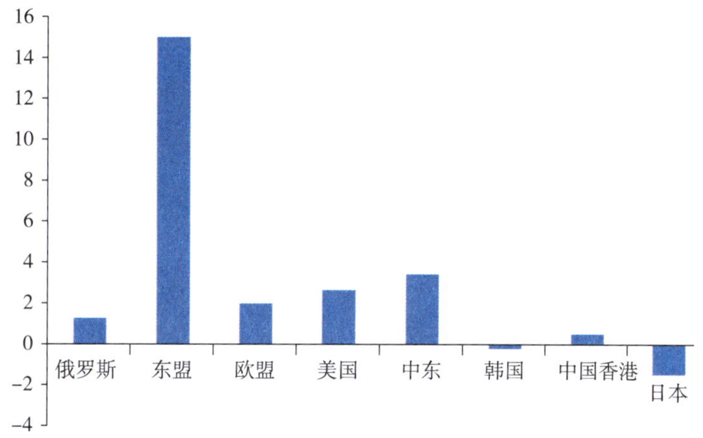

图 3-81　2005～2014 年黑龙江对主要出口国家和地区出口额年增长倍数

数据来源：哈尔滨海关统计数据、黑龙江商务厅对外贸易统计。

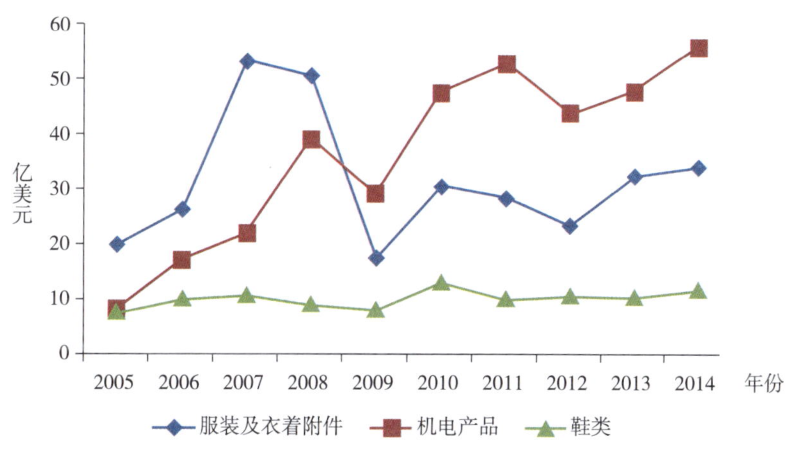

图 3-82　2005～2014 年黑龙江主要出口商品贸易额

（二）黑龙江重点行业发展情况分析

近年来，我国外贸依然处于增速放缓的阶段，并且整个全球经济形势普遍不容乐观。但从黑龙江的情况看，随着中俄两国关系的逐步升温，两国已经将丝绸之路经济带建设同欧亚经济联盟建设对接，并重点开展投资、金融、能源、高铁等基础设施建设、航空航天、远东开发等领域合作，未来外贸发展仍有诸多积极因素值得期待。

过去十年，轻工产品一直是黑龙江对俄罗斯出口的主打产品，低附加值贸易金额往往高出高附加值产品很多，其中机电产品等高附加值产品占出口总值比例较低，近几年略有改观。进出口商品中的高科技高附加值产品相对生产规模不大、总量偏小，反映了黑龙江产业支撑出口规模扩大和质量提升的基础薄弱，装备制造业拉动外贸增长的作用不强等问题。这种单一的商品结构不利于黑龙江对俄罗斯贸易的长远发展，一旦俄罗斯调整对黑龙江的贸易政策，那么必然会对黑龙江造成很大的经济损失。

另一方面，黑龙江省内贸易企业相对分散，规模小、实力弱、流动资金不足，没有形成一批具有跨国生产经营能力的市场主体，缺少专业化、规模化出口加工企业，发展后劲不足。中小型企业具有融资水平低、利润低的特点，不利于形成具有一定规模的投资链。由于黑龙江的生产能力比较薄弱，且传统产业结构与俄罗斯趋同，加之加工技能较弱，没有形成产业链，对本地经济拉动作用不强。在对俄罗斯出口的主要商品（包括衣帽、鞋饰、家电和其他日用消费品）中，黑龙江本地商品仅占1/5左右，尤其是口岸地区经济基础薄弱，缺乏本省品牌商品，口岸变成首要出口外省商品的口岸，仅起到了“通道”作用。

近几年，机电设备出口在黑龙江出口总额的比例持续上升，特别是在中俄总理定期会晤机制的良好政治前景下，中俄政府间在标准计量认证和检验监管领域达成的双边协议，为黑龙江机电设备的出口创造了便利条件，并提供了大好机遇。

（三）国外技术贸易措施对黑龙江出口企业影响调查数据分析

2006～2014年，黑龙江出口企业受国外技术性贸易措施影响呈现上升趋势。机电产品、玩具家具类企业受影响的比例较大，其中，玩具家具类企业在2012～2014年受国外技术性贸易措施影响比例最高，分别为75%、75%和66.7%；而机电产品类企业在2007～2011年受到的国外技术性贸易措施影响比例最高，分别为40%、60%、50%、75%和50%（见表3－9）。

通过图3－83可以看出，机电仪器和玩具家具企业受国外技术性贸易措施影响的比例较大，目前黑龙江正逐步开展各项工作帮扶机电仪器类企业和玩具家具类企业跨越贸易壁垒，实现产品的顺利出口。

表3－9　历年不同产品受国外技术性贸易措施影响的企业个数及在受调查同类企业中所占比例

年份	农食产品		机电仪器		化矿金属		纺织鞋帽		橡塑皮革		玩具家具		木材纸张非金属		合计	
	个数	比例%	个数	比例%	个数	比例%	个数	比例%	个数	比例%	个数	比例%	个数	比例%	数量	比例%
2006	1	16.7	2	28.6	1	20	2	33.3	0	0	0	0	1	16.7	7	18.4
2007	1	20	2	40	1	25	1	16.7	0	0	1	25	1	20	7	21.2
2008	1	20	3	60	1	25	1	16.7	1	25	1	25	1	20	9	27.3
2009	3	30	2	50	1	25	2	20	0	0	1	25	0	0	9	22.0
2010	2	20	3	75	1	25	1	10	0	0	1	25	1	20	9	22.0
2011	2	20	2	50	1	25	0	0	0	0	1	25	1	20	7	17.1
2012	0	0	4	66.7	0	0	0	0	0	0	3	75	1	25	8	22.9
2013	2	40	3	50	2	40	0	0	0	0	3	75	2	50	12	34.3
2014	2	50	1	20	3	50	1	12.5	1	25	2	66.7	1	20	11	31.4

在出口企业遭受的主要障碍方面，汇率连续10年占据首位，其次则为关税，技术性贸易措施为目前黑龙江出口企业所遭受的第三大贸易障碍（见图3－84和图3－85），突显出技术性贸易措施工作的重要性和紧迫性，也从侧面反映了我们在技术性贸易体系理论研究上的不足，成果转化上的缺失。

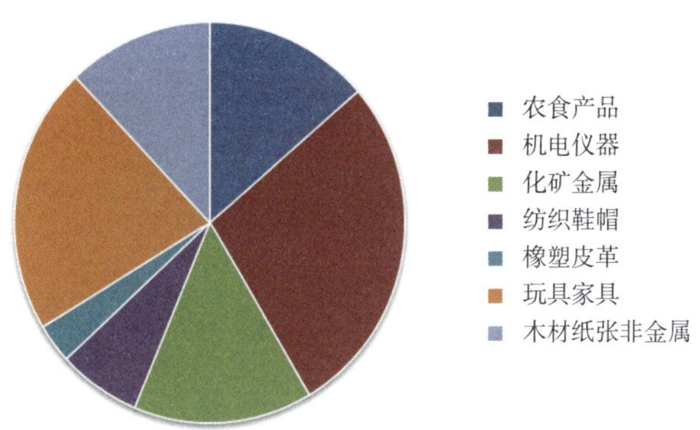

图 3－83　2006～2014 年黑龙江不同产品受国外技术性贸易措施影响平均比例

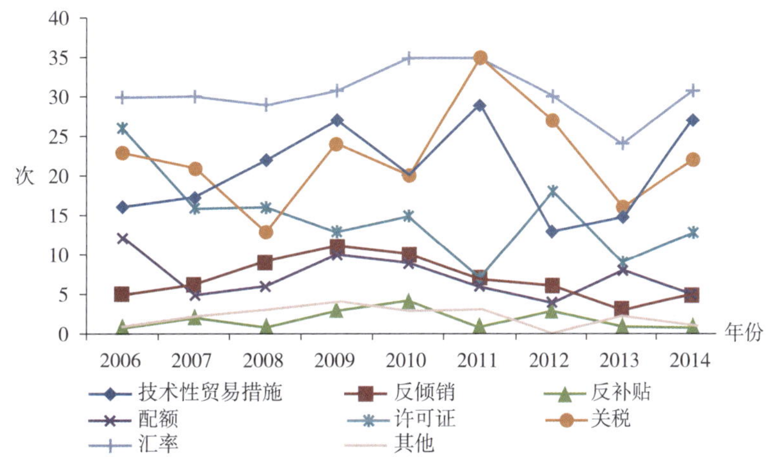

图 3－84　2006～2014 年黑龙江出口企业所遭受的主要障碍趋势

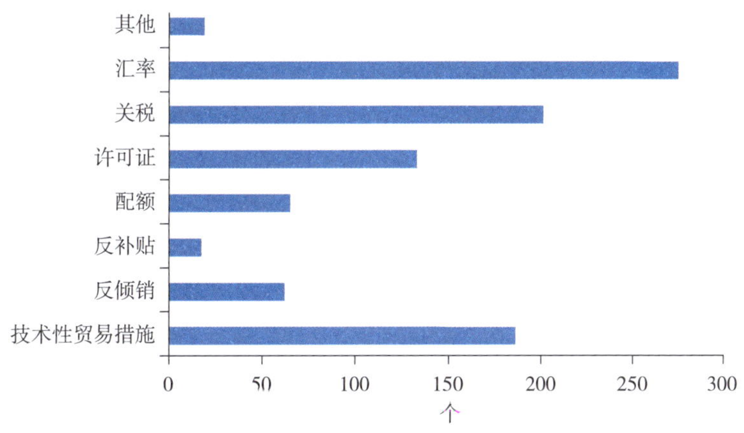

图 3－85　2006～2014 年黑龙江出口企业所遭受的主要障碍总数

（四）关于技术性贸易措施推动黑龙江经济发展的政策建议

乌克兰危机爆发之后，美欧与俄罗斯之间关系愈趋紧张，之后演变为相互贸易制裁，禁止对方的产品进入本国市场。但俄罗斯入世后，超乎想象的迅速适应、运用 WTO 规则、设置技术性贸易措施等，都为中俄经贸尤其是黑龙江对俄贸易发展带来了巨大的潜在障碍。特别是中俄质量标准体系的差异，导致中国产品遭受损失，不利于对俄贸易的发展。

黑龙江检验检疫局秉承“服务黑龙江外贸发展，跨越壁垒为企业服务”的宗旨，逐步形成了“人才作后盾、机构作支撑、措施作保障”的技术性贸易措施工作机制，为发挥黑龙江与俄罗斯地缘优势，全方位做好对俄技术性贸易措施研究工作提供了坚实的基础保障。一是设立专门 WTO 办公室，配备专人负责全省 WTO 与对俄技术性贸易措施研究相关工作。二是积极申请在黑龙江检验检疫局成立“黑龙江技术性贸易措施综合服务中心”，有效应对并降低俄罗斯技术性贸易措施的影响和风险，助力黑龙江对俄区域经贸合作转型发展。三是建立质检系统内首个俄文网站，并发挥全省系统各单位俄语人才作用，动态关注俄罗斯有关机构、媒体信息，不定期编译《俄罗斯风险信息专报》。

为进一步发挥技术性贸易措施工作促进黑龙江外贸发展的作用，建议从以下几点继续加强对俄罗斯技术性贸易措施的研究。

一是强化科研立项，掌握俄罗斯技术性贸易措施。为有效应对俄罗斯技术性贸易壁垒，做到知己知彼，应按照主要进出口产品的类别，逐年探索分别立项的可能性，重点研究俄罗斯技术性贸易措施管理体系和俄罗斯技术标准、技术法规及合格评定程序，并加强动态跟踪。

二是加大成果转化，实现贸易突破。在加大对俄罗斯技术性贸易措施研究力度的同时，应注重把研究成果与日常工作相结合，积极引导、指导企业有效跨越俄方有关壁垒。收集俄罗斯以及俄白哈关税同盟新认证制度的有关要求，为企业开拓俄罗斯市场提供系统的准入应对指南，成功助力辖区内企业打开俄罗斯市场。

三是加强业务培训，提高应对能力。为黑龙江 WTO 工作组成员进行技术性贸易措施方面的业务培训，以提高黑龙江全省系统应对俄罗斯技术性贸易措施的能力和水平。

四是深入技术性贸易措施调查，如实掌握数据。从 2010 年开始，开展“俄罗斯技术性贸易措施对黑龙江出口企业影响调查”工作，深入企业实地采集信息，掌握第一手资料，及时了解企业在出口俄罗斯的过程中遇到的各项难题及相关数据，形成《黑龙江出入境检验检疫局应对俄罗斯技术性贸易措施年度报告》，供有关方面参考。

六、新疆技术性贸易措施影响分析

（一）新疆进出口贸易特点分析

作为“一带一路”国家战略下丝绸之路经济带核心区域的新疆，其特殊的经济和政治地位日益凸显。

新疆目前的出口贸易市场主要集中在与新疆毗邻的中亚地区和俄罗斯以及中东、南亚、东欧等市场，出口贸易市场相对较为集中。优化新疆对外贸易结构是保证新疆对外贸易可持续发展的关键所在。

新疆与周边国家对外贸易占据新疆外贸总额的绝对优势地位。但是，新疆出口贸易对产业结构升级贡献较弱，边境贸易占比较大，是新疆外贸的主体。发展对外贸易尤其是出口贸易可以促进产业结构的调整与升级。但中亚各国贸易保障体系不完善，以及各边境口岸基础设施建设不足

等原因，在一定程度上阻碍了新疆与周边国家的经贸合作。

2005～2014年，新疆外贸获得了较大发展，从2005年进出口总值79.4亿美元增长到2014年的276.7亿美元。在外贸整体快速增长中，边贸基本占较大比重。新疆边贸出口以轻工产品为主，通过新疆边贸出口的产品基本上由浙江、河北、福建、广东等省生产。自2004年以来，新疆边境贸易额已经连续占据全国9个陆路边境省区之首，边境贸易成为新疆对外贸易的重要支柱，哈萨克斯坦始终居新疆第一大贸易伙伴国地位。值得关注的是，2014年新疆与俄罗斯外贸出现高速增长，双边外贸额达21.5亿美元，同比增长374%，成为新疆外贸新亮点。

新疆外贸出口总体呈增长状态，但不同年份的波动较大。外贸额在全国所占比重很小。虽然出口贸易国家和地区已扩展到港澳地区和日、美、欧等100多个国家和地区，基本形成市场多元化格局，但实际上市场结构过于集中的不合理状况一直未能得到根本性的改变。新疆出口商品中，东部和中部地区产品一直超过50%。积极促进农副产品的精加工和深加工发展，可以促进产业转型和吸纳当地劳动力。

新疆出口商品结构的发展现状：一是初级产品比例逐年下降，工业制成品比例保持逐年上升，出口商品结构日趋合理。初级产品贸易容易受外部环境等因素的影响，价格不稳定且贸易格局无法掌控。二是农产品、纺织品等劳动密集型产品逐步成为新疆主要出口的产品。资源密集型产品的出口比例呈下降趋势，技术含量较高的资本密集型产品变化并不明显。

新疆出口商品结构存在的问题：一是对外贸易总体结构仍处于低层次，出口基本上还是“以量取胜”。二是出口工业制成品仍以“杂项制品”为主，占总出口工业制成品比重的50%以上。三是新疆的优势产品难以提升整体出口商品结构。新疆具有丰富的劳动力资源和自然资源，以劳动密集型产品为主的出口难以带动整个新疆产业结构升级以及出口结构提升。

新疆出口贸易对产业结构升级贡献较弱，应通过发展对外贸易尤其是出口贸易来促进产业结构的调整与升级。而新疆出口商品中，东部和中部地区产品超过50%。新疆本地优势产业（除能源产业外）并没有发展起来。除此之外，中亚各国贸易保障体系不完善，以及各边境口岸基础设施建设不足等原因，也在一定程度上阻碍了新疆与周边国家的对外贸易往来。因此，新疆未来一段时期的产业结构调整应该考虑地缘区位优势，立足于“丝绸之路经济带”以及“中巴经济走廊”所带来的新机遇，发展外向型经济，促进产业优化升级，采取更加灵活的政策措施，延长加工产业的产业链，建立与之相适应的产业结构和产业集群，加快推进面向中亚、西亚的出口加工基地和商品集散基地建设，努力形成以乌鲁木齐为集散中心、以阿拉山口（综合保税区）、霍尔果斯（中心合作区）和喀什（自贸区）为重点、带动各地州市的对外贸易发展的新格局。

根据国家质检总局开展的技术性贸易措施影响调查数据，2006～2014年，新疆地区平均有23.8%的出口企业受国外技术性贸易措施的影响（见图3-86）。2009年以后，新疆出口企业受国外技术性贸易措施影响比例明显增加，2009～2011年受损比例高达30%以上，其中2011年达到最高点36.11%，其后两年基本维持在20%以上。

从直接损失额而言，新疆出口企业因国外技术性贸易措施直接损失额在2013年最高，为3亿美元，其次是2014年为1.35亿美元，2010年则为0.92亿美元 。从行业分布看，机电仪器类产品遭受的直接损失最大，占2005～2014年十年直接损失总额的34.8%；其次为化矿金属，占直接损失总额的17.8%；农食产品居第三位，占直接损失总额的12.5%（见图3-87）。

新疆出口企业为应对国外技术性贸易措施的新增成本以2007年最高，为5.54亿美元，其次是2010年和2011年，分别新增成本0.81亿美元和0.74亿美元（见图3-88）。从行业分布看，机电仪器新增成本最高，占2005～2014年十年新增成本总额的38.1%；其次为化矿金属，占新增成本总额的22.4%；纺织鞋帽居第三位，占新增成本总额的13.3%。

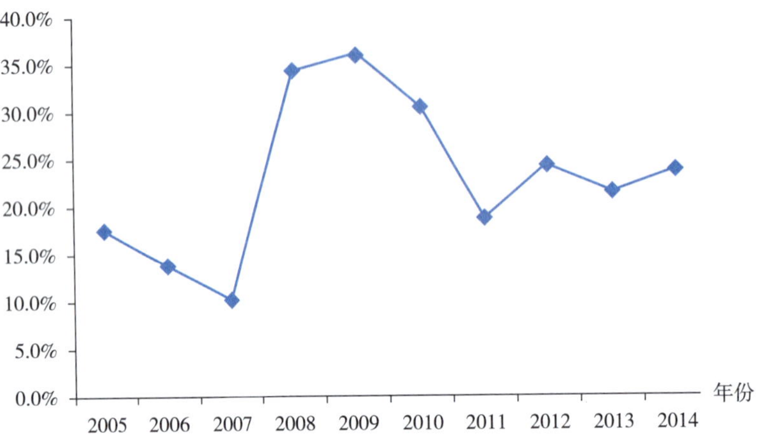

图3-86　2006～2014年新疆出口企业遭遇技术性贸易措施影响比例

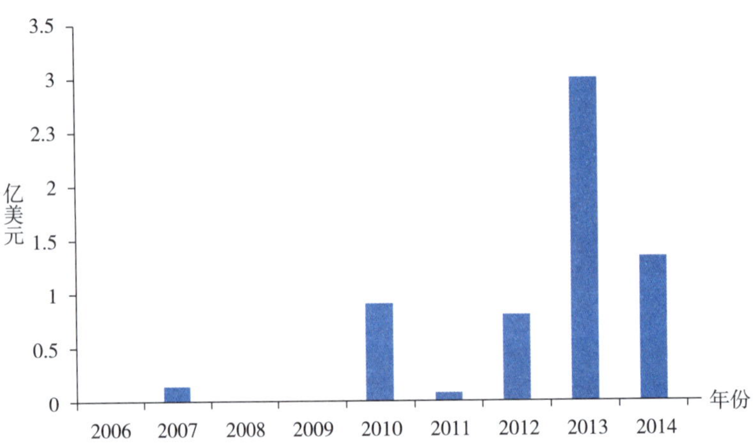

图3-87　2006～2014年新疆出口企业遭遇技术性贸易措施直接损失额

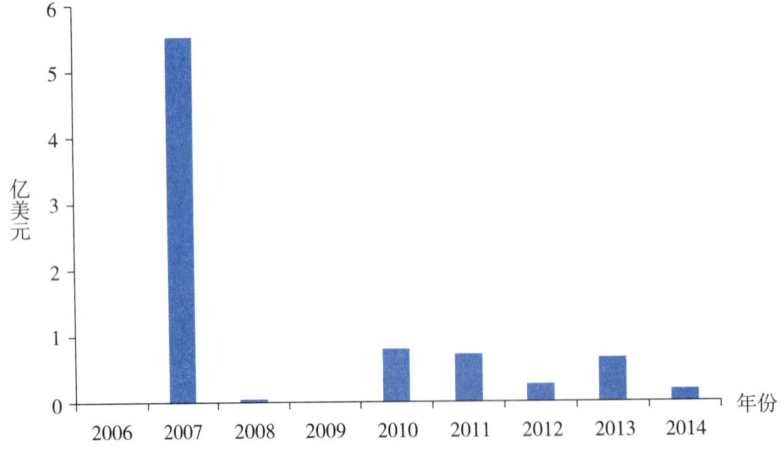

图3-88　2006～2014年新疆出口企业遭遇技术性贸易措施新增成本

（二）欧亚经济联盟对新疆经济的潜在影响

长期以来，俄罗斯、白俄罗斯和哈萨克斯坦都是新疆重要的贸易伙伴。随着“丝绸之路经济带”和“中巴经济走廊”的建设，中国与以上三国为发起国的欧亚经济联盟成员国间的贸易合作必将更为紧密。2015 年 1 月 1 日，欧亚经济联盟正式启动，取代了 2010 年由俄、白、哈三国建立的关税联盟。随着亚美尼亚、吉尔吉斯斯坦陆续加入以及塔吉克斯坦计划加入该联盟，欧亚经济联盟形成了一个生产总值超过 4.5 万亿美元的一体化的经济共同体，不仅实现了统一的关税制度，还对各成员国的产品技术法规、规范进行了整合，在联盟区域内执行统一的技术法规和标准。整合后的欧亚经济联盟食品安全法规和食品农产品技术规范基于俄罗斯相关法规和标准，并引用了欧盟标准和 ISO 标准，对我国食品农产品质量安全提出了更高的要求，在一定程度上增加了供欧亚经济联盟成员国食品农产品的监管难度和企业成本，另一方面，也使中国出口的农食产品，通过欧亚经济联盟任何一个成员国即可顺利进入其他成员国市场进行流通与销售，市场准入成本大大降低，市场容量也可扩大 10 倍以上。

截至目前，新疆已分别与俄罗斯等欧亚经济联盟国家签订多份联合声明。其中，《中华人民共和国与俄罗斯联邦关于丝绸之路经济带建设和欧亚经济联盟建设对接合作的联合声明》中提及：双方支持启动中国与欧亚经济联盟对接丝绸之路经济带建设与欧亚经济一体化的对话机制，并将推动在双方专家学者参与下就开辟共同经济空间开展协作进行讨论；在条件成熟的领域建立贸易便利化机制，在有共同利益的领域制订共同措施，协调并兼容相关管理规定和标准、经贸等领域政策；研究推动建立中国与欧亚经济联盟自贸区这一长期目标；为在区域经济发展方面能够发挥重要作用的中小企业发展创造良好环境。《中哈关于进一步深化全面战略伙伴关系的联合宣言》提及：双方将继续深化边境口岸、海关、质检、检验检疫合作；双方将扩大农业、良种繁育、种子及其加工产品贸易、农产品加工运输、检验检疫等领域的合作；继续在双边贸易统计、知识产权保护、教育培训等领域开展合作，为促进双边贸易发展创造便利条件；双方将根据出口国动植物疫情状况，在巴克图—巴克特口岸建立中哈农产品快速通关“绿色通道”。

虽然到目前为止，欧亚经济联盟统一发布的法规和技术规范尚未给我国出口贸易带来明显的不利影响，但新疆一定要未雨绸缪，采取积极的应对措施，充分利用地缘优势，发挥特长，扩大新疆食品和农产品等对欧亚经济联盟成员国市场的出口。同时，抓住这个机遇，深入了解、研究欧亚经济联盟的法规及其管理体系，适应欧亚经济联盟各项要求，把握欧亚经济联盟成立带来的新机遇、应对新挑战。

（三）技术性贸易措施推动新疆对外贸易发展的政策建议

在当前的新形势下，为推动新疆对外贸易发展，迫切需要：

1. 强化法律、法规和标准体系

（1）完善技术法规和标准体系，主动应对技术性贸易措施。

（2）收集编译周边国家法律法规，利用国外技术性贸易措施推动新疆经济发展。

目前，新疆检验检疫局已收集此类法规 70 余部，并编印了《中亚周边国家检验检疫有关法律法规汇编》、《欧亚经济联盟食品安全技术法规重点内容汇编》。

2. 研究新疆出口所面临的国外技术性贸易壁垒，并分别采取针对性措施

新疆周边国家政治经济形势错综复杂，贸易环境乏善可陈。尽管国外一些国家的进口标准和检验程序与其正在适用的国内标准和检验程序相比，已近于苛刻，但是为了进行贸易和避免贸易摩擦，我国的出口仍要继续。因此，研究国外的技术性贸易壁垒必不可少。首先，“知己知彼”，对国外的技术性贸易壁垒进行全面的跟踪和分析，并找出自己产品存在的问题。其次，“有的放矢”，仔细研究自己产品可能遭遇到的技术性贸易壁垒，并要分析相应的对策。最后，“随机应变”，根据不同国家不同的壁垒采取不同的应对策略。

另外，在不断推动各个行业协会加强协调、促成应对合力的同时，出口企业也可积极利用国家级的信息平台，获得已有的信息、技术等公共资源，同时，抓住全球技术性贸易措施发展相对平缓的机会，加强技术交流，进一步促进全社会资源的快速流动和合理利用，形成新疆企业整体应对水平跨越式发展。

3. 改善新疆出口贸易结构

由于新疆产业结构尚未优化，导致新疆出口商品结构层次仍然偏低，效益低下，竞争力较弱。新疆的产业部门中，有的与世界先进水平的差距正在日益缩小，而有的已接近国际先进水平，这种不平衡为新疆选择资本技术密集型产业发展提供了广阔的空间。加速新疆出口商品结构合理化速度，调整新疆产业结构，迫在眉睫。

4. 加强与欧亚经济联盟及周边其他国家的合作

（1）加强信息交流。结合“丝绸之路经济带”以及“中巴经济走廊”战略，建立新疆出入境检验检疫系统与涵盖欧亚经济联盟在内的周边国家在动植物疫病及食品安全领域的信息交流平台。

（2）积极为新疆扩大进出口动物及动物产品市场和品种搭建政策平台。加快与哈萨克斯坦磋商解决出口肉问题，与哈萨克斯坦、塔吉克斯坦、吉尔吉斯斯坦等国签订进口马、屠宰用驴等双边检疫协定。积极推进从蒙古国、哈萨克斯坦、吉尔吉斯斯坦进口屠宰用羊、牛羊绒、肠衣检验检疫等准入工作。目前，国家质检总局已与吉尔吉斯斯坦签署了进口屠宰马属动物的建议议定书，在确认证书后即可开展贸易。拟与哈萨克斯坦协商修改进口马议定书。

（3）推动注册互认。目前欧亚联盟不统一对外注册进口企业，即使获得其中一国注册的企业，仍不能向整个欧亚联盟出口，需要每个国家都进行注册，非常繁琐。建议积极推动欧亚联盟成员国间对我国出口企业注册的互认，减少由于频繁注册对新疆出口企业造成的贸易限制。

（4）加大实验室技术交流合作。可通过加大对实验室的资金、人才和技术投入，协助周边国家提高实验室检测技术水平，从而减少由于实验室检测技术水平不一而导致的对出口贸易的影响。

第二节　“长江经济带”典型省份分析

当前，长三角地区经济社会快速发展，引人注目。2014 年 9 月 25 日，国务院公布了《国务院关于依托黄金水道推动长江经济带发展的指导意见》和《长江经济带综合立体交通走廊规划（2014～2020 年）》简称“长江经济带”。“长江经济带”的主要目的是依托长江黄金水道，建设立体交通走廊，充分发挥长三角带动中西部地区发展的能力。

“长江经济带”是我国经济、人口、城市密集的重要发展轴线，在全国“两横三纵”空间格

局中占据重要地位。“长江经济带”包括九省二市，从上至下分别为云南、贵州、四川、重庆、湖南、湖北、江西、安徽、江苏、浙江和上海，面积约205万平方公里，人口和生产总值均超过全国的40%。“长江经济带”横跨我国东、中、西三大区域，具有独特优势和巨大发展潜力。未来，“长江经济带”将带动超过1/5国土、约6亿人口发展。其中，上海、浙江和江苏三省市的政府工作报告均提出要积极融入“长江经济带”建设，拓展对内开放；湖北省政府工作报告对“长江经济带”战略也做了重点部署，具体措施包括建立综合交通运输体系、推进长江中游航运中心、三峡三坝等相关项目建设等；贵州、云南和重庆2015年工作重点均涵盖利用“长江经济带”大通关体制，加强与沿线省市合作，服务长江经济带。无论是从世界地缘格局还是从国内发展格局来分析，长三角地区有着便利的经济发展港口优势和得天独厚的区位优势，发展潜力巨大。在未来的国际产业竞争格局中，加快长三角经济一体化步伐，提升产业综合竞争力，有效应对国外技术性贸易措施将成为长三角区域发展的共同目标。本书选择江苏、浙江、上海、湖北作为典型省份（直辖市）进行分析。

一、江苏技术性贸易措施影响综合分析

（一）江苏出口贸易特点及出口受阻情况总体分析

1. 江苏进出口贸易概况

江苏是对外贸易大省，外贸出口额连续10年居全国第二。2005～2014年十年间，江苏出口额从1229.82亿美元增长到3418.70亿美元（见图3-89），增长178.0%，年均增长率12.0%。

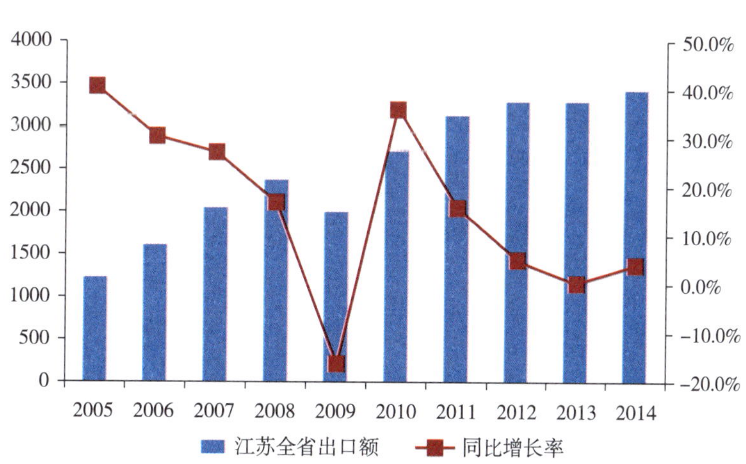

图3-89　2005～2014年江苏出口贸易额及同比增长率

数据来源：江苏省统计局。

其中2005～2008年四年间，江苏对外贸易额保持15%以上的高速增长；由于全球金融危机、产业结构调整和国外技术性贸易措施的影响，2009年为负增长；自2010年以来，江苏进出口总额及出口额增速明显放缓，对外贸易发展进入“新常态”，出口额增速从2010年的35.8%降至2014年的4.0%。

2. 江苏主要出口贸易地区分析

根据江苏统计局公布的数据，2005～2013年间[①]，江苏出口最多的前十个国家和地区包括欧盟、美国、日本、中国香港、德国、韩国、荷兰、中国台湾、英国和新加坡。其中对欧盟出口额占当年江苏出口总额比例由23%下降为17%（见图3-90），美国由22%下降至20%，日本由13%下降至10%，德国由6%下降至4%，荷兰由6%下降至4%，英国由3%降至2%，新加坡由3%降至2%；其他地区则由5%上升至21%。由此可见，江苏对传统出口市场出口额增长缓慢，对新兴市场出口额快速增长。

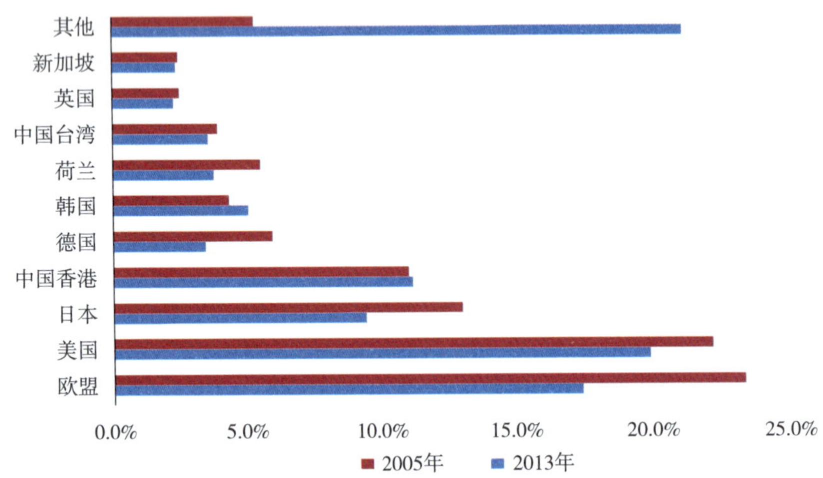

图3-90 2005年和2013年江苏主要出口国家/地区出口总值占比

数据来源：江苏省统计局。

2015年上半年，江苏对美国出口338.3亿美元，同比增长3.9%，对欧盟、日本分别出口292亿美元和136.2亿美元，分别下降2.1%和10.6%；对拉美、东盟、非洲等新兴市场出口96.2亿美元、171.5亿美元、44.3亿美元，同比增长6.2%、3.5%、0.4%。

3. 江苏主要出口产品结构变化分析

2005～2013年，江苏出口工业制成品占出口总额的80.1%以上。在此期间，初级产品出口比例从9.3%增加到15.9%，而工业制成品则从90.8%减少到84.1%（见图3-91）。

2015年上半年，全省实现进出口总额2625.3亿美元，同比下降3.9%；其中出口1606.6亿美元，下降1.3%，进口1018.7亿美元，下降7.8%。从贸易方式看，上半年加工贸易出口增长1.3%；一般贸易出口下降1.8%。国有企业出口较快增长，出口增长4.2%，高于全省5.5个百分点。机电产品出口同比增长1%。

4. 江苏出口受阻总体情况分析

根据技术性贸易措施影响调查数据，江苏七大行业出口受影响最大的为农食产品，占受调查企业比例的49.6%；其次为玩具家具产品，占40.1%（见图3-92）。

江苏出口遇到的障碍包括技术性贸易措施、反倾销、反补贴、配额、许可证、关税、汇率等，其中汇率、关税、技术性贸易措施为三种最主要的障碍（见图3-93）。

2006～2014年，江苏受国外技术性贸易措施影响的调查企业占样本企业总数的27.0%。大型

① 因2014年江苏对个别贸易国家和地区的统计数据暂无法获取到，因此仅分析2005～2013年的数据。

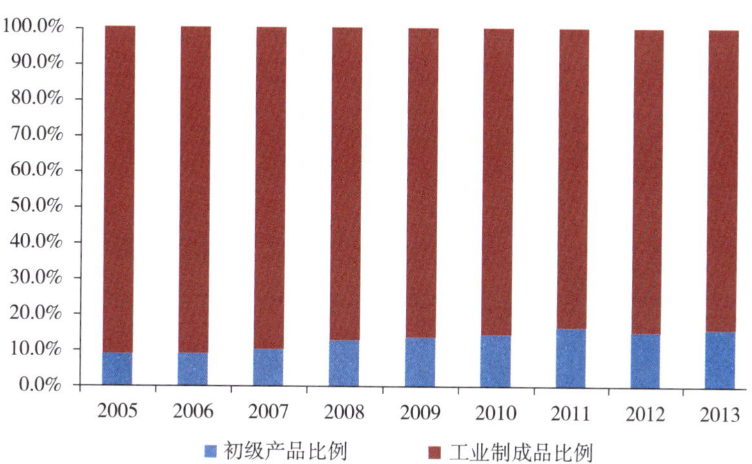

图 3-91　2005～2013 年江苏初级产品和工业制成品出口比例变化

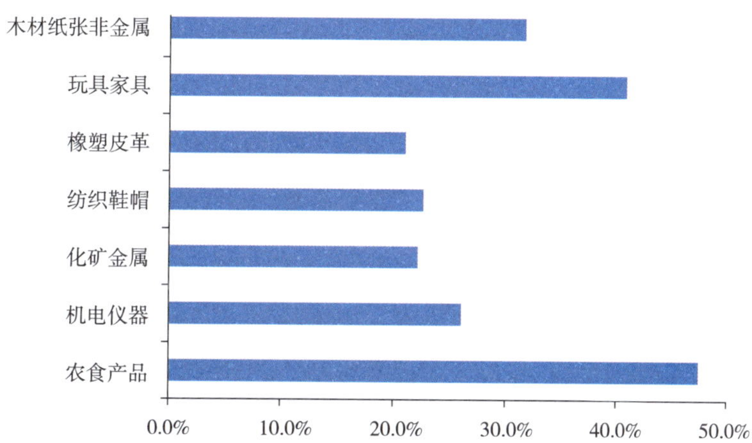

图 3-92　江苏七大行业受国外技术性贸易措施影响比例

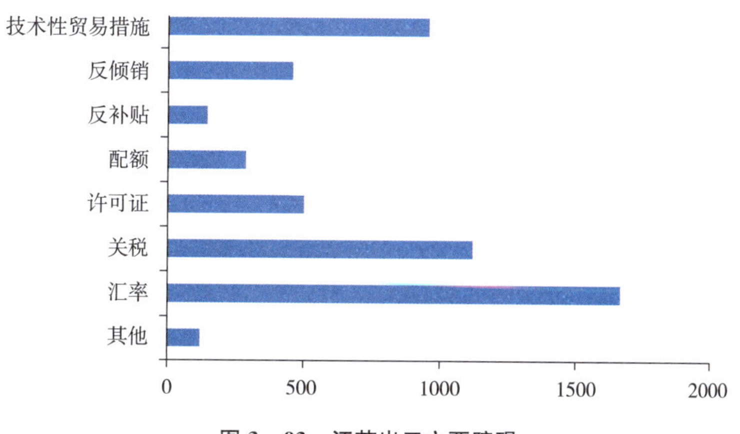

图 3-93　江苏出口主要障碍

企业中，农食产品出口企业受国外技术性贸易措施影响比例最高，达 65.9%，其次是玩具家具企业，受影响比例为 48.3%。小型企业中，受影响比例最高的为玩具家具企业，比例为 35.8%，其次是农食产品企业，比例为 31.4%。受影响最小的大型企业和小型行业分别为化矿金属行业 26.2%，橡塑皮革行业受影响企业占调查企业的 15.1%（见图 3－94）。

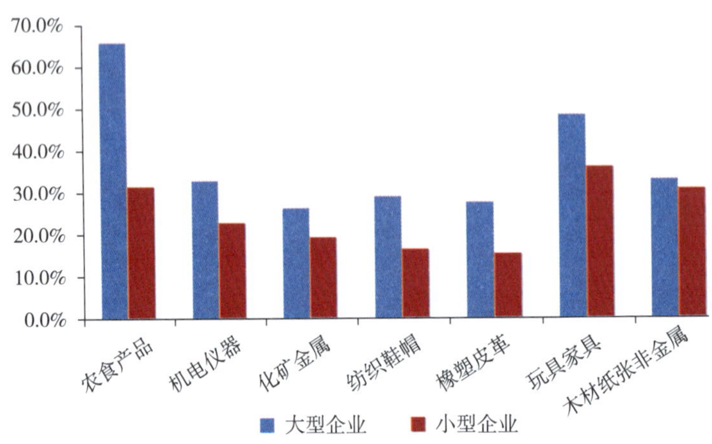

图 3－94　2006～2014 年江苏出口企业受国外企技术性贸易措施影响

江苏工业制品出口遇到的技术性贸易措施最常见的是认证要求，其次是技术标准要求、标签和标志要求、有毒要害物质要求、环保要求、安全要求、包装及材料要求等（见图 3－95）。

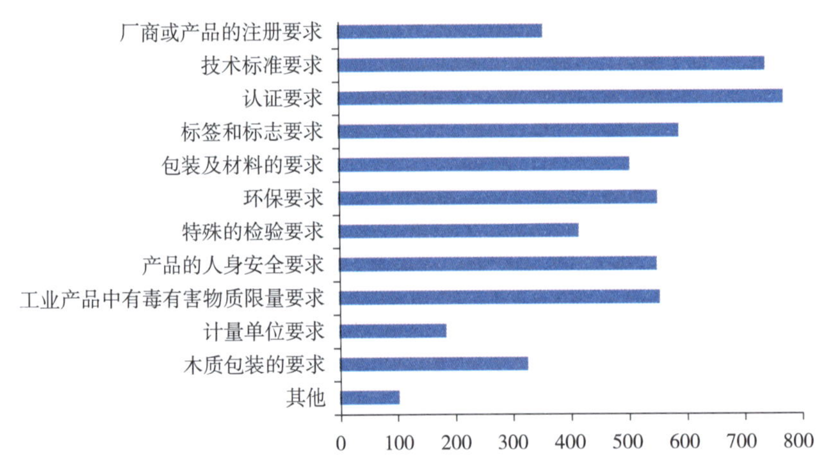

图 3－95　2006～2014 年江苏工业制品出口遇到的技术性贸易措施

受国外技术性贸易措施影响，江苏出口企业一般遇到丧失订单、扣留货物、销毁货物、退回货物、口岸处理、改变用途、降级处理等情况并产生损失，其中丧失订单是最为常见的损失方式，其次是降级处理和退回货物（见图 3－96）。

江苏出口企业在遇到国外技术性贸易措施时最常见的三种做法是提高产品竞争力、与外商交涉、向质检部门报告，其次是向行业协会商会、商务部门及其他主管部门或者驻外使馆报告，也有少量企业选择不再出口（见图 3－97）。

及时获取国外技术性贸易措施信息是有效应对的前提。调查显示，江苏出口企业获取国外技术性贸易措施信息的主要途径包括检验检疫机构、国外经销商、媒体和行业协会，其他还包括其他政府部门、国外政府网站、（国内外）TBT/SPS 站点等（见图 3－98）。

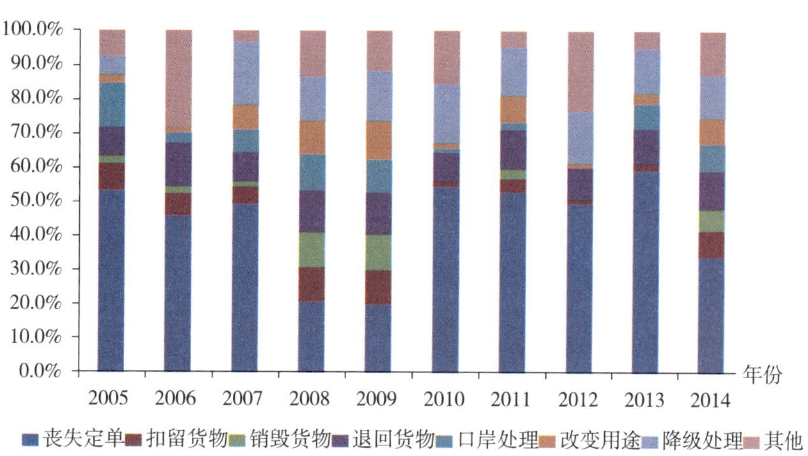

图 3－96　2005～2014 年江苏出口企业遭受国外技术性贸易措施的损失形式

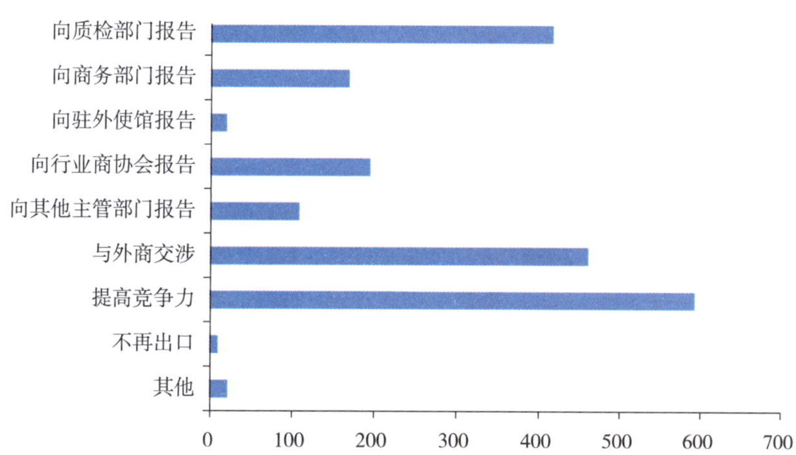

图 3－97　2006～2014 年江苏企业出口遭遇国外技术性贸易措施时采取的做法

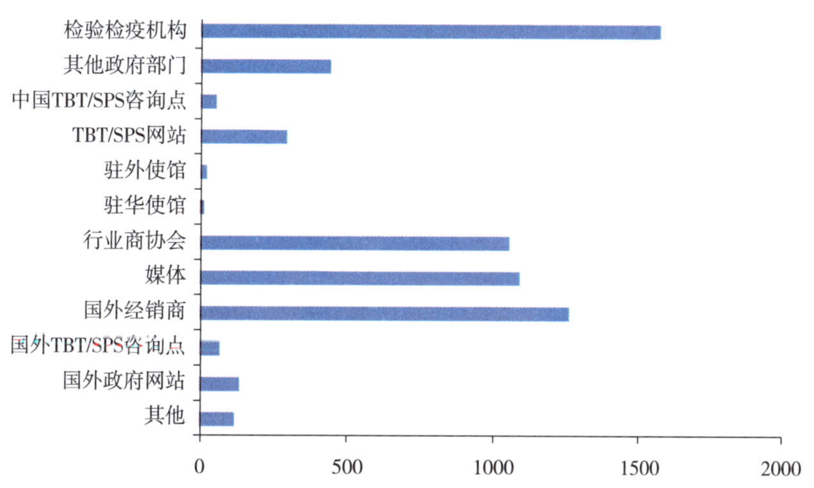

图 3－98　2006～2014 年江苏企业出口遭遇国外技术性贸易措施时获取信息的途径

在应对国外技术性贸易措施时，江苏出口企业最希望及时得到相关的信息，此外还希望能得到技术指南和咨询，同时加强对外交涉，维护自己的合法权益以及参加相关的培训（见图3－99）。

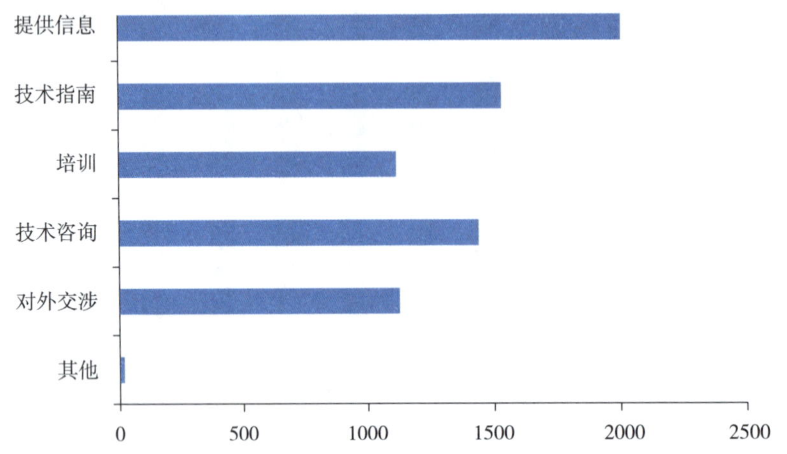

图3－99　2006～2014年江苏出口企业遭遇国外技术性贸易措施时希望得到的帮助

（二）江苏重点行业发展及应对国外技术性贸易措施情况分析

1. 机电产业

（1）江苏机电产业出口概况

机电产业是江苏的支柱产业。从2005年的840.13亿美元到2014年的2216.50亿美元，江苏机电产品出口额实现了163.8%的增长，年均增长率达11.4%。从2005年到2009年，江苏机电产品出口增长率从44.7%迅速降至－14.0 %；2010年反弹至35.7%，到2013年又降至－1.5%（见图3－100）。

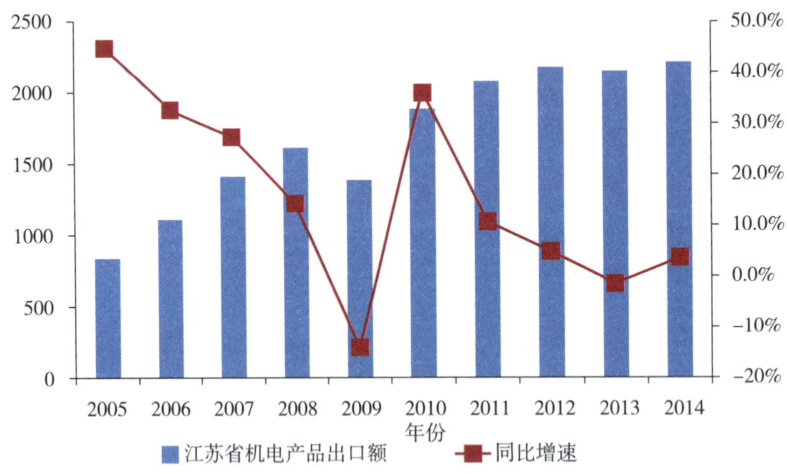

图3－100　2005～2014年江苏机电产品出口额及同比增速

机电产品是江苏出口的“拳头”，目前进入了“微弱”的增长阶段。2015年上半年，江苏出口机电产品1060.36亿美元，同比增长1%，占同期全省出口总值的66%，仍是最主要的出口产品。

从机电产品的出口构成中，可以发现产业变化的趋势：在平板电脑和手机的冲击下，便携式电脑出口89.5亿美元，下降1.7%；与之关系密切的集成电路出口99.8亿美元，下降11.4%。特别是在“移动互联网时代”，2015年上半年手机出口22.7亿美元，暴增80.2%；平板电脑出口

23.8亿美元，增长接近50%。

(2) 江苏机电产业出口对全省出口及全国机电产品出口贡献率

作为江苏支柱产业，江苏机电产品对江苏出口额贡献率一直保持在64.8%～69.4%之间；对全国机电产品出口贡献率保持在16.9%～20.3%之间（见图3-101）。

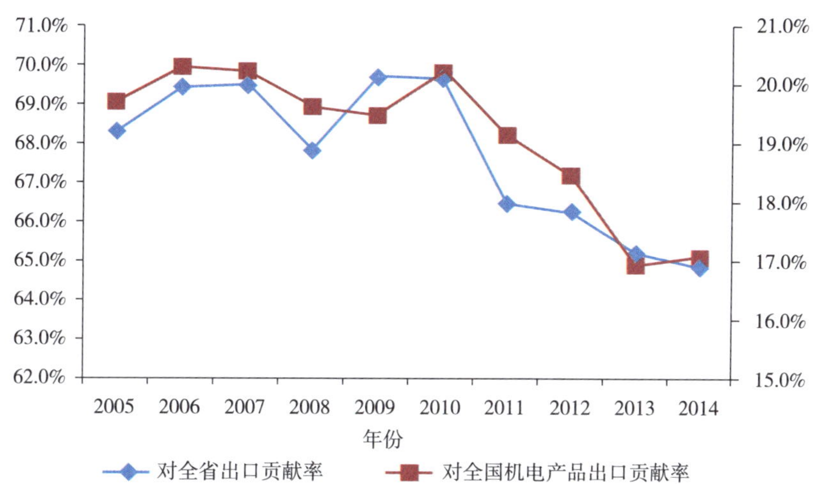

图3-101　2005～2014年江苏机电产品出口对全省出口额及全国机电产品出口贡献率

(3) 江苏机电产品出口直接损失率

2005～2008年，作为江苏支柱产业的机电产业，出口直接损失率在1.4%以内波动；受全球金融危机的影响，在2009年直接损失率升至6.2%；在2012年的直接损失率为4.2%，仅次于2009年（见图3-102）。

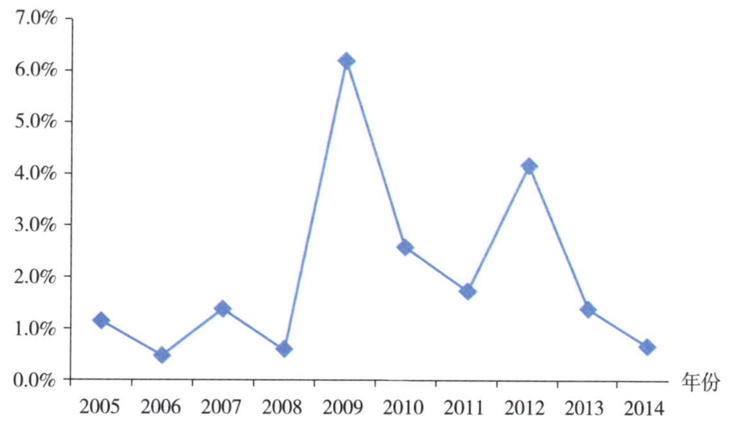

图3-102　2005～2014年江苏机电产品出口直接损失率

(4) 江苏机电产品出口新增成本

2006～2014年，江苏机电行业出口新增成本总体在增长，其中2007年、2009年两年新增成本较小，分别为5.1亿美元和5.3亿美元，2008年和2013年新增成本较大，分别为17.6亿美元和18.3亿美元（见图3-103）。

2. 纺织服装

(1) 江苏纺织服装行业概况

从2005年的188.1亿美元到2014年的480.1亿美元，江苏纺织服装出口实现了1.56倍的增长，年均增长率达到11.0%。其中2005～2008年，出口额稳步增长，每年增速保持在15%以上；受到全球金融危机的影响，2009年出口额下降至268.4亿美元；2010年迅速反弹至350.3亿美元；2010～2014年，增速呈下降趋势（见图3－104）。

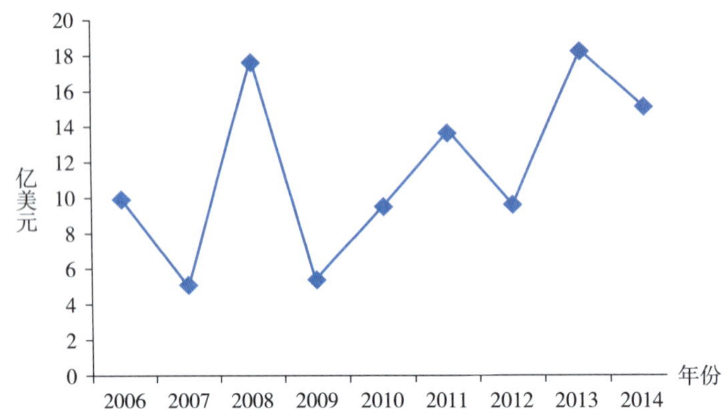

图3－103　2006～2014年江苏机电行业出口新增成本

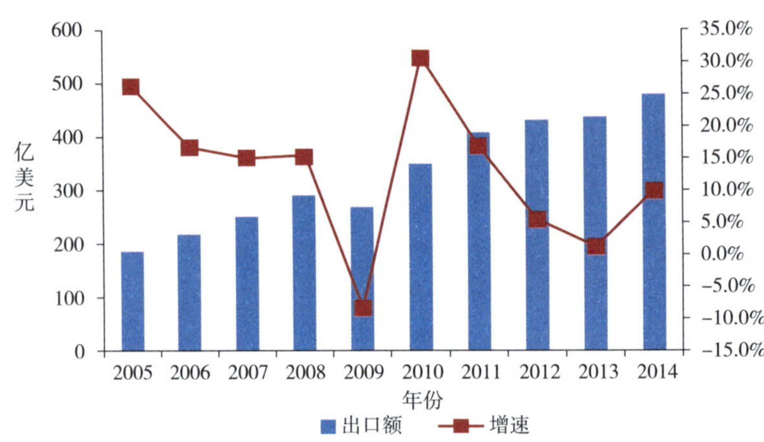

图3－104　2005～2014年江苏纺织服装出口额及增速

江苏纺织服装出口增长稳定，实现了飞速发展，在全国各主要纺织服装出口省份中位居前列。江苏纺织服装行业以内资民营企业为主，国有控股企业为数不多，大中型企业偏少，小型企业居多。江苏区域结构调整取得突破性进展，已形成一批产业集群。如吴江市的丝绸化纤、南通市的家纺、常熟市的服装、江阴市的毛纺呢绒、张家港市的棉纺织、金坛市的服装等都已成为区域性品牌。在"十一五"期间，江苏纺织业率先迈入了万亿规模的行列。江苏纺织品服装出口到全世界近百个国家和地区，日本、美国、欧盟仍是这其中的三大主要市场。在江苏各个纺织品出口大市中形成特定的出口格局，比如南通市出口主要集中在日本，苏州市的纺织企业主要出口地区集中在欧美、日本、中国香港等地。

（2）江苏纺织服装出口额对全省出口及全国纺织服装出口贡献率

作为传统劳动密集型产业，纺织服装产业对江苏的经济建设和社会发展都起着重要的作用。2005～2014年，纺织服装产业对江苏出口贡献率一直保持在14.4%以上，最高16.5%。其中2004～2007年，江苏纺织服装出口额对全省出口贡献率从16%降至14.4%，到2010年恢复至十年最高点16.5%，2011年和2012年小幅波动，2013年下降至15.0%，2014年小幅反弹至15.6%（见图3－105）。

同时，江苏作为全国重要的纺织服装出口省份之一，对全国纺织服装出口贡献率保持在12.3%以上，最高达15.3%（见图3-105）。

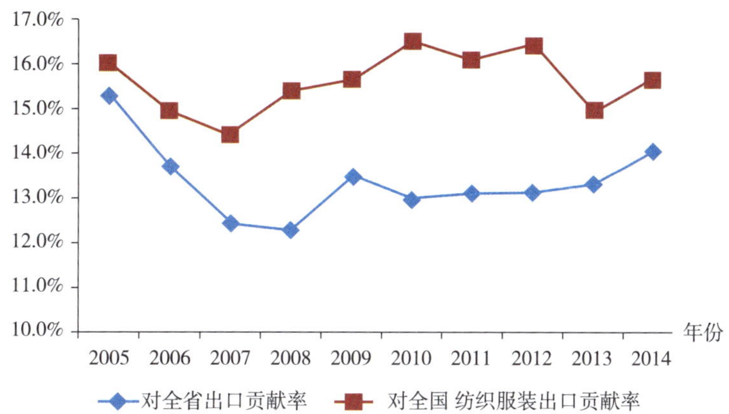

图3-105　2005～2014年江苏纺织服装出口额对全省出口及全国纺织服装出口贡献率

受国外市场疲软影响，2015年上半年，江苏纺织服装产品出口199.94亿美元，同比下降5.2%，占全国纺织服装产品同期出口额的16.3%。

（3）江苏纺织服装产品出口直接损失率

2005～2012年，江苏纺织服装行业出口直接损失率在3.7%以下波动，最低为0.2%；2013年直接损失率突然升至17.4%，2014年回落至0.4%（见图3-106）。

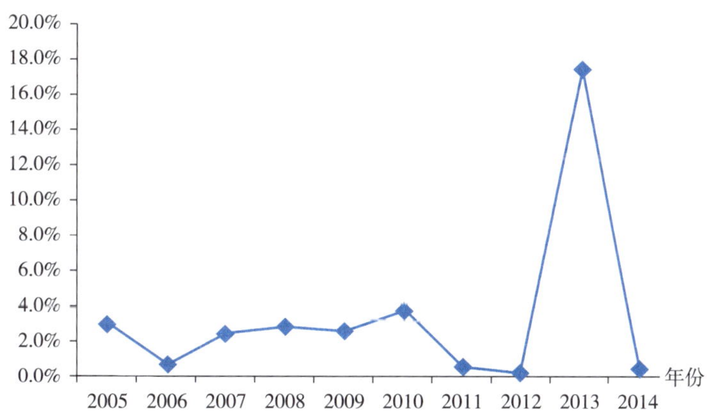

图3-106　2005～2014年江苏纺织服装产品出口直接损失率

（4）江苏纺织服装企业出口新增成本

除2010年和2013年，江苏纺织服装企业出口每年新增成本在4亿美元以下波动。2013年新增成本最高17.5亿美元，2010年为7.6亿美元（见图3-107）。

3. 农食产品行业

（1）江苏农产品出口概况

2005～2014年，江苏农产品出口额从10.4亿美元增加到36.2亿美元，年均增长率14.8%。从2005年到2008年一直保持17%以上的高速增长；由于全球金融危机2009年呈负增长；2010年增速有逐渐变缓（见图3-108）。

受全球经济复苏乏力和国内经济下行压力加大的影响，2015年上半年江苏农产品进出口总额70.0亿美元，同比下降1.8%。其中，农产品进口53.3亿美元，同比增长0.5%；出口16.6亿

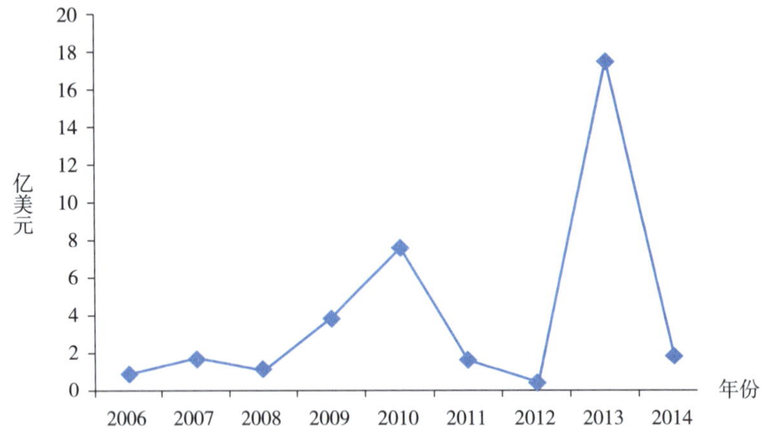

图 3-107　2006～2014 年江苏纺织服装企业出口新增成本

图 3-108　2005～2014 年江苏农产品出口额及同比增速

美元，同比下降 8.4%。

2015 年上半年，江苏全省农产品对东盟、日本、欧盟、美国和韩国五大传统市场的出口额共计 12.55 亿美元，占全省农产品出口总额的 75.4%。除东盟市场同比增长 7.9%外，对其他四大传统市场的出口均呈同比负增长。对巴西、印度等新兴市场出口分别增长 41.6%和 5.4%；对“一带一路”沿线 64 国共出口 5.8 亿美元，比上年同期增加 3%，占全省农产品出口总额的 35.1%。

江苏全省园艺、畜禽、水海产品和特色粮油四大支柱产业出口 13.9 亿美元，同比下降 8.7%，占全省农产品出口额的 83.5%。园艺产品出口 5.2 亿美元，同比增长 1.6%，占全省农产品出口额的 31.5%。畜禽产品出口 3.6 亿美元，同比下降 8.2%，占全省农产品出口额的 21.4%。水海产品出口 1.9 亿美元，同比增长 2.4%，占全省农产品出口额的 11.2%。特色粮油出口 3.2 亿美元，同比下降 25.8%，占全省农产品出口额的 19.5%。

（2）江苏农食产品出口对全省出口及全国农食产品出口贡献率

2005～2014 年，江苏农食产品出口占全省出口的贡献率在 1%左右；而对全国农食产品出口额贡献率由 2005 年的 3.8%增长到 2010 年的 5.2%，之后回落又反弹至 2014 年的 5.1%（见图 3-109）。

（3）江苏农产品出口直接损失率

江苏农产品出口直接损失率在 2008～2011 年位于 2.0%以下；2012～2014 年分别为 16.0%、10.6%、14.9%，与 2005～2011 年相比，水平偏高（见图 3-110）。

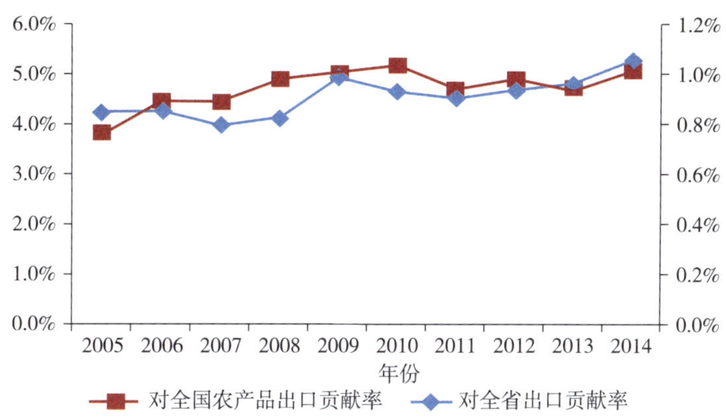

图 3-109　2005～2014 年江苏农产品出口对全省出口及全国农产品出口贡献率

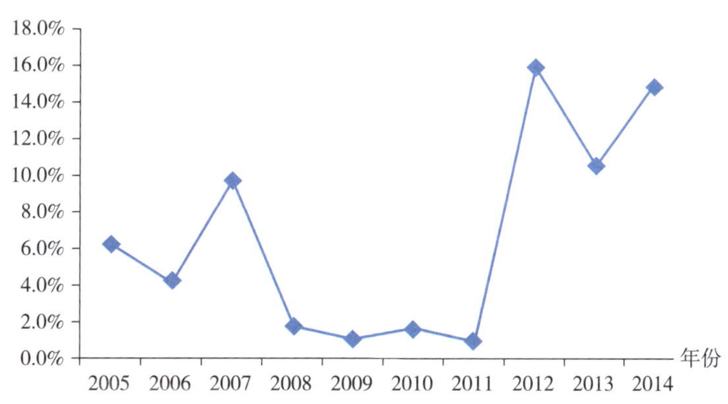

图 3-110　2005～2014 年江苏农产品出口直接损失率

（4）江苏农产品企业出口新增成本

2005～2014 年，江苏农产品出口新增成本呈波动上升的趋势；其中 2009 年最低，为 0.07 亿美元；2012 年和 2014 年都超过 0.5 亿美元，分别为 0.52 亿美元、0.57 亿美元（见图 3-111）。

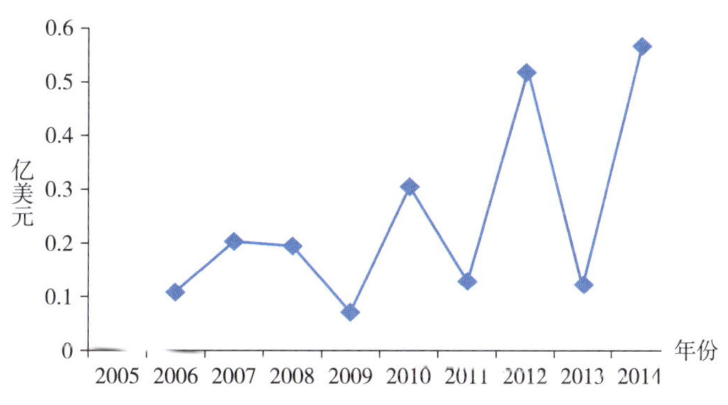

图 3-111　江苏农产品企业出口新增成本

（5）江苏农产品出口遭遇的措施种类

江苏农产品出口遇到的主要技术性贸易措施包括农兽药残留限量要求、重金属限量要求、食品接触材料要求、注册要求等（见图 3-112）。

根据江苏技术性贸易措施信息平台的跟踪研究，2012～2015年上半年，江苏共有973批次的农食产品被美国FDA通报[①]，通报原因包括含有有毒有害物质、标签错误、含有不安全的食用色素等；同期被日本厚生省通报53批次[②]，通报原因包括食品包装材料不符合标准、食品中检出病原微生物、农药残留超标等。

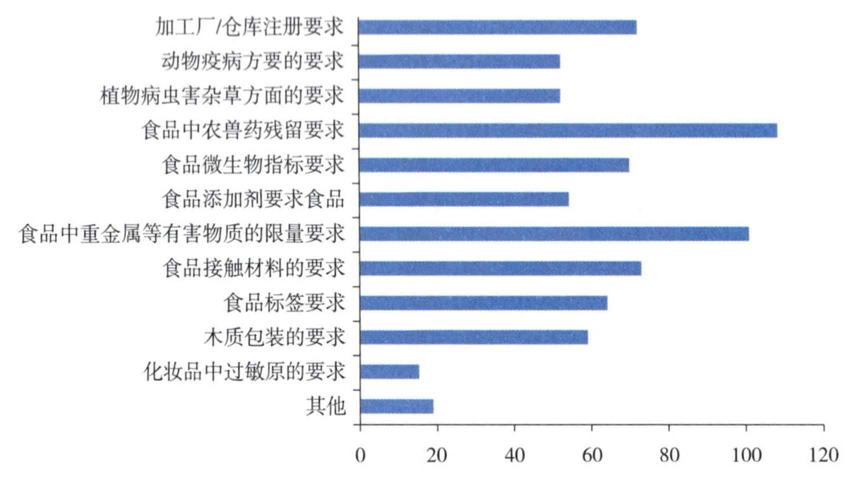

图3－112　江苏农产品出口遭遇的措施种类

（三）关于技术性贸易措施推动江苏经济发展的政策建议

1. 国外技术性贸易措施对江苏主要出口产业的影响

世界贸易实践表明，各国制定和实施的技术性贸易措施已经成为影响世界贸易的最主要障碍。一些发达国家和地区，比如欧盟、美国、日本、加拿大、澳大利亚和新西兰等，已经形成了比较完整的技术性贸易措施体系。这些国家的技术性贸易措施体系数量众多，覆盖面广，形式和层次复杂多样，具有很强的隐蔽性，并且随着经济水平的提高而不断变化。

国外技术性贸易措施对江苏出口产业有着正反两方面的影响。

从积极影响来看，国外技术性贸易措施会越来越影响江苏传统产业出口，但是从长远来看，也将推动企业对国外新技术、新标准进行认真研究，加快技术进步，加大技术改造力度，主动引进新技术、新工艺，改造传统产业。

从消极影响来看，国外严格的技术贸易措施迫使江苏传统出口企业使用进口原料，增加生产成本，增加检验检测、认证费用，从而增加出口成本，降低产品市场竞争力；使出口企业失去贸易机会和市场份额，甚至退出国外市场，调查结果也显示，在遇到国外技术性贸易措施时，部分企业会选择不再出口，极大地打击了企业出口和开拓市场的积极性；此外，传统出口产业经过多年发展，形成了比较完整的产业链，因此，出口受阻之后势必会影响该传统行业上游相关产业。

2. 应对国外技术性贸易措施的建议

面对开放的市场，江苏的对外贸易面临着严峻考验。作为对外贸易大省，江苏应从以下几方面积极应对国外技术性贸易措施。

---

① 数据来源：http：//www.tbtguide.com/bzhyjs/cbwp/tjbg/fdatbtj/index.html。

② 数据来源：http：//www.tbtguide.com：8082/bzhyjs/cbwp/tjbg/rbsptbtj/。

一是促进江苏传统进出口贸易转型升级。在江苏出口的重点行业，如机电、纺织服装及农食行业，积极制定更加严格的产品质量与安全标准、检验检测和认证体系，构建技术性贸易措施预警与快速反应体系。

二是积极运用WTO赋予的权利，引导企业充分运用WTO规则，参与国外TBT－SPS通报评议，参与并影响国外技术法规、标准和合格评定程序的制修订过程。江苏积极引导企业参与国际标准化活动。截止2015年8月，已有江苏阳光集团、江苏法尔胜泓昇集团公司、科沃斯机器人科技（苏州）有限公司、江苏牧羊控股有限公司等9家江苏企业承担ISO技术组织秘书处工作，有力提升企业乃至行业的国际地位；昆山好孩子集团积极地参与全球儿童产业标准研究和制订，先后成为美国、欧洲、日本制定产品标准的协会委员，参与78项美国标准修订、1项欧洲标准修订和1项日本标准的起草和制定。

三是加强对外评议磋商与交涉，提高评议有效性。在研究国外机电、纺织服装、农食产品等行业技术性贸易措施的基础上，前瞻性提出应对国外技术性贸易措施的对策，推进国外技术性贸易措施工作由事后被动应对向事前主动预防转移。2000年至2015年，江苏技术性贸易措施研究所召集企业、检验检测机构和研究院所的专家，组织和参与了机电、轮胎、纺织、农产品、化妆品等领域的几十项TBT通报评议活动，提出我方的合理意见和主张，有效消除国外的技术性贸易壁垒对江苏出口企业的影响，维护出口企业的利益。

四是通过与国家质检总局、各省市质量技术监督部门和进出口检验检疫机构协作，建立技术性贸易措施专家库，为出口企业应对国外技术性贸易措施提供技术支持。

五是集中研究力量，针对江苏重点出口行业，研究主要出口地区的市场准入要求，为江苏出口企业提供技术咨询，为政府及行业决策提供参考。截至2015年8月，江苏技术性贸易措施研究组织农食产品、纺织、机电、化工等行业研究人员，密切跟踪研究江苏主要出口产品相关的国外技术性贸易措施信息，编写技术性贸易措施快讯286期，编撰7本出口指南。

六是加强对江苏专业化技术性贸易措施各层次人才的培养及资金投入力度，构建和完善江苏技术性贸易措施信息平台（http：//www.tbtguide.com/）4个重点出口产业技术性贸易措施信息平台和16个市县级技术性贸易措施信息服务平台，来维护江苏出口产业的长远利益。

二、浙江技术性贸易措施影响综合分析

（一）浙江进出口贸易特点分析

1. 2005～2014年浙江进出口贸易趋势

2005～2014年，浙江进出口总额由2005年的1074亿美元增至2014年的3551亿美元，增长3.3倍，年均增长率为23.1%。其中，出口总额由768亿美元增至2734亿美元，增长了3.6倍，年均增长率为25.6%。作为外向型经济强省及出口贸易大省，2014年浙江外贸出口额占浙江GDP总量的42.2%，在国民经济中占有举足轻重的地位。浙江2005～2014年出口贸易情况（见图3－113）。

2005～2014年十年来，浙江出口额基本保持较为稳定的增长，浙江出口发展趋势大体可分为4个阶段。第一阶段为2005年～2008年，对外贸易快速发展阶段，其年出口量增幅均超过20%；第二阶段为2008～2009年，受国际金融危机影响，出口额首次出现负增长；第三阶段为2009～2011年，随着全球经济的复苏，出口额再次大幅上扬；第四阶段为2012～2014年，受全球经济

下行影响，对外贸易发展增速放缓，出口额逐年小幅上升。

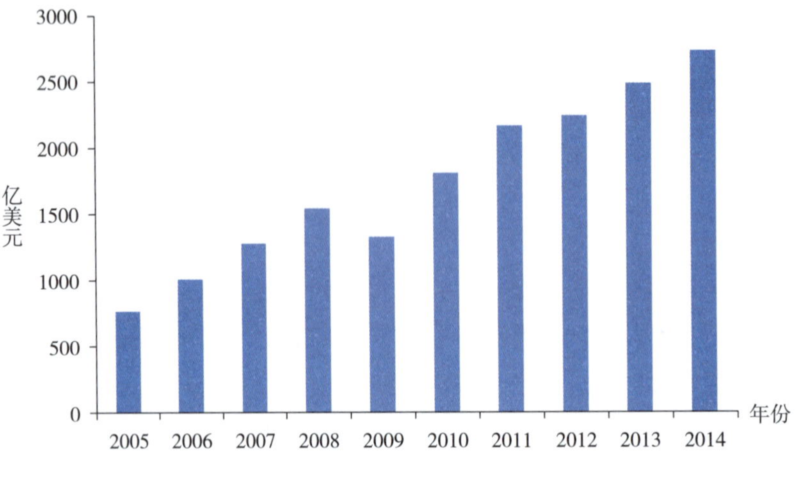

图 3－113　2005～2014 年浙江出口贸易情况

2. 浙江出口目的地分布

2006～2014 年，浙江出口亚洲、欧洲、北美洲、拉丁美洲、非洲和大洋洲分别占 33%、30%、19%、9%、7%和 2%，出口贸易量除 2009 年系统性经济波动之外，其余年份呈现平稳增长之势（见图 3－114 和图 3－115）。

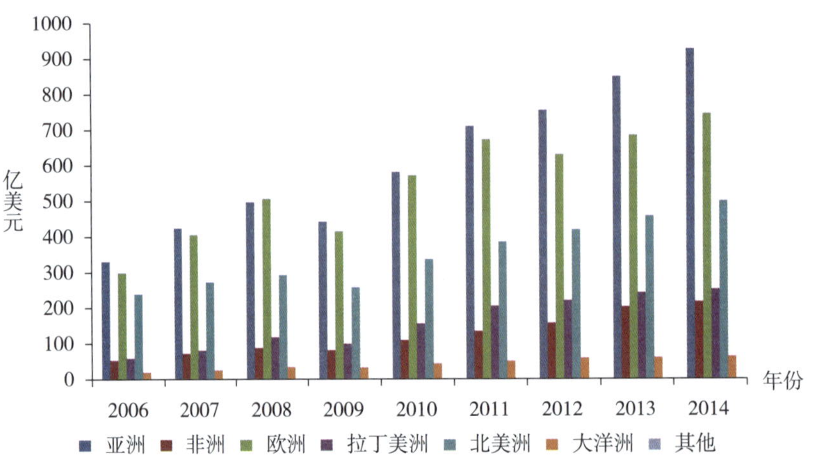

图 3－114　2005～2014 年浙江出口目的地分布情况

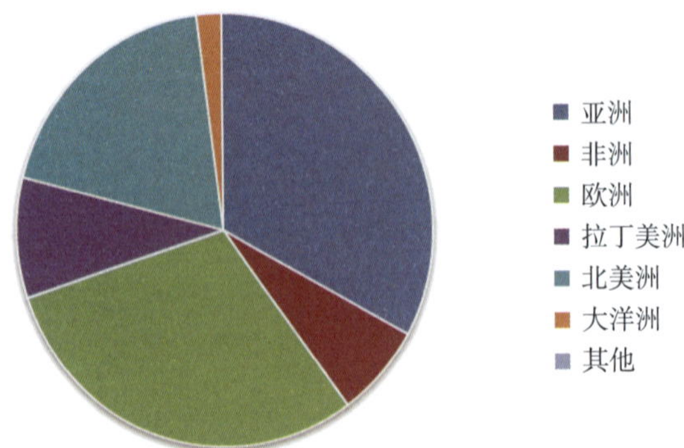

图 3－115　2005～2014 年浙江出口贸易目的地占比

3. 浙江出口产品结构情况

按出口主要商品统计，浙江出口前六大类产品包括机电、服装、纺织、高新技术产品、家具、鞋类和塑料制品等。其中，机电产品和传统劳动密集型产品持续成为出口主流，高新技术产品出口保持良好势头。2014 年，浙江出口的 7 大类传统劳动密集型产品包括纺织品、服装、箱包、鞋类、玩具、家具、塑料制品，共计 1036.8 亿美元，同比增长 7.2%，占浙江全省出口总值的 38.4%，占全国传统劳动密集型产品出口总值的 21.7%，比 2013 年提高 0.7 个百分点（见图 3－116 和图 3－117）。

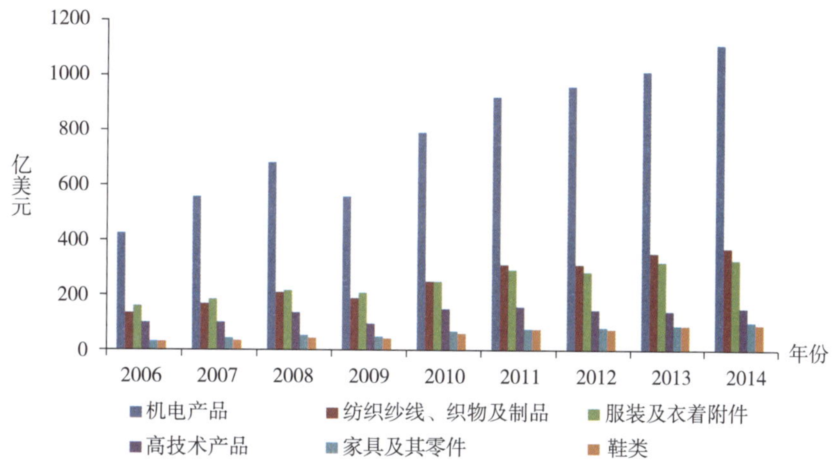

图 3－116 2006～2014 年浙江出口前六大类产品情况

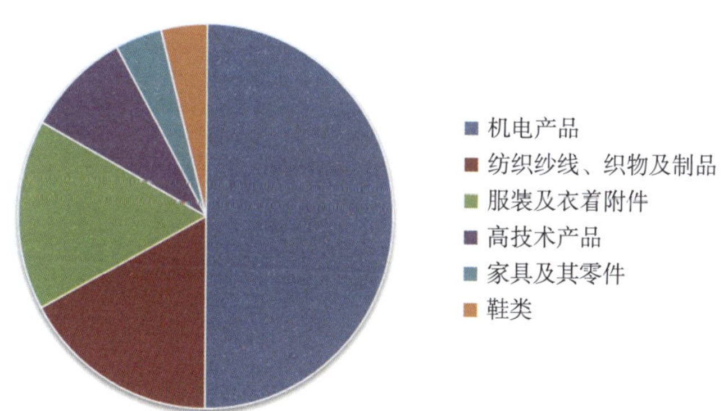

图 3－117 2006～2014 年浙江出口前六大类产品占比

（二）浙江重点行业发展情况分析

1. 浙江重点行业在全国和区域的地位、竞争优势

基于专业化系数区位熵分析，浙江的工业制成品出口在全国来说具有比较优势；相反，浙江初级产品出口在全国来说具有比较劣势①。另据工业普查统计资料计算，将浙江省内具比较优势

① 区位熵在衡量某一区域要素的空间分布情况，反映某一产业部门的专业化程度，以及某一区域在高层次区域的地位和作用等方面，是一个很有意义的指标。在产业结构研究中，运用区位熵指标主要是分析区域主导专业化部门的状况。当区位熵大于 1 时，认为该地区的区域经济在全国来说具有优势；当区位熵小于 1 时，认为该地区的区域经济在全国来说具有劣势。

的地区与全国具比较优势的16个行业结合起来观察可以看出，浙江制造业专业化分工明显，经过多年的发展，已形成鲜明的区域特色，如绍兴的化学纤维制造业和纺织业，温州的皮革、毛皮、羽毛（绒）及其制品业，电气机械及器材制造业，仪器仪表及文化、办公用机械制造业，台州的废弃资源和废旧材料回收加工业、塑料制品业、橡胶制品业、金华的工艺品及其他制造业，丽水的文教体育用品制造业和金属制品业，嘉兴的纺织服装、鞋、帽制造业，杭州的通用设备制造业，衢州的造纸及纸制品业等。

2. 浙江重点行业向主要市场的出口情况

2014年，浙江出口市场按国别（地区）统计金额排序的前15位国家和地区依次为美国、日本、德国、英国、俄罗斯、印度、巴西、阿拉伯联合酋长国、荷兰、韩国、意大利、中国香港、法国、澳大利亚和西班牙（见图3-118）。

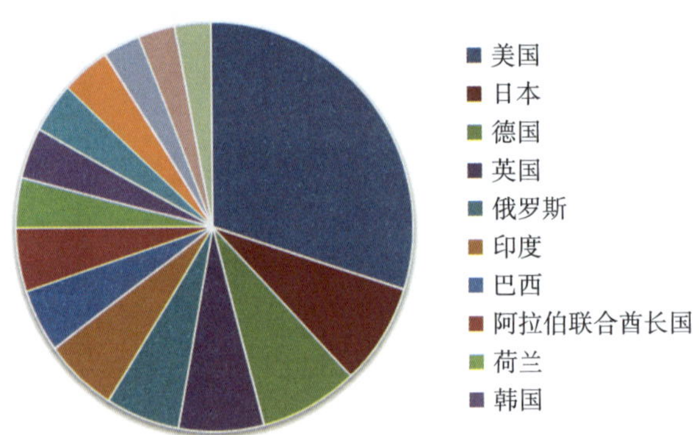

图3-118 2014年浙江出口市场按国别（地区）情况划分

3. 浙江重点行业发展目标

浙江经济的发展主要依赖于第二产业的发展，第三产业的发展在逐步壮大，对经济发展的带动作用也越来越明显，而第一产业对经济的贡献度却不大。

第二产业中，工业贡献度最大。其中纺织业明显领先于全国平均水平，说明纺织业对推动浙江经济发展做出了很大的贡献，应该将纺织业定为浙江的重点产业，并考虑提升纺织业的附加值，比如掌握先进技术、打造产品品牌、提升产业价值链。

第三产业中的批发零售、贸易、餐饮业领先于全国的平均水平，应该重点加以考虑。例如，积极把义乌小商品市场发展为全球小商品贸易中心，这对浙江经济的发展无疑会有很大的促进作用，同时对提升我国产品的国际地位也有重要的作用。

（三）国外技术贸易措施对浙江出口企业影响调查数据分析

1. 不同类别企业分析

2006～2013年，浙江出口企业受国外技术性贸易措施影响比例分别为50.00%、36.33%、30.86%、30.95%、27.89%、31.97%、31.85%、37.42%，平均比例为34.57%。其中，2006年有50%的企业受到了影响，其余年份受到影响的企业为30%左右。

2006～2014年，农食产品、玩具家具和机电仪器类企业受国外技术性贸易措施影响的比例较大。其中，农食产品类企业受影响比例达19%；玩具家具类企业和机电仪器类受影响比例均达16%。橡塑皮革、化矿金属和纺织鞋帽类企业受影响比例分别达14%、13%、12%（见图3-119）。

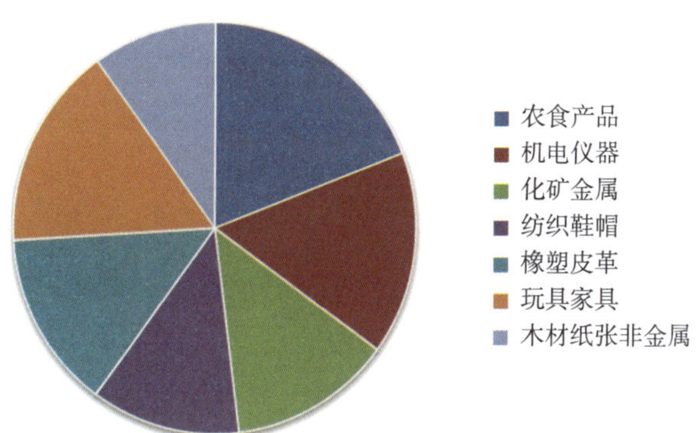

图 3－119　2005～2014 年浙江不同类别企业遭受技术性贸易措施影响比例

2. 国别分析

由于出口国家和地区经济技术、产业结构、政府规制等方面的差异，从而对进口产品所采取的技术性贸易措施也有所侧重，并对浙江不同类别的出口企业产生不同的影响（见图 3－120 和图 3－121）。

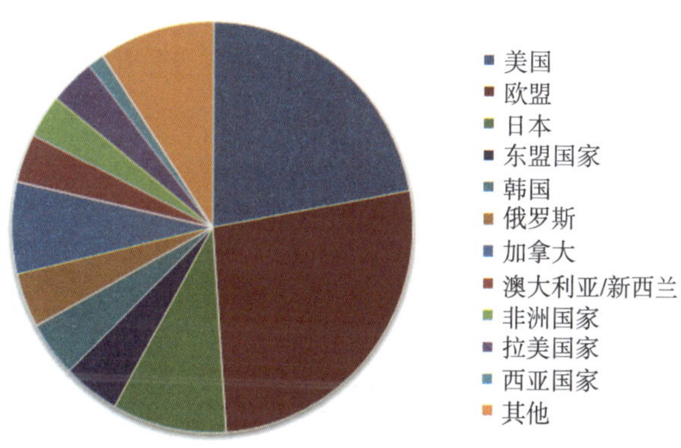

图 3－120　2005～2014 年浙江工业品企业在不同国家或地区遭遇技术性贸易措施分布

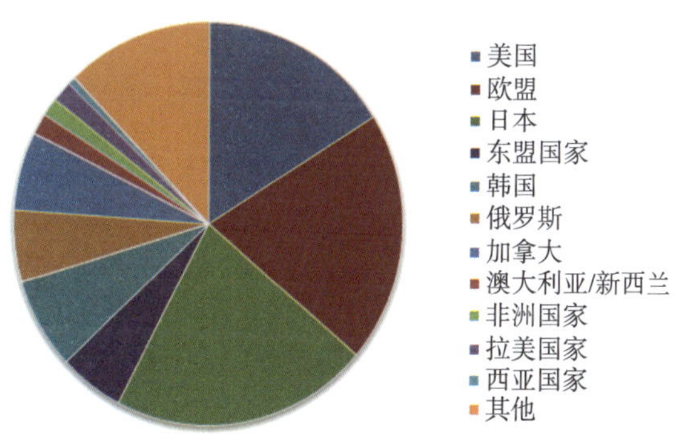

图 3－121　2005～2014 年浙江农产品企业在不同国家或地区遭遇技术性贸易措施分布

调查样本显示，十年来浙江出口产品受美国、欧盟、日本技术性贸易措施影响的企业累计占 55.2%。其中，工业产品类约占 55.3%，农业产品类约占 55.0%。

3. 贸易损失分析

(1) 因国外技术性贸易措施造成损失的形式分析

在因国外技术性贸易措施造成损失的形式方面，丧失订单已经连续十年成为浙江企业遭受损失的最主要表现形式，占比达到36%；其次是退回货物、降级处理；以上三种损失形式占所有损失的比例高达60%（见图3-122）。

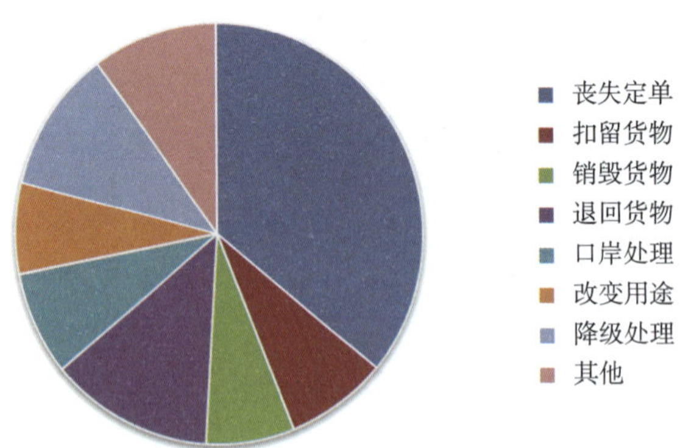

图3-122　2005～2014年浙江出口企业遭受损失主要形式的分布情况

（2）出口企业所遭受的直接损失分析

从浙江不同类别和不同规模出口企业所遭受的直接损失总额来看，2005～2014年大型出口企业因国外技术性贸易措施而遭受的直接损失中，化矿金属损失总额最大，达157亿美元，占51%；其次是纺织鞋帽，损失总额66亿美元，占21%；再次是机电仪器损失总额50亿美元，占16%（见图3-123）。

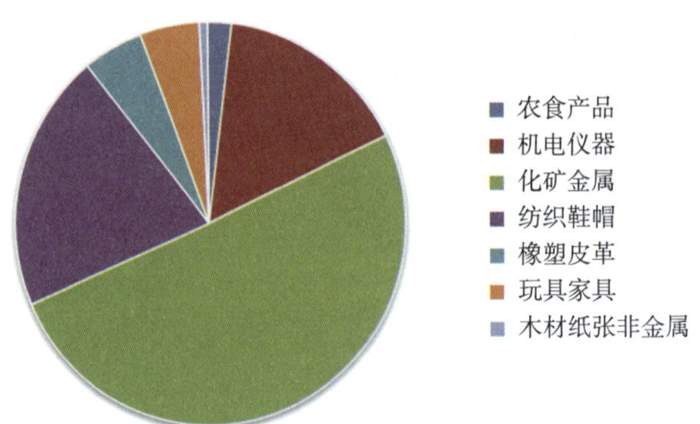

图3-123　2005～2014年浙江大型出口企业遭遇国外技术性贸易措施直接损失产品大类占比

相比于大型企业，2005～2014年浙江小型出口企业因国外技术性贸易措施而遭受的直接损失中，机电仪器损失总额最大，占43%；其次是玩具家具，占21%；再次是化矿金属，占17%（见图3-124）。

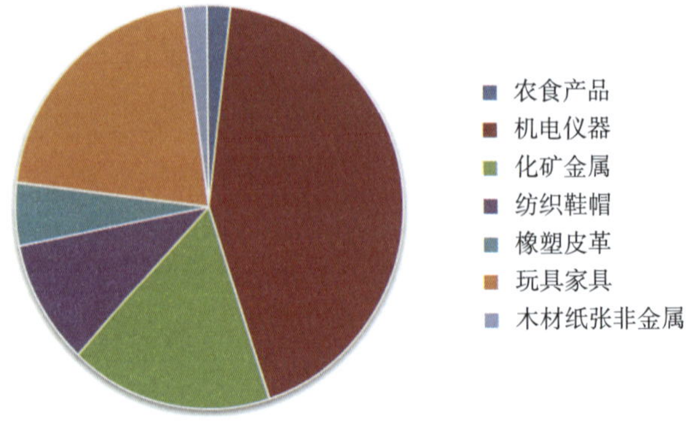

图3-124　2005～2014年浙江小型出口企业遭遇国外技术性贸易措施直接损失产品大类占比

（3）为适应进口国技术要求而发生的新增成本分析

2005～2014 年，为适应进口国技术性贸易措施要求，浙江大型出口企业所发生的新增成本总额为 221 亿美元，七大类别企业按照新增成本由多到少的顺序分别为化矿金属类、纺织鞋帽类、机电仪器类、农食产品类、玩具家具类、橡塑皮革类、木材纸张非金属类（见图 3－125）。

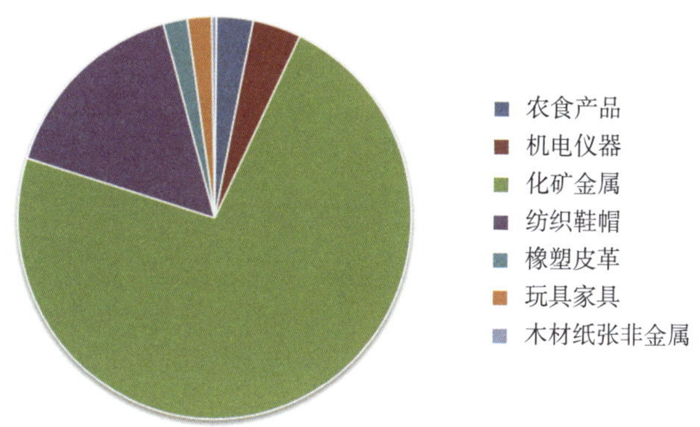

图 3－125　2005～2014 年浙江大型企业不同类别出口企业新增成本占比

相比于大型企业，浙江小型出口企业所发生的新增成本总额为 213.9 亿美元，七大类别企业按照新增成本由多到少的顺序分别为：机电仪器类，占比 45%；玩具家具类，占比 17%；纺织鞋帽类，占比 16%；化矿金属类，占比 15%；橡塑皮革类，占比 5%；农食产品类及木材纸张非金属类各占 1%（见图 3－126）。

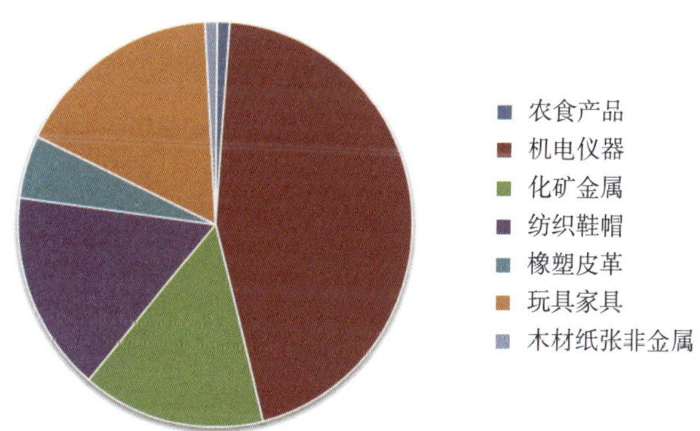

图 3－126　2005～2014 年浙江小型企业不同类别出口企业新增成本占比

对 2006～2014 年浙江不同类别、不同规模出口企业新增成本情况进行对比，可以看出，按企业规模，除化矿金属类大型出口企业的新增成本明显比小型出口企业高，农食产品和纺织鞋帽产品大型出口企业的新增成本略比小型出口企业高一些外，其余四个类别小型出口企业的新增成本均明显高于大型出口企业（见图 3－127）。

（4）不同技术性贸易措施对出口企业影响分析

分析 2006～2014 年浙江工业品出口企业遭遇不同贸易措施影响的企业数可以看出，工业品出口遭遇技术性贸易措施前四位分别为认证要求、技术标准要求、工业品中有毒有害物质限量要求、木质包装材料的要求（见图 3－128）。

分析 2006～2014 年浙江农产品出口企业遭遇不同贸易措施影响的企业数可以看到，出口农产品遭遇前五位的技术性贸易措施依次是食品中农兽药残留要求、重金属等有害物质限量要求、食品微生物指标要求、加工厂/仓库注册要求、食品标签要求（见图 3－129）。

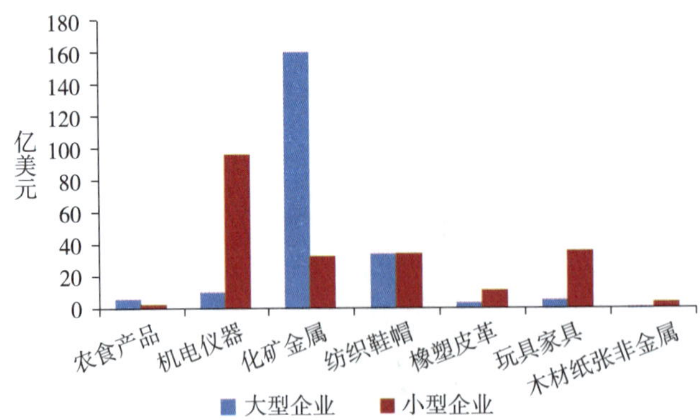

图 3-127 2006～2014 年浙江不同类别、不同规模出口企业新增成本情况

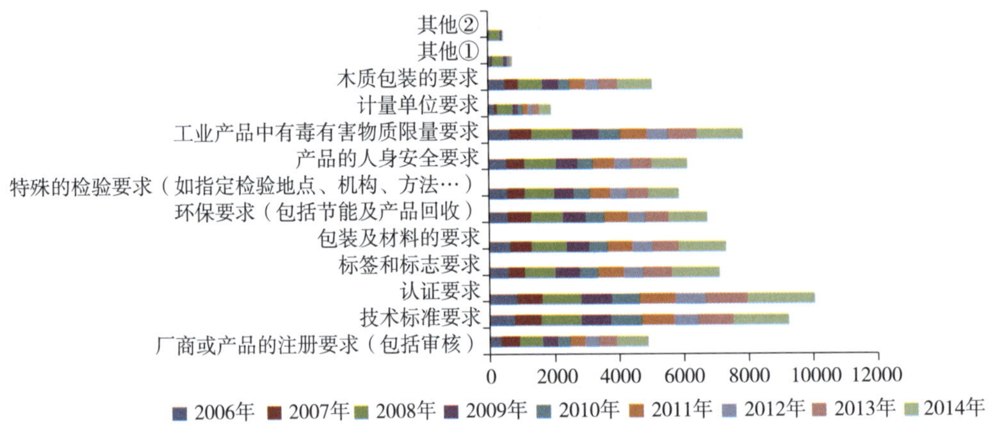

图 3-128 2006～2014 年浙江工业品出口企业遭遇不同贸易措施影响的企业数

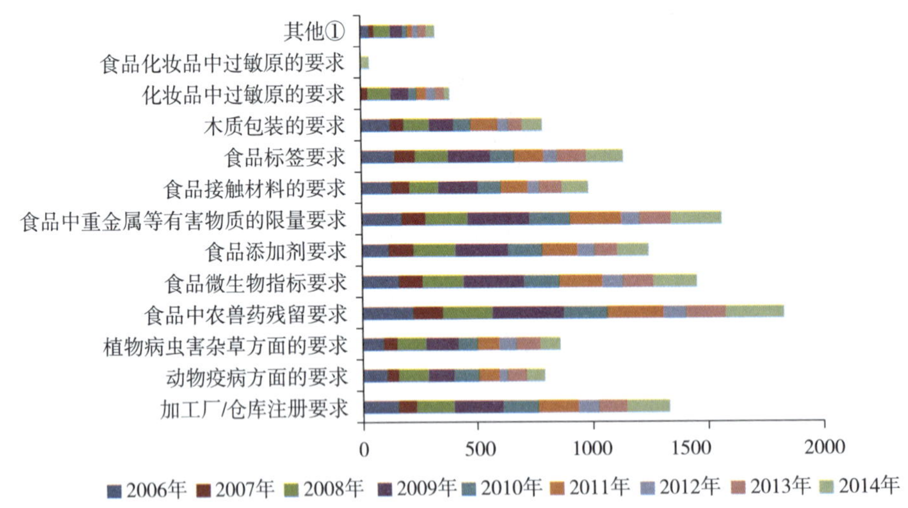

图 3-129 2006～2014 年浙江农产品出口企业遭遇不同贸易措施影响的企业数

（5）与技术性贸易措施有关的其他问题分析

1）主要障碍分析

分析 2005～2014 年浙江出口企业所遭受的主要障碍占比可以看出，汇率连续十年成为出口企业所遭受的主要障碍，其次是技术性贸易措施，再次是关税。这三者已经成为浙江出口企业的三

大贸易障碍（见图 3－130）。

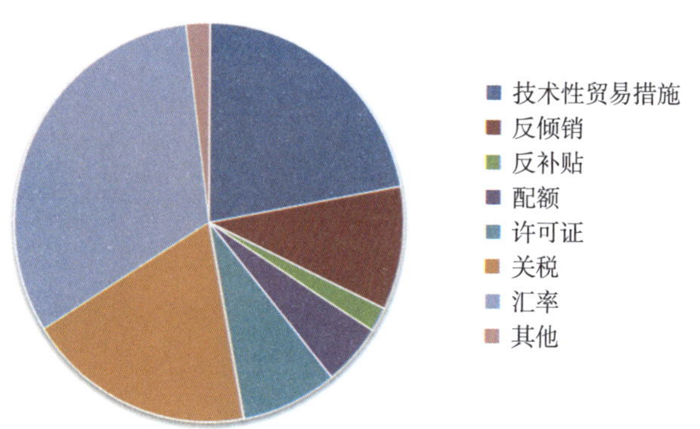

图 3－130　2005～2014 年浙江出口企业所遭受的主要障碍占比

2）企业遭遇技术性贸易措施时采取的做法

分析 2005～2014 年浙江出口企业遭受技术性贸易措施时采取的做法占比可以看出，“不再出口”已经连续十年成为浙江出口企业遭遇国外技术性贸易措施时的首要选择，其次是“与外商交涉”，再次是“向质检部门报告”，然后是“向行业商协会报告”以及“向商务部门报告”和“向其他主管部门报告”等。调查结果分析表明，企业选择“提高竞争力”来破解国外技术性贸易措施需要政府部门积极引导（见图 3－131）。

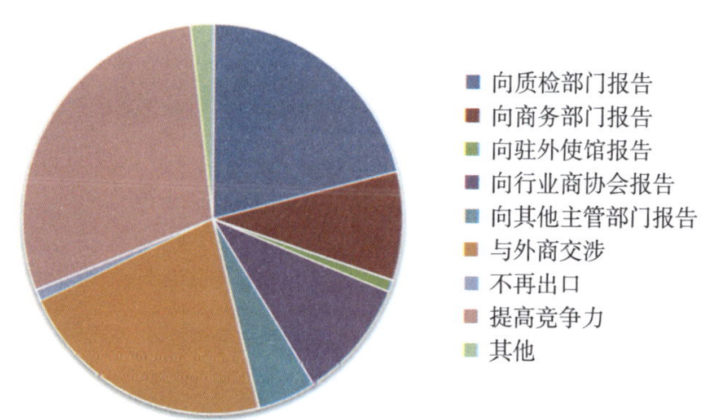

图 3－131　2005～2014 年浙江出口企业遭受技术性贸易措施时采取的做法占比

3）获得信息的途径

分析 2005～2014 年浙江出口企业获取国外技术性贸易措施信息途径占比可以看出，国家质量监督检验检疫机构已连续十年成为出口企业获取信息的最主要来源，比例达到 26%；其次是国外经销商，比例为 21%；再次为行业商协会以及媒体，比例分别为 17%（见图 3－132）。

4）希望得到的帮助

分析 2005～2014 年浙江出口企业在应对国外技术性贸易措施时所希望得到的帮助占比可以看出，十年来“及时提供国外技术型贸易措施的最新信息”“提供针对具体产品的应对国外技术性贸易措施技术指南”及“提供有针对性的技术咨询”已经成为企业面对技术性贸易措施时最希望得到的三项帮助。此外，企业对“及时对外交涉”和“组织培训”的需求也逐年增加，体现出出口企业在应对技术性贸易措施方面主动性和积极性的提高（见图 3－133）。

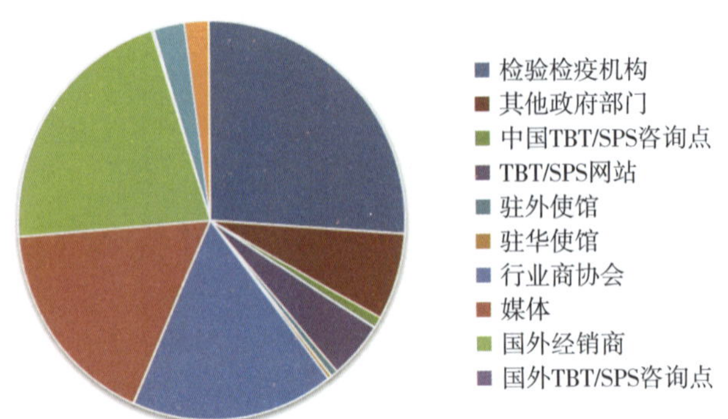

图 3－132　2005～2014 年浙江出口企业获取国外技术性贸易措施信息途径占比

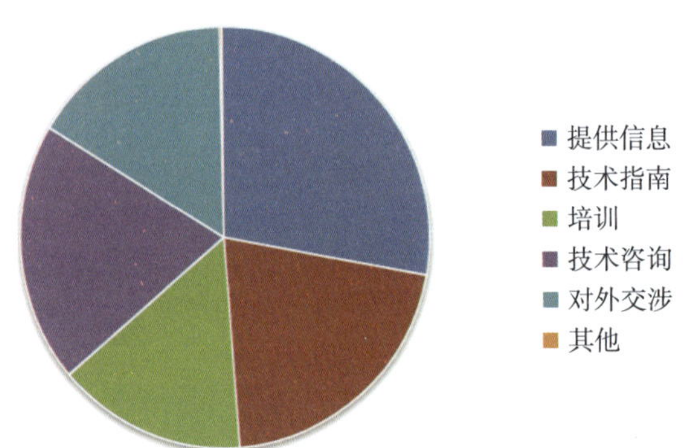

图 3－133　2005～2014 年浙江出口企业在应对国外技术性贸易措施时所期帮助占比

（四）关于技术性贸易措施推动浙江省经济发展的政策建议

随着经济社会的不断发展，对产品质量安全、节能标准和绿色环保等提出更高要求是一种不可逆转的趋势。一方面，应正确认识国外合理的技术性贸易措施，并利用国外先进的技术倒逼我国出口企业乃至整个产业技术改造升级；另一方面，必须清醒地认识到技术性贸易措施对浙江省出口贸易的消极影响，政府部门、出口企业、行业协会、咨询机构等要通力合作，变被动应付为主动应对。

可采取的主要措施包括完善联动工作机制，提高协同应对能力；加快发展战略新兴产业，推动产业结构升级；搭建公共服务平台，加强对企业的技术帮扶；引导企业加大投入，提高产品技术水平；切实发挥行业组织作用，构建抱团应对机制；积极参与国际规则标准制订，加强双边和区域合作与交流；大力实施技术标准化战略，积极完善我国技术性贸易措施体系；努力提升中国应对国外技术性贸易措施的能力；积极引导国际舆论对我国技术性贸易措施相关工作的报道；加强产品质量安全管理，提升产品国际竞争力。

三、上海技术性贸易措施影响综合分析

（一）上海进出口贸易特点分析

作为国际贸易中心的上海，长期与国际市场保持密切联系，外贸依存度很高。在上海生产总

值中，进出口贸易担当着支柱的角色。2013 年，上海口岸进出口货物总值达到 10738.7 亿美元，规模已超过新加坡（7834.9 亿美元）。

2005～2014 年十年间，上海的进出口贸易经历了由探索转轨、高速发展到加快转变外贸增长方式、优化贸易结构和扩大服务贸易出口的转变。十年间，上海外贸进出口商品总额由 2005 年的 1863.6 亿美元增长至 2014 年 4666.2 亿美元；其中出口额 2005 年为 907.4 亿美元，到 2014 年增加至 2102.8 亿美元（见图 3－134）。

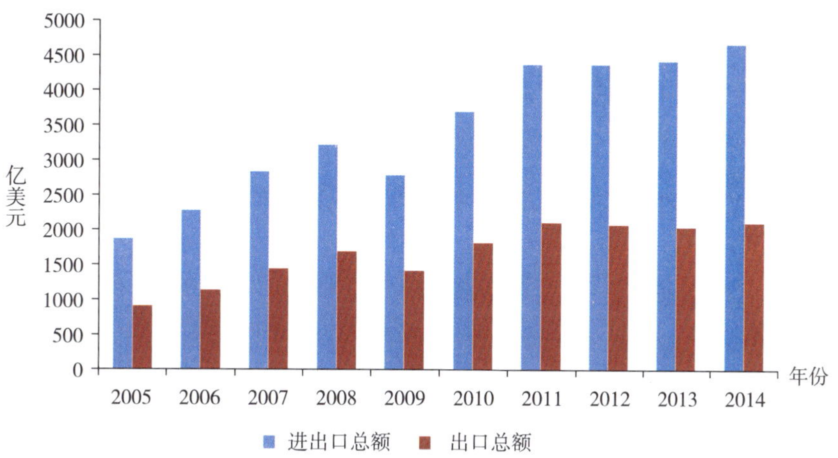

图 3－134　2005～2014 年上海进出口总额及出口总额

在出口方面，2005～2008 年，上海出口稳步增长；2009～2011 年，在受美国 2008 年金融危机影响出口下滑后，呈现反弹式增长；2011～2014 年出口总额变化不大。

在贸易结构方面，一般贸易和加工贸易占比较大。2010 年，上海一般贸易与加工贸易出口额分别为 632.7 亿美元和 1003.7 亿美元，占上海出口总额的 35.0％和 55.5％；2013 年，一般贸易与加工贸易出口额分别为 817.3 亿美元和 943.8 亿美元，占上海出口总额的 40.0％和 46.2％（见图 3－135）。

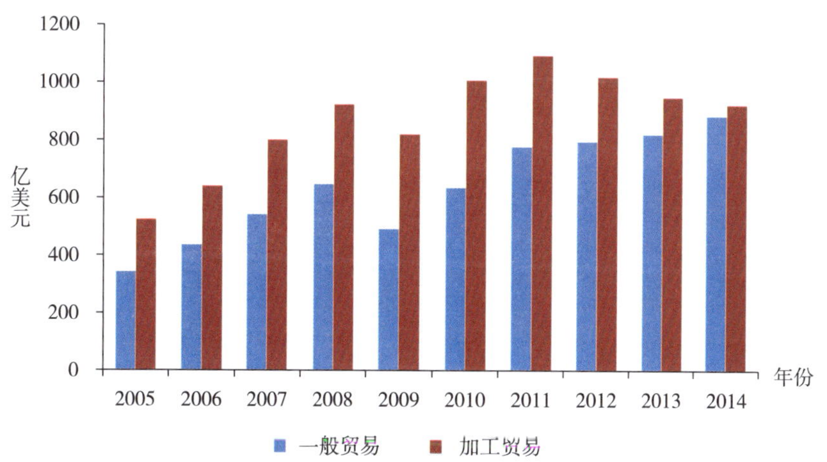

图 3－135　2005～2014 年上海不同贸易方式出口额

随着要素成本持续上升，上海加工贸易面临转移，但也因此积淀了集成电路、船企和汽车及零部件等具有发展新优势的行业和企业。加工贸易也逐渐形成新的发展优势。

在外贸主体方面，外资企业是上海外贸发展（出口）主力，而民营企业出口占比逐年提高。

2005～2014 年十年间，外资企业在上海的外贸出口活动中占比始终在 66%以上，占比最高时是 2010 年的 69.7%。而民营企业进出口活力不断增强，日渐成为支撑上海外贸增长的主体。2012 年，民营企业进出口增长超过 12%，远高于国有和外资企业。民营企业出口在上海出口总额中的占比由 2005 年的不到 10%增至 2014 年的近 19%，贸易主体不断优化。

传统出口市场基本保持稳定，并呈多元发展趋势。上海对欧洲、美国、日本、中国香港和东盟等传统市场出口较为稳定，占全市出口总额 72%以上（见表 3－10 和图 3－136）。2005 年，上海出口至欧盟、美国、日本和中国香港的产品金额（分别为 216.3 亿美元、227.4 亿美元、133.6 亿美元和 85.7 亿美元）占上海出口总额的 62.2%；2014 年，上海出口至欧洲、美国、日本和东盟的产品金额（分别为 388.8 亿美元、498.5 亿美元、233.1 亿美元和 234.2 亿美元）占出口总额的 64.4% 。同时，上海出口市场也不断拓展至印度、拉美和中东等新兴市场。

表 3－10　2005～2014 年上海主要出口市场出口额及其占在总出口额占比

单位：亿美元

项目	年份									
	2005	2006	2007	2008	2009	2010	2011	2012	2013	2014
出口总计	907.4	1135.7	1439.3	1693.5	1419.1	1807.8	2097.9	2068.1	2042.4	2102.8
美国	227.4	282.7	346.1	372.1	320.9	409.9	483.9	501.6	506.5	498.5
欧盟	—	—	352.3	435.8	349.6	417.3	435.8	391.1	361.9	388.4
日本	133.6	151.7	170.5	200.4	160.8	196.5	239.7	249.6	249.1	233.1
中国香港	85.7	102.0	125.1	125.7	109.9	134.1	161.5	159.7	167.7	184.7
东盟	—	—	116.7	142.5	127.9	177.4	203.7	209.2	214.0	234.2
占比	—	—	77.2%	75.3%	75.33%	73.9%	72.7%	73.1%	73.4%	73.0%

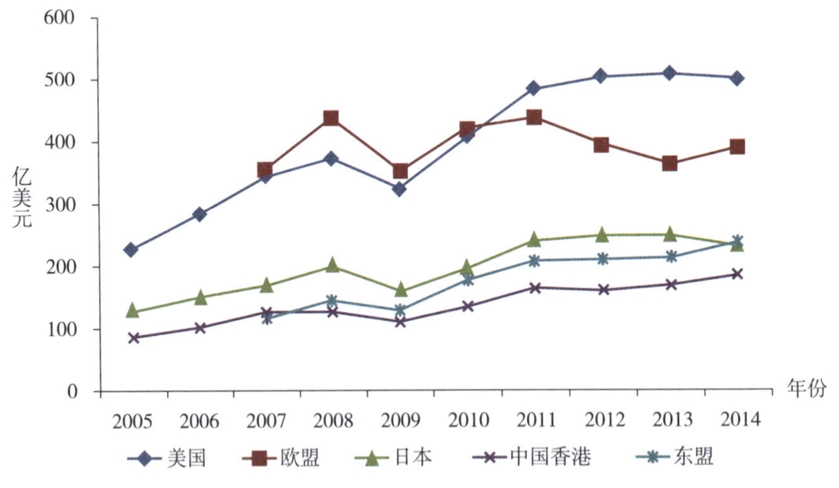

图 3－136　2005～2014 年上海主要出口市场出口额

随着外贸转型升级，服务贸易成为新型贸易方式，其发展快于货物贸易，对上海贸易发展贡献加大。上海服务贸易占贸易总量之比由 2000 年的 12.6%上升到 2013 年的 28.1%。2013 年，在全球经济复苏整体放缓的背景下，上海对外贸易企稳回升，贸易结构更趋优化，服务贸易进出口达 1725.4 亿美元，同比增长 23.5%，在全国服务贸易总额中的比重达到 32.0%，继续位居全国首位，服务贸易规模与新加坡、我国香港地区越来越接近。

（二）上海重点行业发展情况分析

上海一直是我国机电产品出口的重要地区。2008 年，机电产品出口 1185.7 亿美元，占上海出口额 70%，占全国机电产品出口额 14.4%。作为上海外贸进出口的主要产品类型，2005～2014 年十年来，机电产品在上海出口产品中的占比始终在 66%以上。2009～2013 年占比均超 70%，其中 2009 年最高，为 72.3%（见图 3－137）。

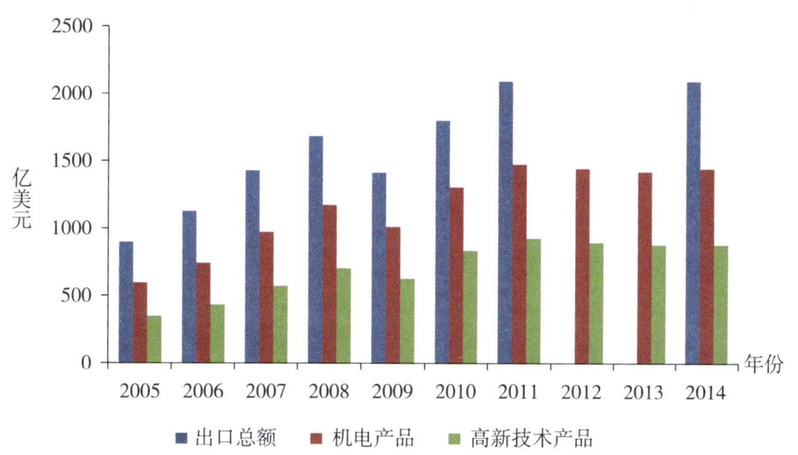

图 3－137　2005～2014 年机电产品、高新技术产品出口额

1. 加工贸易是上海机电产品出口的主要贸易方式

2011 年，上海机电产品加工贸易出口 856.5 亿美元，占整个加工贸易出口金额的 78.5%。车辆、船舶及航空器加工贸易出口 90.8 亿美元，占整个加工贸易出口金额的 8.3%。笔记本电脑代动的电子行业出口增长强劲，在上海加工贸易出口产品中占比最高，超过 45%，拉动了上海加工贸易增长。2012 年，上海机电产品加工贸易出口 909.8 亿美元，占机电产品出口总额的 63.5%，其中出口居前三位的产品分别是自动数据处理设备及部件、集成电路和手机，三类产品占上海机电产品出口比重 45%以上。2013 年，受商品结构优化和上海土地、人力、生活等成本上升的影响，加工贸易企业加速外移，加工贸易明显下降，但机电产品加工贸易出口仍为 848.2 亿美元，占机电产品出口总额的 59.1%。

2. 外商投资企业是主力，民营企业出口占比在增大

2011 年，上海外商投资企业的加工贸易出口 997.85 亿美元，占全市加工贸易出口的 91.5%。2012 年，外资企业机电产品出口 1155.49 亿美元，占全市机电产品出口的 80.6%。全市加工贸易出口排名前 10 的企业中，外资企业有 9 家。2013 年，外资企业机电产品出口为 1145.4 亿美元，占上海市机电出口的 79.9%。与此同时，2011 年，国有企业加工贸易出口 74.1 亿美元，占整个加工贸易出口的 6.8%。2012 年，国有企业机电产品出口 134.1 亿美元，同比下降 10.6%。2013 年，国有企业机电产品出口 127.86 亿美元，同比下降 6.6%。而民营企业，2011 年，加工贸易进出口 24.0 亿美元，同比增长 20.3%，占全市加工贸易进出口金额的 1.6%。其中出口 16.9 亿美元，同比增长 21%。2012 年，民营企业机电产品出口 137.3 亿美元，同比增长 8.5%。2013 年，前述指标分别为 154.3 亿美元和 9.06%。

3. 出口传统市场增势趋缓，新兴市场增势良好

2011 年，上海出口排名前 5 位的目标国家和地区为美国（323.7 亿美元，占整个加工贸易出

口金额的29.7%)、日本(117.0亿美元，占10.7%)、东盟(99.2亿美元，占9.1%)、中国香港(89.0亿美元，占8.2%)和荷兰(63.6亿美元，占5.8%)。

2012年，美国、东盟、日本、中国香港仍然是上海机电产品出口的主要市场，但增速有所放缓。同时，对俄罗斯、越南、沙特阿拉伯的机电产品出口分别为22.0亿美元、14.4亿美元和5.9亿美元，分别同比增长40.7%、27.0%和44.4%。对俄罗斯、越南、沙特阿拉伯等新兴市场出口态势良好。2013年，美国、中国香港、日本和东盟仍以缓慢的增速维持上海机电产品出口主要市场地位，但2013年出口中国香港同比增长7.2%。

(三) 国外技术性贸易措施对上海出口企业影响调查数据分析

1. 总体情况

调查数据显示，2006～2014年，上海地区平均有30.4%的出口企业受国外技术性贸易措施的影响。2005～2009年，上海出口企业受国外技术性贸易措施影响比例呈上升趋势，2009年达最高点37.5%。之后，该比例小幅震荡，但在2011～2013年震荡幅度较大，2013～2014年又恢复到33%附近(见图3-138)。

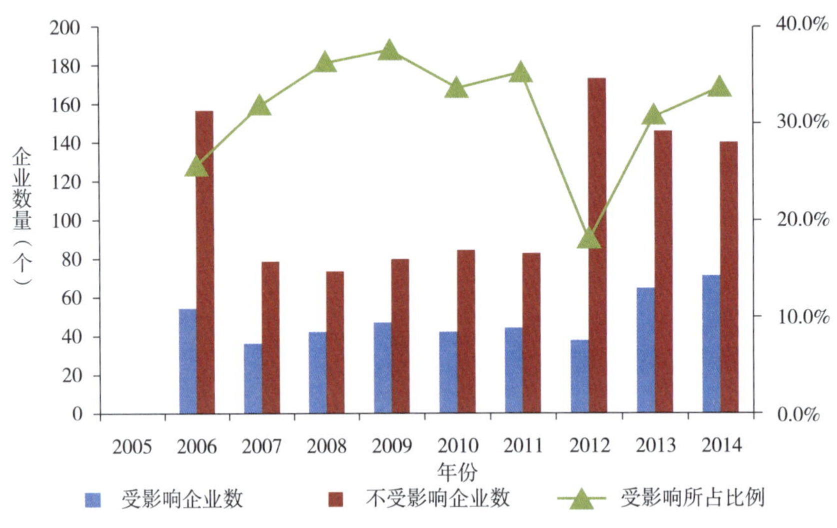

图3-138 2005～2014年上海出口企业受国外技术性贸易措施影响情况

2. 不同类别企业分析

具体到行业，2005～2014年十年受影响最严重的行业是农食产品类，其次是机电仪器类，之后是玩具家具类、木材纸张非金属类。其中，农食产品在2006～2010年受影响比例都在50%以上，2007年、2008年和2009年这三年高达75%。农食产品虽在上海出口产品中所占份额很小，但由于部分企业出口主要方向为日本，受日本肯定列表的影响很大。

机电产品受影响的比例，除2012年外，均在40%以上。机电产品在2005～2010年，主要受技术标准、有毒有害物质限量等技术层面要求的影响。近几年，在该领域上海已形成了包括集成电路和汽车零部件在内的积淀一定优势的行业和企业，一些技术标准和禁用物质要求已无法阻碍这些优质产品走出去的步伐。2010年起，机电产品更多遭遇的是国外在市场准入上所设置的合格评定程序的障碍。

玩具家具类企业在2006年的调查时未反馈受到影响，但2007～2011年反映受影响的比例由

40%稳步上升到60%，这符合美国《消费品安全改进法》（CPSIA）出台前后对我国出口企业产生影响的现实。自2008年美国《消费品安全改进法》生效后，其对儿童玩具类产品的苛刻要求迫使部分玩具出口企业放弃美国市场（见图3－139）。

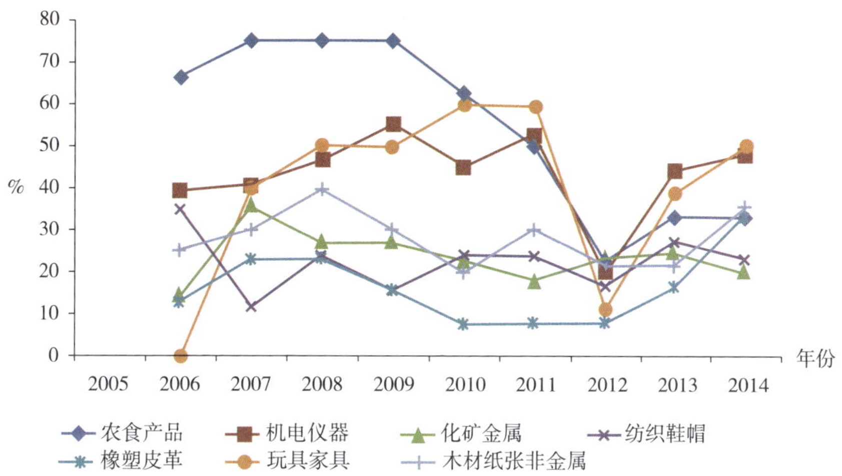

图3－139　2005～2014年上海不同类别企业受国外技术性贸易措施影响趋势

相对于大型企业，农食产品、玩具家居和木材纸张非金属行业的小型企业受影响比例更高。其中，农食产品行业小型企业最为严重，受影响面超过50%（见图3－140）。

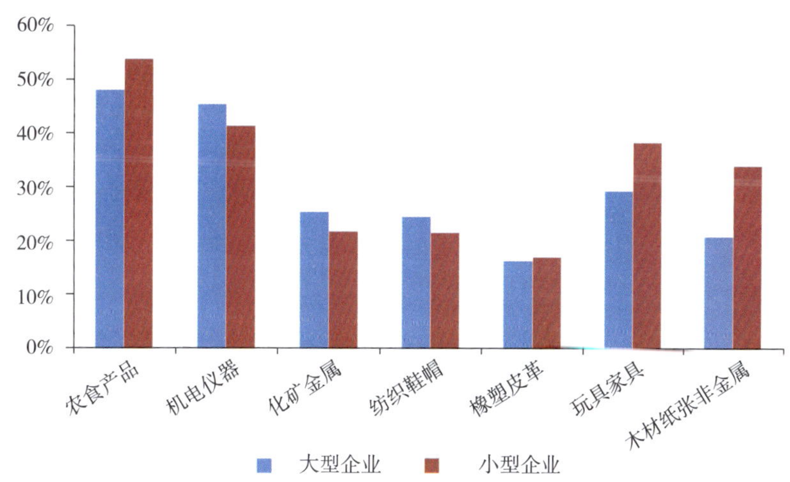

图3－140　2005～2014年上海不同类别企业受国外技术性贸易措施影响情况

3. 贸易损失分析

（1）因国外技术性贸易措施造成损失的形式分析

丧失订单在所有损失形式中占比超过一半，是上海企业遭受损失的主要表现形式（见图3－141）。2014年该损失形式更为突出。其次是降级处理和退回货物，占比分别为13%和10%（见图3－142）。

（2）出口企业所遭受的直接损失分析

七大行业中，机电仪器受技术性贸易壁垒影响产生的直接损失额占比最高，达30%。机电仪器是上海地区的主要出口产品类别，出口额占上海出口产品总额的66%以上，且货值大，所以受影响时损失额较大。其次是化矿金属和纺织鞋帽，分别为18%和17%。农食产品的出口企业虽然受技术性贸易措施的影响比例较高，但因其货值较低，所以直接损失额占比较小（见图3-143）。

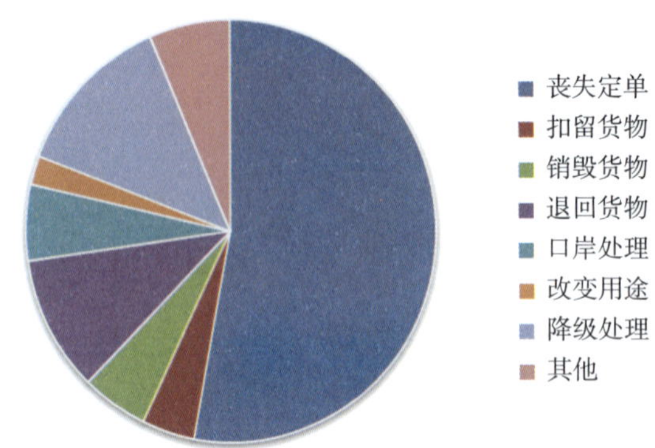

图3-141 上海出口企业遭受各类损失形式的占比分布

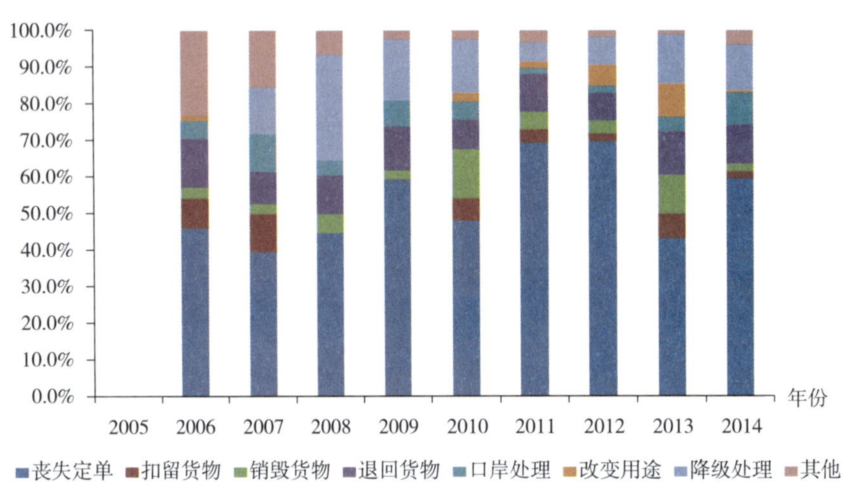

图3-142 2005～2014年上海出口企业遭受损失主要形式

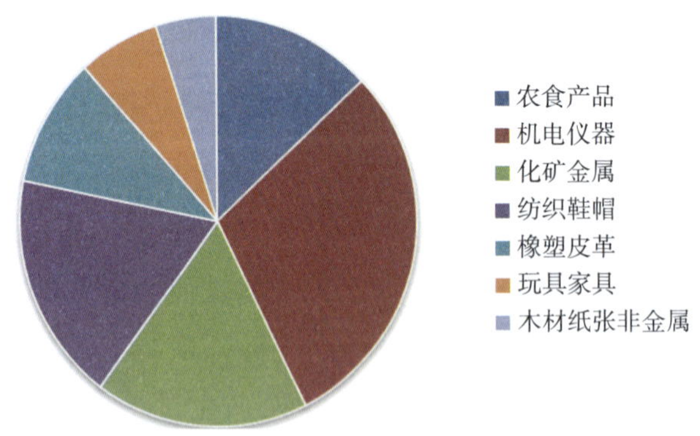

图3-143 2005～2014年上海不同行业类别直接损失额及占比图

从企业规模来看，小型企业受损严重，其所受损失在直接损失总额的占比达74%（见图3-144）。

（3）为适应进口国技术要求而发生的新增成本情况

从企业为适应进口国技术要求而发生的新增成本上看，化矿金属类企业2005～2014年十年的新增成本为74.0亿美元，占新增成本总和的39%；机电仪器类新增成本次之，为67.9亿美元，占总和的36%（见图3-145）。

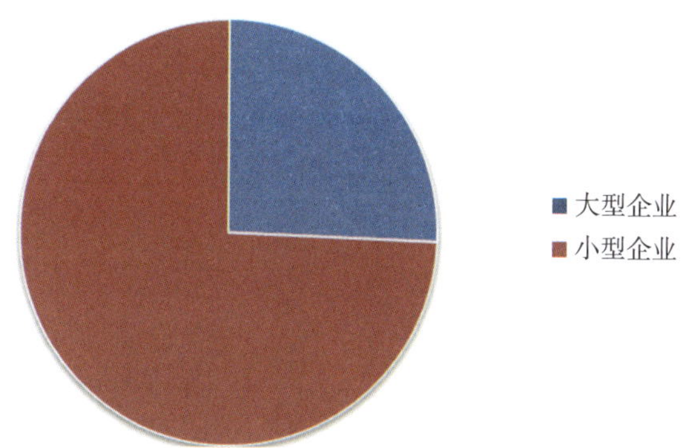

图 3－144　2005～2014 年上海大型和小型企业直接损失额及占比图

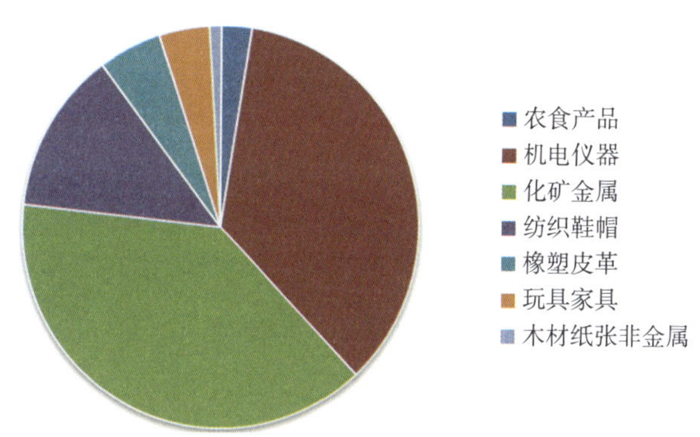

图 3－145　2005～2014 年上海不同行业类别新增成本占比图

从企业规模来看，小型出口企业的新增成本在新增成本总额中占比达 81%，与小型企业直接损失情况相一致（见图 3－146）。随着我国市场在全球市场份额中比例的扩大，越来越多的跨国公司将更多的制造和研发业务放到上海，这使得上海的小型出口企业为谋得出口订单不得不在生产、经营、技术和管理上增加成本，以维持自己的生存空间。

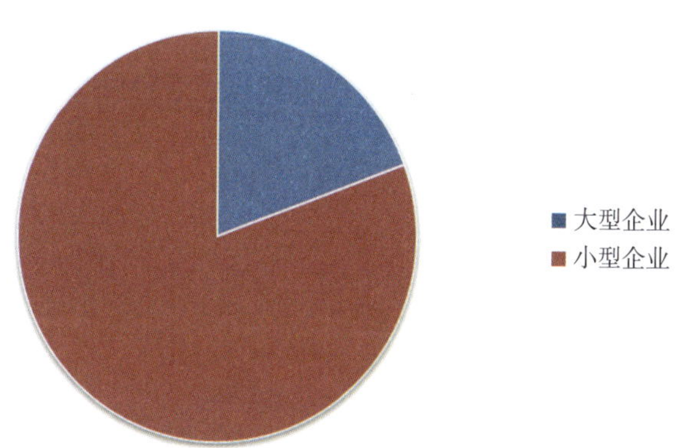

图 3－146　2005～2014 年上海大型和小型企业新增成本占比

（4）与技术性贸易措施有关的其他问题

从上海出口企业面临的主要障碍来看，汇率、关税和技术性贸易措施位列前三，对上海的出口企业影响显著（见图 3－147）。

在应对国外技术性贸易措施方面，上海出口企业获取相关信息的主要途径是检验检疫部门、国外经销商、行业商协会和媒体；另外，出口企业希望政府主管部门提供信息服务、技术指南和技术咨询（见图 3－148 和图 3－149）。

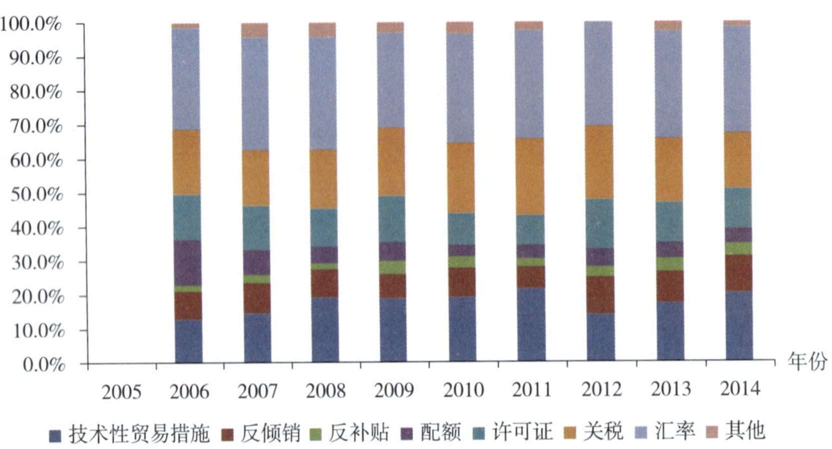

图 3－147　2005～2014 年上海出口企业所遭受的主要障碍情况

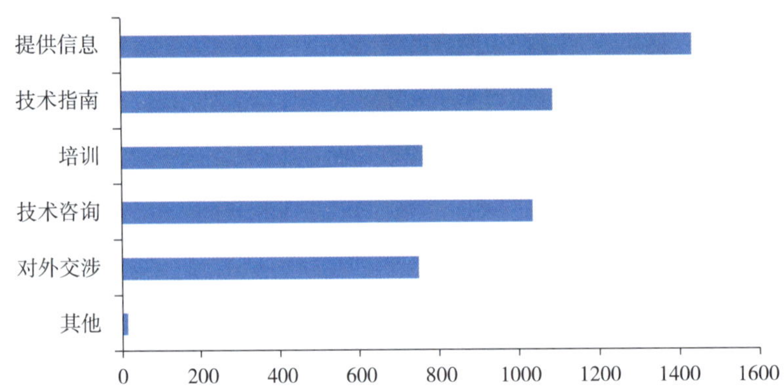

图 3－148　2005～2014 年上海出口企业应对技术性贸易措施时需要的帮助

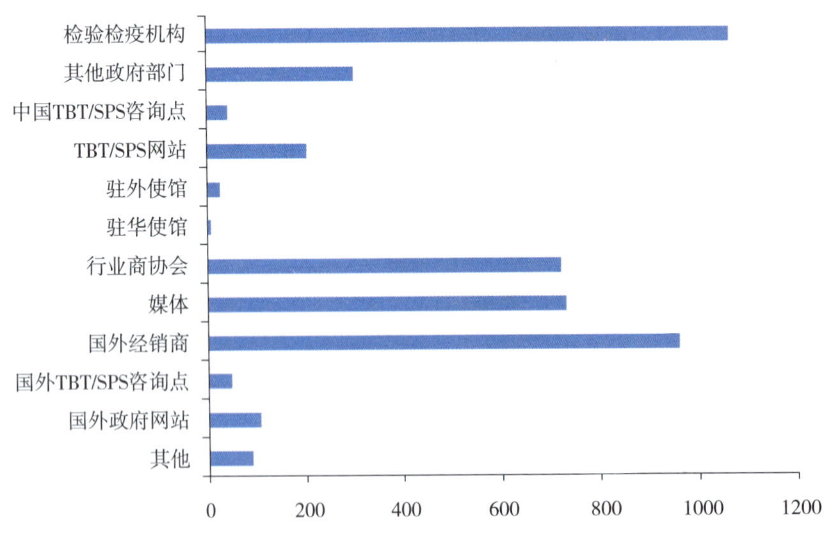

图 3－149　2005～2014 年上海企业获得技术性贸易措施的途径

（四）关于以技术性贸易措施推动上海经济发展的政策建议

在外部环境仍然严峻复杂、不稳定不确定因素增多的当下，上海的对外贸易面临增长乏力、外贸结构需进一步调整的挑战。结合上海外贸格局的特点，技术性贸易措施工作可从两个层面开展。

一是针对经过近几年的发展已积淀一定优势的行业和企业，即机电类行业和企业，如集成电路企业、大型船企和汽车零部件生产企业等。这些企业在技术、资源和管理方面具有竞争力，在国际市场上凭借产品优势拥有一定份额。但在进入对方市场时，经常会遭遇对方不透明或不合理的市场准入程序要求，而企业因需要对方市场，只能承受。WTO/TBT－SPS 委员会例会为解决此类的技术性贸易壁垒提供了一个平台，可以通过检验检疫的工作机制，为企业畅通反映问题的渠道，在 WTO/TBT－SPS 委员会例会上寻求双边或多边磋商和讨论，寻求问题的解决。

二是针对中小规模的出口企业。2005～2014 年的十年企业调查显示，上海地区出口企业遭遇技术性贸易措施而遭受的损失，小企业占 74%；为适应进口国的技术要求而新增成本中，小企业占 81%。技术性贸易措施对小型企业的影响程度远远高于大型企业。对国外最新的技术标准和合格评定程序方面的要求的信息不了解，出口产品未达到对方国家的要求而被拒，这种案例较多发生在小型出口企业。所以，信息对于小企业仍很必要。建议借助多种媒介手段，为小型出口企业提供国外最新技术性贸易措施信息，或政府购买服务为出口企业搭建覆盖面广并辅以权威解读的技术性贸易措施公益平台。

四、湖北技术性贸易措施影响综合分析

（一）湖北进出口贸易特点分析

1. 总体情况

总体来说，湖北外贸发展取得了显著成绩，从 2005 年进出口总值 90.5 亿美元增加到 2014 年的 430.6 亿美元（见表 3－11）。但湖北作为内陆省份，其外贸出口总额较少，体现在其外贸依存度比较低（见图 3－150），明显落后于全国平均水平。进出口贸易总量比较少，在全国所占份额低。但湖北一些优势产业出口在全国处于领先地位，蜂蜜连续 10 年出口位居全国第一，小龙虾连续 9 年出口位居全国第一，供港澳蛋品连续 4 年出口位居全国第一，食用菌连续 3 年出口位居全国第一。

表 3－11 2005～2014 年湖北进出口贸易情况

单位：亿美元

年份	总值	出口额	进口额
2005	90.5	44.3	46.3
2006	117.6	62.6	55.0
2007	149.0	82.0	67.0
2008	207.1	117.1	90.0
2009	172.5	99.8	72.7
2010	259.3	144.4	114.9

续表

年份	总值	出口额	进口额
2011	335.9	195.3	140.5
2012	319.6	194.0	125.7
2013	363.9	228.4	135.5
2014	430.6	266.5	164.2

数据来源：武汉海关《湖北进出口月报》。

从图 3－151 可以看出，2005～2014 年，除 2009 年外，湖北外贸出口总体来说保持稳定增长趋势，2009 年外贸出口下滑，主要原因是 2008 年年底发生金融危机后，2009 年在世界各地蔓延，导致各地经济发展受影响，外部需求低迷。

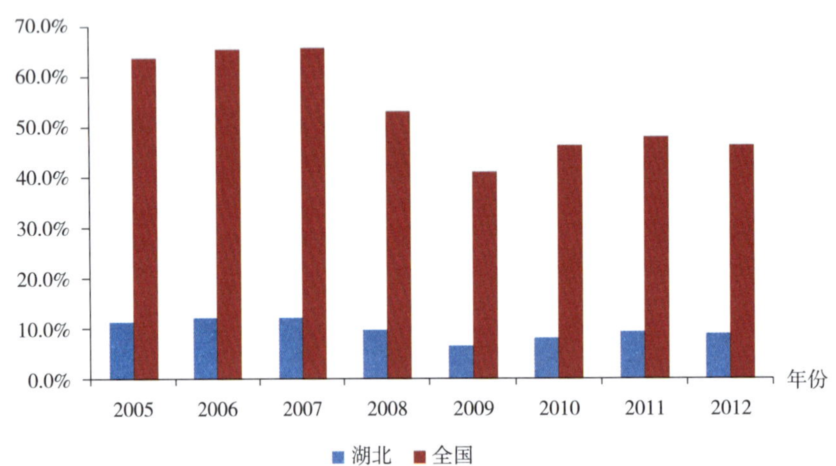

图 3－150　2005～2012 年湖北外贸依存度指数与全国比较

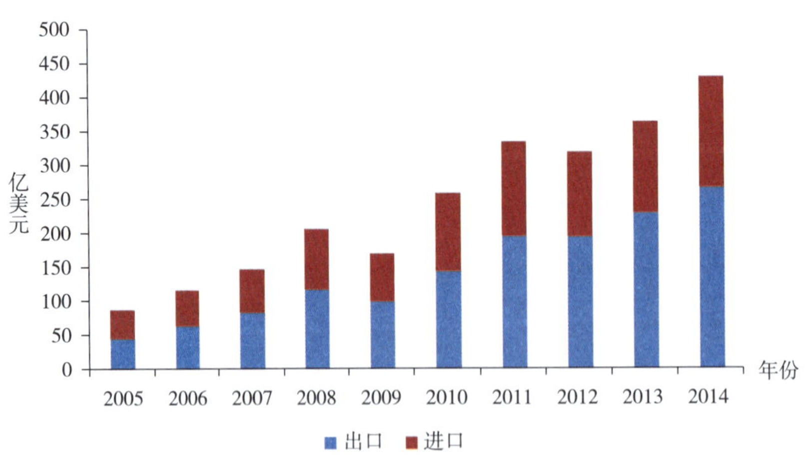

图 3－151　2005～2014 年湖北进出口贸易情况

2. 出口目的地分布

湖北传统外贸出口市场以美国、日本、中国香港、中国台湾为主。以 2014 年为例，出口贸易额按从大到小排序前 15 位（见图 3－152），依次为中国香港 33.8 亿美元、美国 31.7 亿美元、印度 11.5 亿美元、日本 10.4 亿美元、墨西哥 9.4 亿美元、俄罗斯 8.9 亿美元、韩国 8.7 亿美元、

越南 8.4 亿美元、马来西亚 8.3 亿美元、新加坡 7.9 亿美元、印度尼西亚 7.0 亿美元、德国 6.5 亿美元、泰国 5.4 亿美元、中国台湾 5.0 亿美元、澳大利亚 4.3 亿美元。除大洋洲外，湖北省对各大洲出口均呈增长态势（见图 3－153）。对非洲市场同比增长 22.8%；对亚洲市场同比增长 22.6%；对欧洲市场同比增长 15.2%；对北美洲出口同比增长 10.3%；对拉丁美洲市场同比增长 3.1%。受益于国家自贸区战略和“一带一路”战略的实施，湖北省对自贸区市场和“一带一路”国家出口均稳定增长，比重均超过全省出口规模的 1/3。2014 年，湖北向已与我国签订自贸协定的国家和地区出口 94.7 亿美元，同比增长 13.5%，占全省出口总额的比重达到 35.8%。湖北省向“一带一路”国家出口 97.9 亿美元，同比增长 9.6%，占全省出口总额的比重达到 38.3%。另外，对 APEC 成员出口增长 20.4%，对东盟增长 2.8%，对欧盟增长 9.7%。

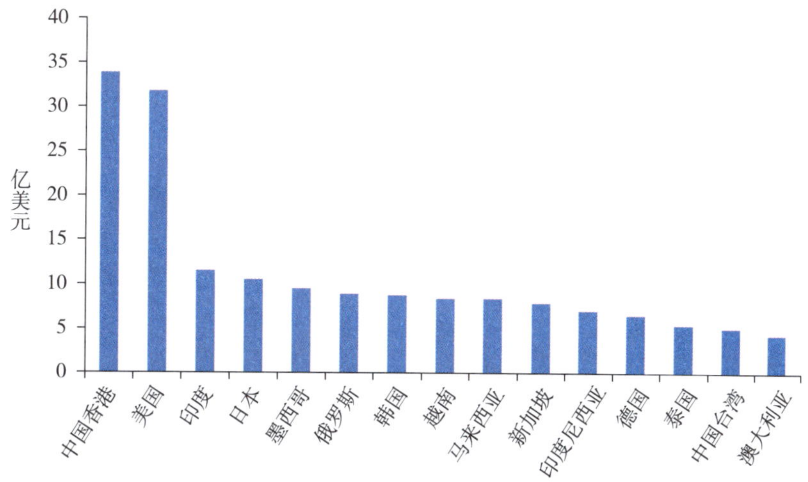

图 3－152　2014 年湖北主要出口国家和地区贸易额

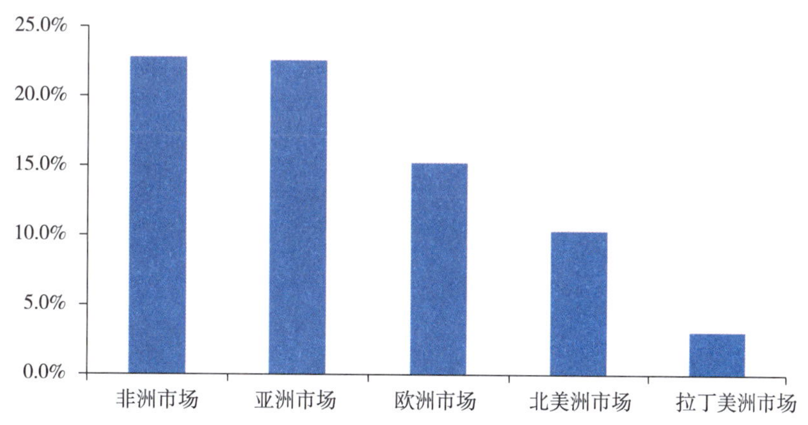

图 3－153　2014 年湖北对各大洲出口增长率

2014 年，在出口贸易方式中，以一般贸易、加工贸易和对外承包工程为主，贸易额分别为 184.6 亿美元、75.9 亿美元和 3.4 亿美元。

3. 出口产品结构情况

湖北出口产品丰富，汽车、机电、轻工、纺织服装、农产品是湖北传统出口产品。

以 2014 年为例，湖北出口 20 种主要和重要商品依次为：机械设备 47.4 亿美元、电子及电器产品 31.3 亿美元、服装及其衣着附件 25.2 亿美元、自动数据处理设备零件 23.2 亿美元、农产品

19.9 亿美元、食品 18.3 亿美元、钢材 12.8 亿美元、化肥 8.7 亿美元、船舶 7.7 亿美元、纺织纱线及其制品 7.6 亿美元、汽车零配件 6.6 亿美元、手持或车载无线电话机 5.0 亿美元、鞋类 4.8 亿美元、医药品 4.8 亿美元、便携式电脑 4.6 亿美元、汽车 4.2 亿美元、水产品 3.6 亿美元、家具及其零件 3.5 亿美元、集成电路 3.3 亿美元、塑料制品 3.2 亿美元（见图 3－154）。

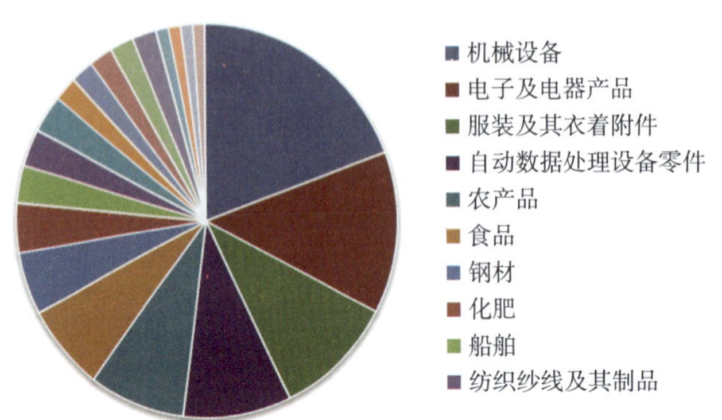

图 3－154　2014 年湖北出口产品贸易额

（二）湖北重点行业外贸发展情况分析

1. 农食产品

（1）基本情况

2014 年，湖北出口农食产品贸易额达 38.2 亿美元，占到全年出口额的 14.3%。

出口额位列前 5 位的产品依次为食用菌、水产品、果蔬罐头、添加剂、茶叶。位列贸易额前 5 位的国家和地区依次为中国香港、越南、美国、泰国、马来西亚。

（2）贸易特点

湖北农食产品出口贸易多年来保持平稳发展，贸易总量持续增加，贸易格局保持稳定，产业基础日趋坚实。

已形成食用菌、水产品、果蔬罐头、添加剂、茶叶、蔬菜、蛋品、蜂产品等 8 类具有产业优势或地方特色的主要产品，其结构比重以出口贸易额计，一直在 90%以上。尤其是食用菌产品出口一品独大，结构比重一直在 50%左右，已形成全国采购、全球销售的局面。

已形成中国香港、越南、欧盟、美国、泰国、马来西亚、韩国、新加坡、日本等主流市场，其结构比重一直在 80%以上。

已形成的出口农食产品主要产区板块和骨干企业群体，有利于夯实湖北省农食产品出口贸易发展的产业基础。

（3）主要技术性贸易措施

主要集中在农药残留、兽药残留、重金属、微生物及辐照残留要求等方面。

（4）部分产品主要特点

食用菌。产品主要包括干香菇、干木耳、干银耳和蘑菇罐头等，2014 年出口额达 10.0 亿美元，主要出口亚洲国家和地区市场。主要技术性贸易措施风险是农药残留、重金属、二氧化硫残留等。

水产品。产品主要包括淡水小龙虾及虾仁、冻鱼及冻鱼片、冻蟹，2014 年出口额达 3.2 亿美元，主要出口美国、欧盟、中国香港等国家和地区。主要技术性贸易措施风险是微生物、重金属、农药残留和辐照要求等。

果蔬罐头。产品主要包括蚕豆罐头和柑橘罐头，2014 年出口额达 0.4 亿美元，主要出口亚洲、美洲、欧洲市场。主要技术性贸易措施风险是农药残留、微生物、添加剂、生物毒素等。

茶叶。2014 年出口额达 0.7 亿美元，主要出口欧盟、亚洲、非洲市场。主要技术性贸易措施风险是农药残留。

蜂蜜。产品主要是天然蜂蜜，2014 年出口额达 0.5 亿美元，主要出口欧盟、日本市场。主要技术性贸易措施风险是农药残留、微生物、添加剂、生物毒素等。

2. 儿童用品

（1）基本情况

2014 年，湖北地区出口儿童用品贸易额达 7261 万美元，主要为童车，另有少量儿童玩具。湖北童车产品远销世界 60 多个国家和地区，但以不发达国家和地区为主，产品档次不高。且多为加工贸易、贴牌产品，利润较低。近年来企业品牌意识有所加强，开始申请注册自己的品牌，17 家童车企业的 50 多个产品通过了 3C 强制产品认证，少数企业还通过了欧盟 CE 产品认证。另外，已经有企业开发了适应欧美的产品，并由铁管车开始向铝管车过渡。但湖北省童车企业研发能力较弱，仿制照抄现象普遍，缺乏专利和自主知识产权，同质化竞争严重。

（2）主要技术性贸易措施

以童车为主的儿童用品是湖北主要的轻纺类出口产品，其质量安全事关儿童的身体健康和生命安全，属于出口重点敏感商品，多数国家都有严格的安全规定和技术要求。近年来，欧美发达国家不断通过立法、制定苛刻的技术标准和环境标准，不断提高儿童用品产品标准。2012 年，俄罗斯《少年儿童用产品安全技术规程》正式生效。该规程对少年儿童用产品制定了详细的安全技术要求。同时，输俄儿童产品还要通过俄罗斯强制性认证并贴上上市流通标志。开拓发达地区的高端市场必须承受较高的检测认证成本。

3. 汽车及其零配件

（1）基本情况

湖北是我国主要汽车生产基地，汽车生产企业以东风集团为龙头，旗下存在着众多合资品牌和自主品牌，车型涵盖乘用车、商用车以及特种车辆。其中东风品牌轻中重型商用车，是湖北汽车出口的主力军。2014 年，湖北汽车及其零配件出口 10.8 亿美元，主要出口国家（地区）有非洲（阿尔及利亚、乌干达、安哥拉、加纳等）、南美（智利、秘鲁、阿根廷、厄瓜多尔、哥伦比亚、委内瑞拉等），亚洲主要是东盟（缅甸、老挝、菲律宾、越南等）。

（2）主要技术性贸易措施

影响汽车安全质量的因素主要有车辆装置工艺水平、车辆制动性能、转向轮横向侧滑量、车速表、不适应出口国特殊环境使用条件（高温、高寒、高湿、高尘等）、零配件可靠性、振动噪声等。近年来，进口国对汽车设置的技术性贸易措施越来越多，以欧盟、美国为代表的发达国家或地区为保护人员安全、环境，不断提高针对车辆的技术要求，非洲、南美、中东等地区也不断跟进，设立的准入门槛逐年提高，使汽车出口面临很大挑战。许多国家为了保护自身汽车产业发展的需要，纷纷出台了一些汽车产品的技术贸易壁垒，尤其是美国和欧洲等发达地区，使汽车难以进入该市场，发展中国家出于保护本国产业和安全、卫生、环保的需要，也制定实施了多种认证等准入制度，门槛在不断提高。如俄罗斯 GOST 认证、海湾国家 GCC 认证、尼日利亚 PCY 认证和南非 SABS 认证，的确在一定程度上限制了出口规模不大、产品质量不够高的部分企业出口。

此外，海湾国家大幅提高安全、排放、环保等方面的要求，阿曼作为海合会标准化组织（GSO）成员国，向各国通报了其起草的卡车及挂车前、后、侧下部防护装置国家标准，其中后下部防护受力测试的要求高于我国标准和欧盟 ECE R58 法规，而前下部防护装置我国还没有相应的国家标准。如果此标准生效，我国出口货车很可能会被排除在海湾地区国家之外。

（三）国外技术贸易措施对湖北出口企业影响调查数据分析

1. 整体情况

从总体情况来看，湖北作为内地省份，外向型经济依存度相对较低，多数年份受影响企业比例低于全国平均比例（见表 3－12 和图 3－155），全国平均每年有 1/3 以上的出口企业受到技术性贸易措施壁垒作用损害的影响。

表 3－12　湖北省与全国受技术壁垒影响企业比例比较

项目	年份									
	2005	2006	2007	2008	2009	2010	2011	2012	2013	2014
全国受影响企业比例	25.1%	31.4%	34.6%	36.1%	34.3%	31.7%	35.2%	23.9%	38.0%	36.1%
湖北受影响企业比例	12.5%	19.5%	25.7%	25.7%	31.0%	29.3%	39.0%	19.1%	23.9%	34.0%

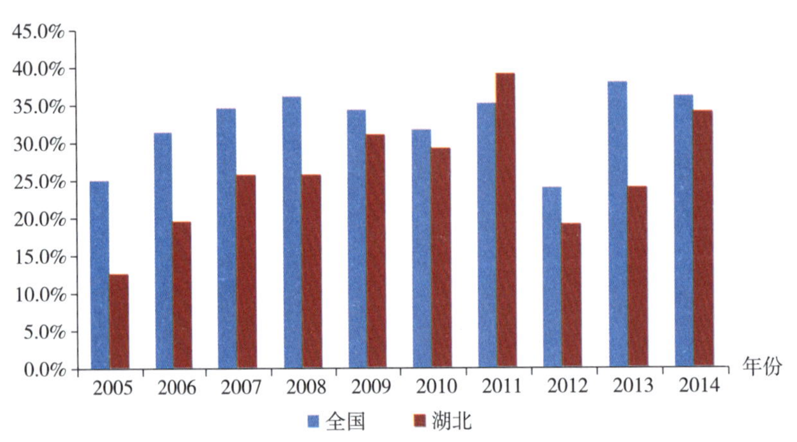

图 3－155　2005～2014 年湖北与全国受技术壁垒影响企业比例比较

2. 产品类别分析

年度调查数据表明，湖北七大主要出口产业都不同程度地受到影响（见图 3－156）。其中农食产品类、机电仪器类、橡塑皮革类影响比较严重，企业平均受损面超过 1/3，分别达 36.71%、35.27%、32.14%。其次是木材纸张非金属类和纺织鞋帽类，受损面也高于 20%，玩具家具类受损最低，受损面低于 20%。

3. 国别分析

尽管近年来发展中成员制定和通报的技术性贸易措施越来越多，但对我国出口企业和产品产生强大壁垒作用的还是那些发达国家或地区制定和实施的技术性贸易措施，湖北出口三大贸易伙伴美国、欧盟和日本是受影响比较集中的。农产品技术性贸易措施主要集中在农药残留限量、重金属限量、微生物限量、辐照标准、标签等方面。轻工产品技术性贸易措施集中在产品安全要求（如俄罗斯的《少年儿童用产品安全技术规程》）、检测认证要求、环境标准等。化学品技术性贸

易措施主要集中在欧盟REACH法规、GHS制度、欧盟SVHC（高度关注物质清单）、美国化学品危险分类标准、韩国化学品注册与评估法规草案、加拿大危险产品法案和管制产品法规修正案等。

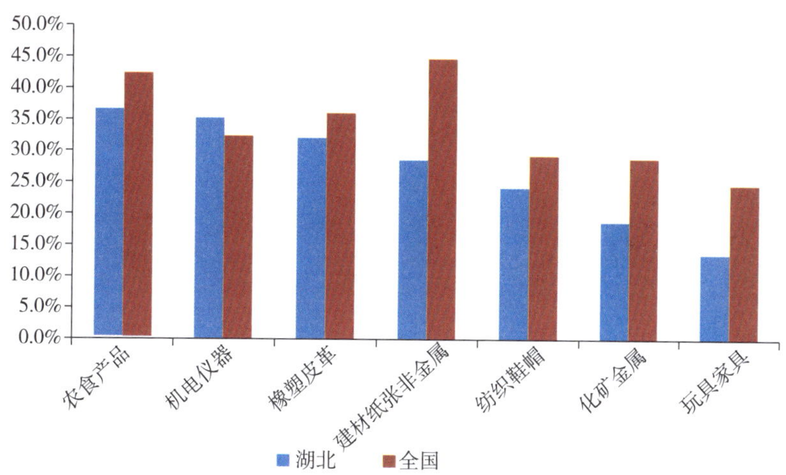

图3-156 2007～2013年湖北主要出口产业受技术性贸易措施影响比较

4. 贸易损失分析

国外技术性贸易措施对湖北省出口贸易造成的损失分两部分，即直接损失和新增成本（见表3-13和图3-157）。直接损失包括国外技术性贸易措施对出口企业造成的产品被国外扣留、销毁、退货等的损失。新增成本包括为适应新要求而进行技术改造、标签及包装更换、新增检验检疫认证处理及各种手续等而发生的费用。

表3-13 湖北外贸受技术壁垒影响的损失

单位：亿美元

项目	年份									
	2005	2006	2007	2008	2009	2010	2011	2012	2013	2014
同期出口额	44.5	62.6	81.7	115.9	99.8	144.4	195.4	194.0	228.4	263.9
直接损失	0.3	8.4	7.5	0.2	0.4	2.2	0.0	10.9	1.2	8.4
新增成本	0.1	3.9	2.1	0.2	16.4	0.2	0.9	0.1	2.6	2.0
直接损失占出口额比	0.8%	13.5%	9.1%	0.2%	0.4%	1.5%	0.0%	5.6%	0.5%	3.2%

（四）关于技术性贸易措施推动湖北省经济发展的建议

1. 强化技术性贸易措施能力建设

一方面，积极指导企业加强出口国技术性贸易措施信息收集；另一方面，对企业加强技术壁垒知识培训。近年来，技术壁垒呈现日益严峻之势。美国、欧盟、日本等发布的新技术壁垒越来越多。为指导企业的技术壁垒应对工作，湖北检验检疫局加强了对企业有重大影响的技术壁垒培训工作。先后联系国家质检总局、国家WTO/TBT-SPS通报咨询中心、湖北省商务厅等多个部门，从编写手册、举办研讨会、举办培训班等多种形式，为企业提供技术壁垒应对知识服务。同时，突出重点，有针对性开展技术壁垒应对，如REACH法规、日本肯定列表制度等。

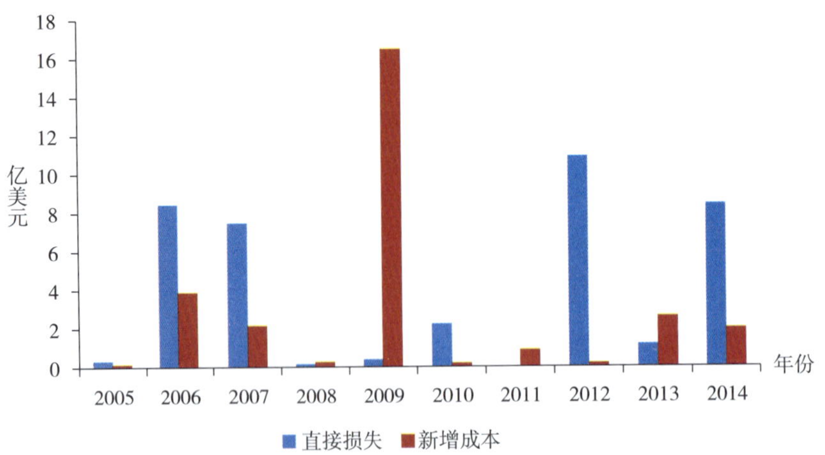

图 3-157　2005～2014 年湖北技术性贸易措施直接损失与新增成本额

2. 突出重点产业，因地制宜，加强应对

一是农食产品。重点应加强食品安全技术法规体系建设：完善食品有毒有害检测体系、食品安全质量控制体系、食品市场准入体系和食品信息体系建设。加强食品标准体系建设：加快环境污染控制标准，包括制订以粮食作物、蔬菜、畜产品和水产品产地环境为重点的污染控制标准。加强食品安全相关标准，包括制订无公害农产品、良好农业规范、有机食品、绿色食品认证和监管所需的产地环境标准，粮食及主要农产品标准，农药、化肥合理使用标准，转基因生物安全标准，动物疫病防治标准；推动农药、兽药、有害重金属元素限量和检验方法等方面标准制订和修订；完成生物毒素、有害微生物限量和检验方法等方面标准的制订和修订；完成营养标识、食品容器和包装材料卫生标准、食品污染物基础卫生标准和检验方法、食品产品卫生标准、食品添加剂使用卫生标准制订和修订；制订鲜活食品冷链物流温度及操作规程等储运及流通安全相关标准。建立标准化示范基地标准，包括建立大宗鲜活农产品、优势农产品和出口农产品质量安全标准化示范体系和国家级农业标准化示范区。加强食品安全国际合作与交流：建立并完善与发达国家及国际组织食品安全定期沟通交流机制。

二是高新技术产品。重点应及时收集国外高新技术技术法规、标准、合格评定程序、市场准入标准等。尤其应重视开展高新技术产品出口安全质量检测与监控措施研究，提高对产品涉及安全、健康、环保、卫生性能的检测能力，重点研究并解决新材料、新工艺、新产品的核心检测技术。同时应开展高新技术产品知识产权研究，提高企业知识保护意识。

三是机电产品，重点应加强机电产品研究与开发，提高自主创新能力，使更多企业拥有更多具有自主知识产权的产品。加强产业合理布局和调整，促进东、中、西部互动的产业联动机制。加强国际机电产品市场信息的收集和分析，大力发展汽车、电子电气产品、计算机产品出口，积极开拓国际市场。

四是加强重点产品领域技术性贸易措施课题攻关。针对湖北省重点产品出口遇到的问题，积极组织科技攻关。

3. 完善机制，加大投入

一是建立湖北技术性贸易措施工作联席会议机制，每年制订工作计划和具体应对任务。

二是加大人财物投入，给予必要的技术性贸易措施工作经费支持。同时加大实验室建设投入，提高企业应对能力。

三是加大科研攻关，针对重点国家技术性贸易措施的发展趋势，组织人员进行跟踪、研究。对有较大影响的技术性贸易措施，及时组织力量进行重点应对。

四是加强国际交流合作，学习、借鉴国外先进管理经验和技术。

第三节　京津冀协同发展战略地区分析

京津冀地区是我国沿海三大核心综合经济区之一，京津冀协同发展已经上升为国家战略，被称作中国经济增长“第三极”，是全国主要的高新技术和重工业基地，也是我国政治中心、文化中心、国际交往中心、科技创新中心所在地。京津冀区域面积约为21.6万平方公里，人口总数约为1.1亿人。2014年，京津冀三地GDP总量达到66474.5亿元，占全国的10.4%，对外贸易总额达到6094.4亿美元，占全国总贸易额的14.1%。2015年京津冀发展顶层设计方案——《京津冀协同发展规划纲要》明确了三地区域定位。其中，北京被定位为“研发中心”，天津将致力打造成为“全国先进制造业基地”，河北则朝着“全国物流基地”的方向发展。

推动京津冀协同发展，是应对区域发展不平衡等矛盾日益突出的挑战，加快转变经济增长方式、培育增长新动力和新的增长极、优化区域发展格局的现实需要；有利于引领经济发展新常态，全面对接“一带一路”等重大国家战略，增强对环渤海地区和北方腹地的辐射带动能力，为全国经济转型发展和全方位对外开放发挥应有的作用。本节从京津冀地区贸易特色出发，研究分析技术性贸易措施服务京津冀协同发展战略的思路和建议。

一、京津冀地区进出口贸易特点分析

（一）2005～2014年进出口贸易趋势

2005～2014年，京津冀地区对外贸易发展快速，对外贸易总额整体呈现上升态势，从2005年的1994.7亿美元增至2014年的6094.4亿美元，增长了2.1倍，年均增长率为13.2%。其中，出口总额由2005年的692.2亿美元增至2014年的1506.6亿美元，增长了1.2倍，年均增长率为9.0%。

十年来，京津冀地区出口贸易总体呈现曲折上升态势。2005～2008年是对外贸易的快速发展阶段，年出口量增幅均超过20%；2009年，受国际金融危机影响，出口额出现断崖式下跌；2010～2011年，随着全球经济的复苏，出口额再次大幅上扬；2012～2014年，受全球经济下行影响，对外贸易发展增速放缓趋稳（见图3-158）。

（二）出口目的地分布

京津冀地区产品出口国家和地区主要集中在美国、欧盟、日本、韩国和东盟等。与2005年相比，2013年出口到美国、欧盟、日本等传统贸易国家或地区的金额占比均有所下降，而对东盟及其他国家或地区的出口额占比大幅上升，如出口东盟的占比由2005年的7%上升到2013年的12%（见图3-159）。

2005～2013年，京津冀地区对主要贸易国家或地区的出口额均呈增长态势，对日本、美国、

澳大利亚、欧盟的出口增幅相对较小，增幅小于1倍，而对东盟的出口增幅最为明显，高达3.9倍（见图3－160）。

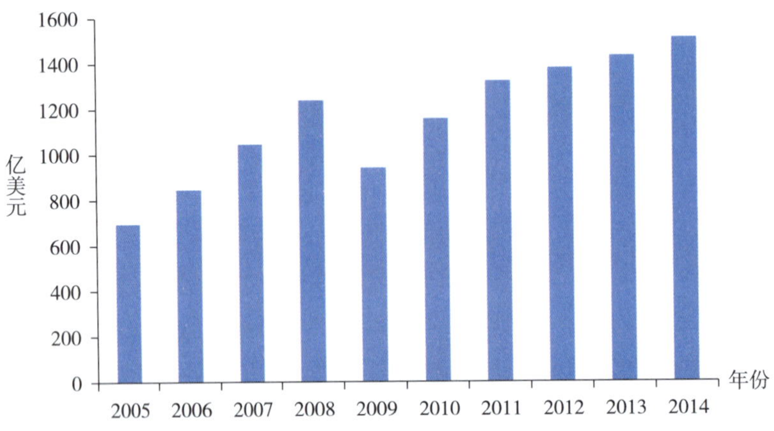

图3－158　2005～2014年京津冀地区出口额统计

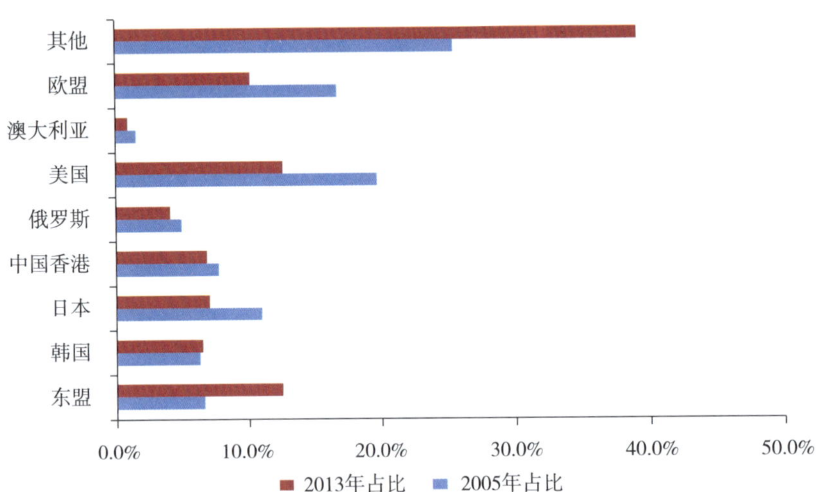

图3－159　2005年和2013年京津冀地区产品出口主要国家和地区分布情况

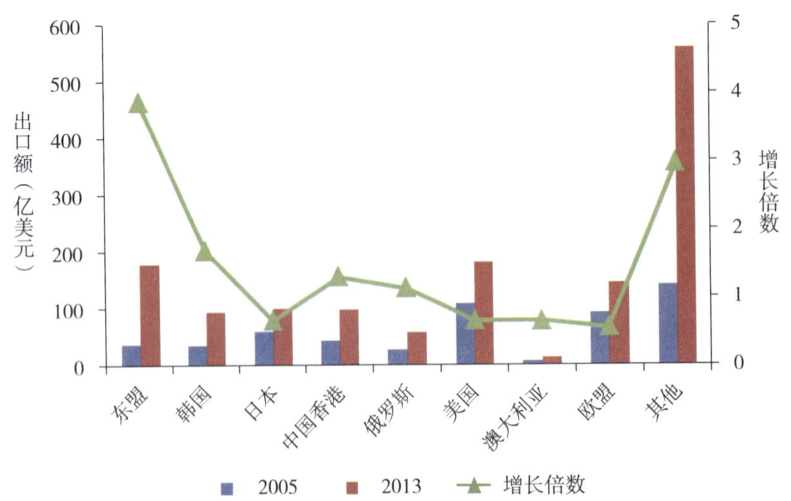

图3－160　2005年和2013年京津冀地区对主要出口国家和地区出口额与增长倍数

（三）出口产品结构情况

京津冀地区出口的商品以机电产品为主，约占出口额的一半以上，其他主要的出口商品还包括钢铁、纺织服装、医药化工、农产品等。以 2014 年为例，京津冀地区机电产品出口共计 834.9 亿美元，占出口额的 55.4%；而钢材取代机电产品成为河北第一大类出口商品，全年出口 102.8 亿美元，占全省出口额的 27.6%。

二、京津冀地区重点行业发展情况分析

（一）机电产品

近年来，作为京津冀地区主要支柱性产业的机电制造业发展迅猛，形成了以汽车工业、电子工业、机械工业为中心的制造业产业集群，机电产品出口的快速增长对京津冀地区经济发展起到了举足轻重的作用。2014 年，京津冀地区机电产品出口额达到 834.9 亿美元，占地区出口总额的 55.4%。

以汽车工业为例，京津冀地区培育了一批以北京现代、北京奔驰、北汽福田、天津一汽丰田、天津一汽夏利、长城汽车等为代表的龙头企业，京津冀地区 2013 年共生产汽车 353.1 万辆，占全国的 16.0%。在北京，北汽集团旗下的北京现代、北京奔驰、北汽福田等几乎覆盖了从乘用车到商业车的所有产品链；在天津，有天津一汽丰田、天津一汽夏利等乘用车企业；在河北，有长城汽车、河北长安等 6 家整车企业和一批零部件制造企业。为突破国外技术性贸易壁垒，帮助汽车产业聚集地区建立更加完善的质量管理体系，强化企业质量安全责任意识，推动汽车出口，京津冀地区大力推动出口汽车质量安全示范区创建活动，已经建成了 2 个国家级质量安全示范区，即北京出口汽车产品质量安全示范区和天津经济技术开发区出口汽车及零部件质量安全示范区，河北已建成 1 个省级质量安全示范区，即保定出口汽车质量安全示范区。通过示范引领，有效带动了整个地区汽车产业质量安全水平的提升，推动了京津冀地区汽车及其相关产品的出口。

（二）钢铁产品

京津冀地区是我国最主要的钢铁产区之一，区域内有包括河北钢铁、首都钢铁、渤海钢铁三大集团在内的众多钢铁企业。河北钢铁集团、首钢集团、渤海钢铁集团为中国较为大型的三家以钢铁为主业的集团，并在京津冀地区钢铁各类市场上占有较大比重，尤其是钢铁冶炼。河北钢铁集团总资产超过 2600 亿元，《财富》世界 500 强，2013 年排名第 269 位，2013 年粗钢产量 4580 万吨，居世界第三位；首钢集团总资产超过 2000 亿元，《财富》世界 500 强，2013 年排名第 322 位，2013 年粗钢产量 3150 万吨，居世界第九位；而渤海钢铁集团总资产超过 1000 亿元，2013 年粗钢产量 1930 万吨，居世界第 15 位①。

2013 年，京津冀地区的生铁、粗钢、钢材产量在全国的占比均超过了 1/4，分别占 27.1%、27.1%、27.8%，是区域重要的支柱产业。以河北为例，2014 年，钢材取代机电产品成为河北第

① http://jingji.cntv.cn/2014/03/25/ARTI1395741170119557.shtml。

一大类出口商品，全年出口102.8亿美元，同比增长66.9%，占全省出口额的27.6%，对全省出口增长贡献超八成。在钢铁行业产能过剩的背景下，河北省制定了钢铁行业的整顿计划，提出了到2017年年底钢铁产能削减6000万吨，到2020年再削减2600万吨，鼓励钢铁企业在不增加钢铁冶炼能力的前提下，围绕提高产品档次和附加值，大力开发高端产品和市场急需的钢材品种，大力发展特种专用钢，提高产业综合竞争能力。

钢铁行业的快速发展，也带来了严重的环境污染问题。京津冀地区是我国大气污染十分严重的地区，而钢铁行业是空气污染重要来源之一，二氧化硫排放量十分可观。2015年1月1日正式实施的《商品煤质量管理暂行办法》（发改委、环保部、商务部、海关总署、工商总局、质检总局第16号令）对煤炭进口和使用等环节做出了明确规定，京津冀及周边地区限制使用灰分（A_d）≥16%、硫分（$S_{t,d}$）≥1%的散煤，进而有效推动了京津冀地区钢铁行业用煤的质量提高，改善了京津冀地区的空气质量。此外，京津冀三地科技部门推动成立了京津冀地区钢铁行业节能减排产业技术创新联盟，以实现钢铁行业节能减排及产业转型升级，推动京津冀区域大气污染治理工作，尽快实现钢铁行业产品升级、资源综合利用和污染排放达标治理。

三、国外技术贸易措施对京津冀出口企业影响调查数据分析

（一）不同类别企业分析

2006～2014年，京津冀地区出口企业受国外技术性贸易措施影响企业占所有受调查企业的比例分别为20.6%、18.0%、20.5%、22.1%、18.1%、22.3%、18.8%、31.4%、27.8%，9年平均占比为22.5%。2013年和2014年两年，出口企业受国外技术性贸易措施影响比例大幅增加，分别为31.4%和27.8%，其中2013年是2005～2014年受影响比例最高的一年。

2006～2014年，农食产品、玩具家具类企业受技术性贸易措施影响的比例较大，分别为35.5%和30.4%。其中，农食产品类企业在2007年、2012年、2013年和2014年受国外技术性贸易措施影响比例较高，分别为47.4%、42.3%、73.1%和46.2%；玩具家具类企业在2008年、2013年和2014年受国外技术性贸易措施影响比例较高，分别为41.7%、46.2%和46.2%。其次受影响比例较大的是橡塑皮革类和纺织鞋帽类企业，十年受影响比例分别是23.6%和22.8%；橡塑皮革类企业在2008年和2011年受影响比例最高，两年都是31.8%；纺织鞋帽类企业在2006年和2008年受影响比例最高，分别为29.0%和28.6%。木材纸张非金属位于第5位，十年受影响比例是19.1%，在2013年和2014年受影响比例最高，两年都是41.2%。化矿金属类位于第6位，十年受影响比例是18.0%；在2011年和2014年受影响比例最高，分别是22.5%和23.4%。机电仪器类位于第7位，十年受影响比例是17.5%；在2013年和2014年受影响比例最高，分别是27.9%和23.5%（见图3－161）。

（二）国别分析

1. 总体分析

2005～2014年，京津冀地区出口受欧盟、美国、日本技术性贸易措施影响最大，在企业反映的各国及地区技术性贸易措施中，分别占24.6%、20.2%和10.5%（见图3－162）。欧盟、美国、日本占比为55.2%，达到一半以上（见图3－163）。

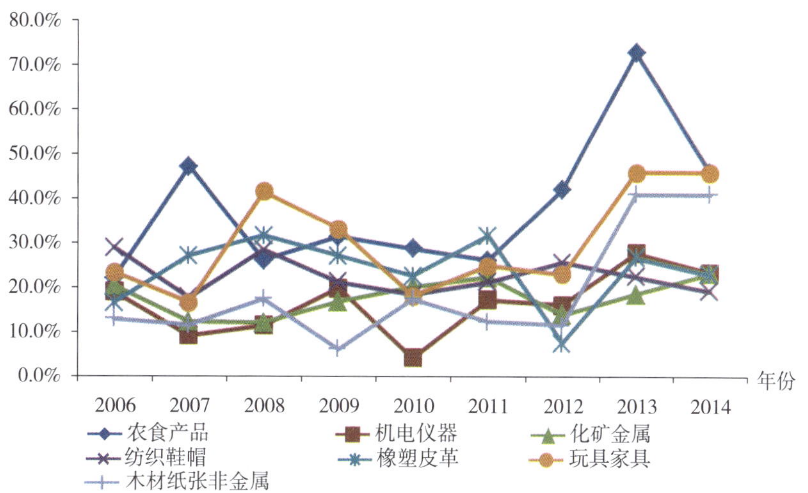

图 3－161　2006～2014 年京津冀地区不同类别企业受国外技术性贸易措施影响比例

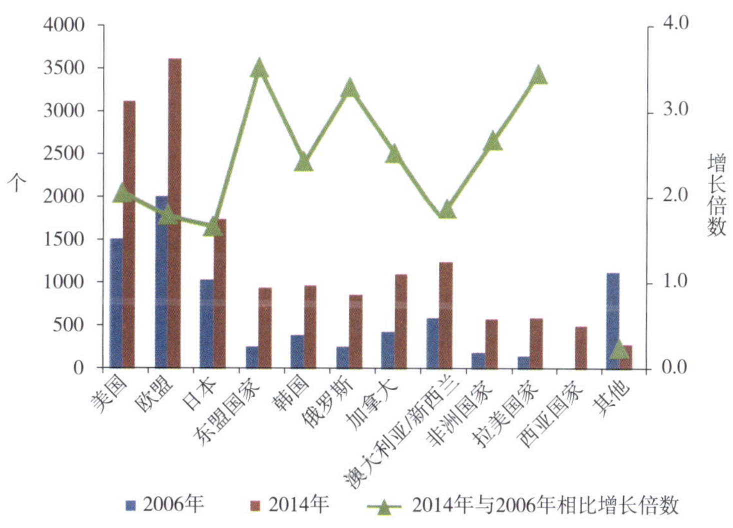

图 3－162　2006 年和 2014 年京津冀地区企业遭遇不同国家/地区技术性贸易措施数量及增长倍数

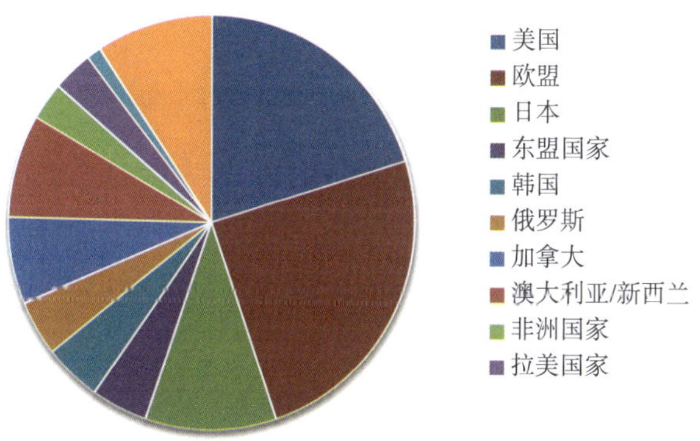

图 3－163　2005～2014 年京津冀地区企业遭受技术性贸易措施种类各国占比

图3－164说明了2014年与2006年相比，京津冀地区产品出口到不同地区遭受技术性贸易措施的数量增长最快的是拉美国家和东盟国家，分别达到了3.7倍和3.5倍。其次是俄罗斯和非洲国家，分别达到了3.3倍和2.9倍。欧盟、美国、日本由于基数较大，增长倍数较小，分别为1.8倍、2.1倍和1.7倍。

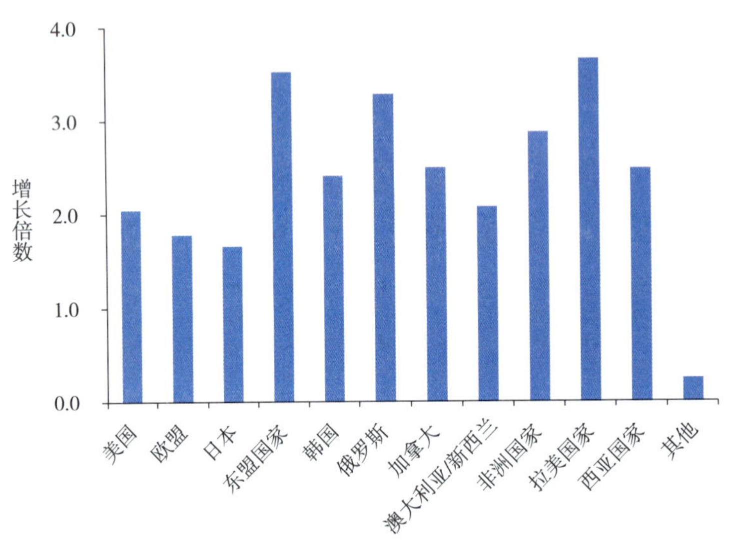

注：西亚各国数据为2014年与2012年之比。

图3－164　京津冀遭受技术性贸易措施种类2014年与2006年相比增长倍数

2. 出口工业品分析

图3－165说明了2005～2014年各国不同技术性贸易措施影响出口工业品企业数量分布的情况。出口到美国、欧盟的工业品生产企业，遭遇的主要技术性贸易措施依次是认证要求（分别占本国或地区所有技术性贸易措施的14.0%、13.9%）、技术标准和工业品中有毒有害物质（分别占本国或地区所有技术性贸易措施的12.8%、12.3%和11.7%、12.8%）、美国第4位的是包装及材料的要求（占本国所有技术性贸易措施的10.2%），欧盟占据第4位的是环保要求（占本地区所有技术性贸易措施的11.4%）。出口日本企业遭遇的主要技术性贸易措施依次是技术标准（占本国所有技术性贸易措施的13.7%）、工业品中有毒有害物质（占本国所有技术性贸易措施的12.4%）、包装及材料要求和认证要求（各占本国所有技术性贸易措施的11.2%和11.1%）。

出口到东盟国家、俄罗斯、韩国、非洲、拉美国家、西亚国家工业品生产企业，遭遇的技术性贸易措施占首位的都是认证要求（分别占本国或地区所有技术性贸易措施的15.9%、16.9%、13.1%、18.8%、18.0%、18.6%）。出口到东盟国家、俄罗斯、韩国、拉美国家、西亚国家工业品生产企业，遭遇的技术性贸易措施第二位的都是技术标准要求（分别占本国或地区所有技术性贸易措施的13.1%、13.9%、12.9%、13.9%、12.6%）。出口到东盟国家、俄罗斯、拉美国家、西亚国家工业品生产企业，遭遇的技术性贸易措施第三位的都是标签和标志要求（分别占本国或地区所有技术性贸易措施的10.5%、10.8%、10.9%、12.2%）。出口到韩国工业品生产企业，遭遇的技术性贸易措施第三位的是包装及材料的要求（占本国所有技术性贸易措施的11.5%）。出口到非洲国家工业品生产企业，遭遇的技术性贸易措施第二位、第三位的是特殊的检验要求（如指定检验地点、机构、方法）和技术标准要求（分别占本地区所有技术性贸易措施的15.0%、13.0%）。

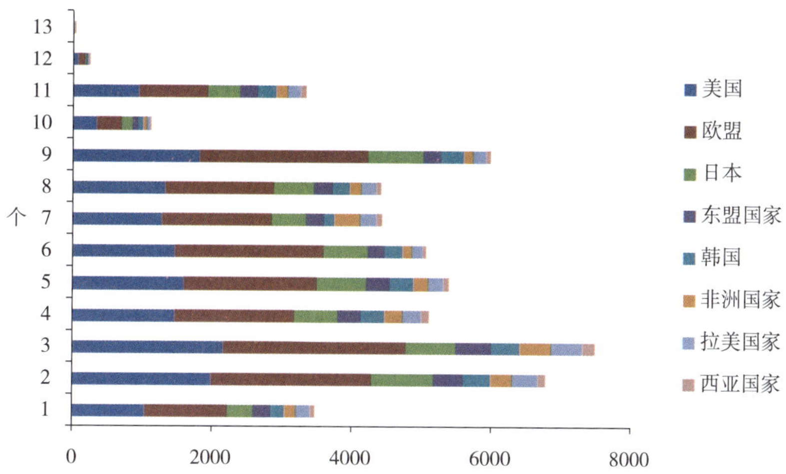

注：1. 厂商或产品的注册要求（包括审核）；2. 技术标准要求；3. 认证要求；4. 标签和标志要求；5. 包装及材料的要求；6. 环保要求（包括节能及产品回收）；7. 特殊的检验要求（如指定检验地点、机构、方法）；8. 产品的人身安全要求；9. 工业产品中有毒有害物质限量要求；10. 计量单位要求；11. 木质包装要求；12. 其他①；13. 其他②。

图 3－165　各国 2005～2014 年各国技术性贸易措施影响出口工业品企业数量分布

3. 出口农产品分析

图 3－166 说明了 2005～2014 年各国不同技术性贸易措施影响出口农产品企业数量分布的情况。出口美国农产品生产企业，遭遇的主要技术性贸易措施依次是食品中农兽药的残留（占本国所有技术性贸易措施的 13.3%）、加工厂/仓库注册要求（占本国所有技术性贸易措施的 13.2%）、食品中重金属等有害物质限量（占本国所有技术性贸易措施的 11.9%）、食品微生物指标要求（占本国所有技术性贸易措施的 11.6%）。

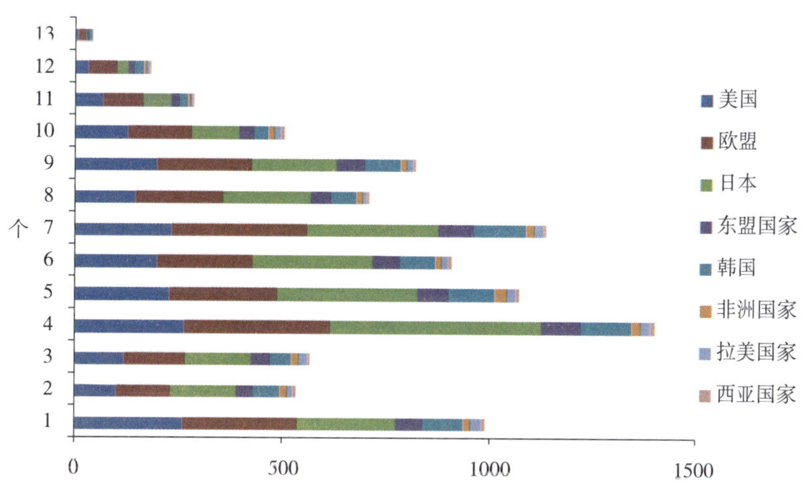

注：1. 加工厂/仓库注册要求；2. 动物疫病方面的要求；3. 植物病虫害杂草方面的要求；4. 食品中农兽药残留要求；5. 食品微生物指标要求；6. 食品添加剂要求食品；7. 食品中重金属等有害物质的限量要求；8. 食品接触材料的要求；9. 食品标签要求；10. 木质包装的要求；11. 食品化妆品中过敏原的要求；12. 其他①；13. 其他②。

图 3－166　2005～2014 年主要贸易国家遭受技术性贸易措施影响出口农产品企业数量分布

出口欧盟的农业品生产企业遭遇的技术性贸易措施依次是食品中农兽药的残留（占本地区所有技术性贸易措施的14.2%）、食品中重金属等有害物质限量（占13.0%）、加工厂/仓库注册要求（占11.1%）、食品微生物指标要求（占10.3%）。

出口日本的农产品生产企业，遭遇的主要技术性贸易措施依次是食品中农兽药的残留（占本国所有技术性贸易措施的19.3%）、食品微生物指标要求（占12.9%）、食品中重金属等有害物质限量（占12.0%）、加工厂/仓库注册要求（占9.0%）。

出口东盟、韩国、俄罗斯的农产品生产企业，遭遇的主要技术性贸易措施依次是食品中农兽药的残留（分别占本国或地区所有技术性贸易措施的14.4%、13.9%、14.6%）、食品中重金属等有害物质限量（分别占12.7%、13.9%、14.0%）、食品微生物指标要求（分别占11.1%、12.5%、11.8%）。

出口非洲的农产品生产企业，遭遇的主要技术性贸易措施依次是食品微生物指标要求、食品中农兽药的残留、食品中重金属等有害物质限量（分别占地区所有技术性贸易措施的14.3%、11.5%、10.4%）。

出口拉美国家的农业品生产企业，遭遇的主要技术性贸易措施依次是食品中重金属等有害物质限量、食品中农兽药的残留、食品微生物指标要求（分别占地区所有技术性贸易措施的12.0%、11.5%、11.0%）。出口西亚国家的农产品生产企业，遭遇的主要技术性贸易措施依次是食品中农兽药的残留、食品微生物指标要求、食品添加剂要求和食品标签要求（分别占地区所有技术性贸易措施的12.7%、10.1%、10.1%和10.1%）。

4. 贸易损失分析

（1）企业所遭受的直接损失分析

图3－167和图3－168表明了2005～2014年不同类型企业所遭技术性贸易措施直接损失额。京津冀不同类别的大型出口企业中，化矿金属类企业遭受的直接损失最大，占十年直接损失总额的28.4%；其次为机电仪器类企业，占直接损失总额的21.0%；农食产品类企业的直接损失额居第三位，占14.9%；纺织鞋帽类企业的直接损失额居第四位，占11.3%。

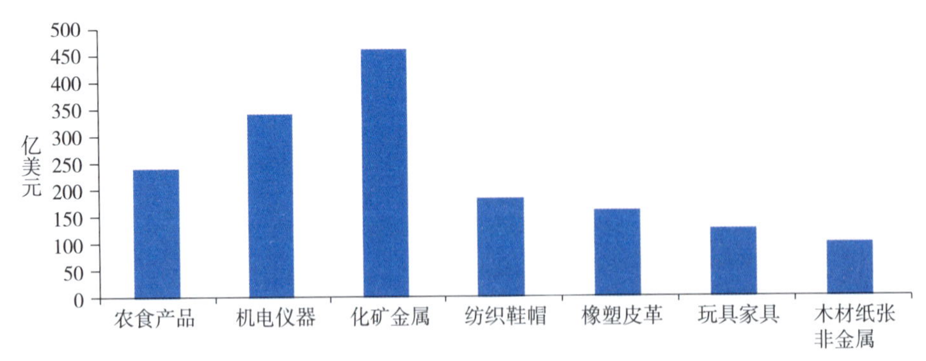

图3－167　2005～2014年不同类别大型企业所遭受的直接损失额

京津冀不同类别的小型出口企业受技术性贸易措施影响直接损失是大型企业的2.4倍。可见，相比于大型企业，小型企业直接损失要严重得多。其中机电仪器类企业遭受的直接损失最大，占十年直接损失总额的40.5%；其次为化矿金属类企业，占直接损失总额的13.3%；纺织鞋帽类、农食产品类企业的直接损失额居第三、四位，分别占11.7%和11.5%（见图3－169）。

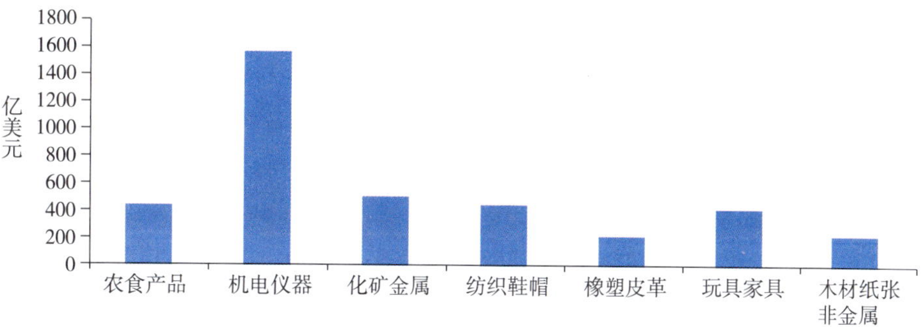

图 3-168　2005～2014 年不同类别小型企业所遭受的直接损失额

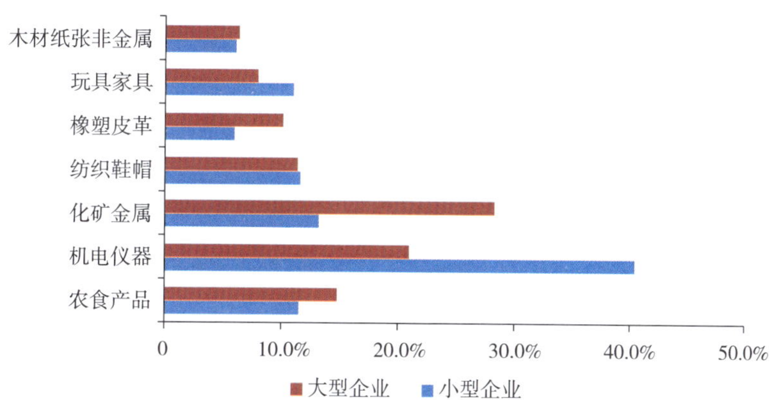

图 3-169　2005～2014 年不同类别大型企业和小型企业所遭受的直接损失占比

（2）企业新增成本分析

图 3-170 说明了 2005～2014 年不同类别企业新增成本占比情况。为满足国外技术新要求，京津冀大型出口企业中，机电仪器类、化矿金属类企业新增成本最多，分别占所有行业新增成本的 43.4%和 41.5%，这两类企业占所有行业的 84.9%；其他类别的企业根据所占比例从多到少的顺序分别为农食产品类、纺织鞋帽类、木材纸张非金属类、橡塑皮革类、玩具家具类，分别占新增成本总额的 6.5%、3.5%、3.4%、1.5%和 0.2%。

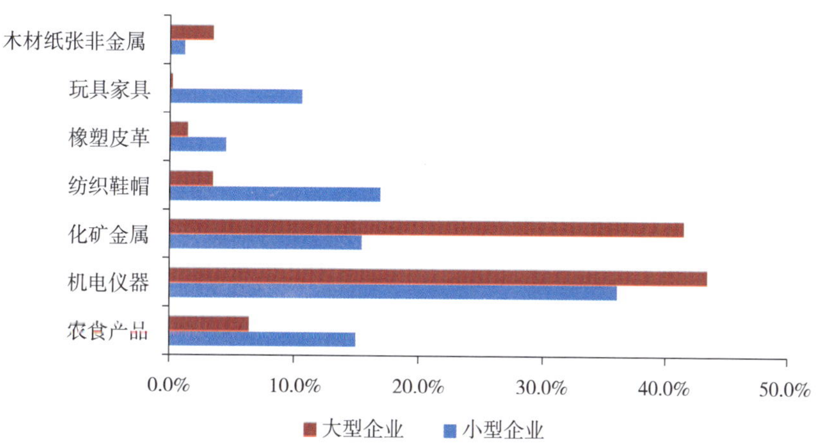

图 3-170　2005～2014 年不同类别小型企业和大型企业新增成本占比

十年来，为满足国外技术新要求，京津冀小型出口企业中，机电仪器类新增成本最高，占总新增成本额的36.1%。其他类别企业新增成本从高到低依次为纺织鞋帽类、化矿金属类、农食产品类、玩具家具类、橡塑皮革类和木材纸张非金属类，分别占新增成本总额的16.9%、15.5%、15.1%、10.6%、4.5%和1.2%。

四、技术性贸易措施推动京津冀地区经济发展的政策建议

1. 紧跟国家宏观调控政策，服务京津冀地区大气污染防控战略

紧跟国家宏观调控政策，结合京津冀地区的发展实际，充分发挥技术性贸易措施的作用，“放、管”有机结合，服务地方经济健康发展。继续严格落实《商品煤质量管理暂行办法》等一系列煤炭市场调控政策，加强检测监管，有效杜绝劣质煤炭进口，对不符合京津冀地区要求的进口煤炭加大后续监管力度，限制其在京津冀及周边地区的销售和使用，服务京津冀地区大气污染防控工作；在此基础上，结合实际，在相关法律法规的基础上，以进口铁矿石、煤炭、原油等资源性商品为主要抓手，完善进口产品的技术法规、标准和合格评定程序，推动钢铁、水泥、玻璃等“高污染、高耗能”产业的节能环保认证，逐步构建京津冀地区进口相关产品的技术性贸易措施体系，有效管控低质、劣质资源性商品进口，必要时限制相关产品的进口，更好地促进京津冀地区钢铁、矿产品、石油产品加工等传统重点产业的结构调整，引导和推动京津冀地区企业大力实施节能减排，服务于京津冀地区的环境质量改善。

2. 紧抓“京津冀”协同发展机遇，推动京津冀地区科技创新

京津冀地区是我国创新资源最密集、产业基础最雄厚的区域之一。而目前京津冀地区先进装备制造、电子产品制造、生物医药等一些优势新兴产业的发展更是以突破核心关键技术、建立领先的技术标准和培育广阔市场需求为前提，这要求进一步推动科技创新。因此，要紧抓京津冀协同发展机遇，利用京津冀地区列入我国创新改革试验区的有利时机，逐步搭建京津冀区域内“政、企、研”三位一体的创新平台，以推动京津冀地区外贸产业发展为目的，集聚区域内政府部门、行业协会、科研院所、龙头企业等各方力量，研究应对国外技术性贸易措施，推动创建京津冀地区出口汽车、钢铁、电子产品等行业的质量技术促进委员会，大力推动京津冀地区出口重点产业领域的科技创新，积极培育出口产品的国际竞争新优势，进而推动相关产品的出口，促进京津冀地区相关产业的健康快速发展。

3. 融入“一带一路”战略，助推京津冀地区产能输出

“一带一路”是京津冀地区外贸出口的重要市场。“一带一路”沿线地区大多是新兴经济体和发展中国家，普遍处于经济上升期，基础设施建设尚不完善，经济社会发展对钢铁、水泥、玻璃等基础原材料产品需求大，而这些恰恰是京津冀地区产能相对过剩、具有比较优势的产业，以钢铁为例，在东盟、非洲及拉美国家钢铁市场需求巨大，“一带一路”沿线国家中钢材净进口国就占70%以上。因此，主动融入“一带一路”，也更加有利于拉动京津冀地区这些领域的出口。建议围绕钢铁、水泥、玻璃等京津冀地区优势产能国际合作领域，积极鼓励龙头企业参与国际标准的制定，制修订钢铁、水泥、玻璃等标准，支撑企业在国外建设生产基地和生产线，带动成套设备出口，助推过剩、优势产能输出。

4. 提升协同应对能力，优化京津冀地区的外贸产业结构

借助京津冀协同发展的平台推动创建京津冀技术性贸易措施工作联系机制，加大三地技术性

贸易措施工作的信息资源共享，深化技术性贸易措施的研究与利用，针对影响较大的技术性贸易措施制定应对方案，指导企业合理应对国外技术性贸易措施，推动建立外贸公共服务平台，为出口企业、行业协会提供专业性、针对性、及时性和集成化的精准服务。以机电产品、高新技术产品为突破点，加大政策、技术和资金的扶持力度，着力提升国际竞争力，打造外贸出口新引擎，同时加快推进区域内的产业布局优化，大力发展高端制造业、生物医药等战略新兴产业，制定与国际接轨的产品质量与安全标准，推动产业结构升级，进一步优化京津冀地区的外贸产业结构。此外，可以以安全和节能标准为重点，加快推进提升京津冀地区甚至是全国的汽车乃至机电产品相关标准水平，加强对我国强制性标准与出口国家（地区）技术法规的研究和对接，积极适应非洲、南美的需要，推动相关产品的出口。

5. 加强自贸区技术贸易措施应对，促进京津冀地区产业转型升级

加快实施自由贸易区战略，是我国新一轮对外开放的重要内容，也是我国积极参与国际经贸规则制定、争取全球经济治理制度性权力的重要平台。在对京津冀地区重点行业进行分析和研判的基础上，为企业及时获取亟需掌握的自贸伙伴相关的技术法规、标准等信息，学习借鉴自贸伙伴好的经验做法，以外促内，对现有的技术法规、标准进行改革升级，推进天津自贸试验区建设，加强国际合作，促进京津冀地区产业转型升级，扶持一批有竞争力的出口产品，扩大传统大宗商品的出口规模，推动优势产品出口，服务地方经济发展。

第四章　技术性贸易措施中长期经济效应

第一节　技术性贸易措施经济效应分析

技术性贸易措施在微观和宏观层面产生的短期负面经济效应是其非关税壁垒属性的客观体现，历年国外壁垒影响调查以直接损失、间接损失和新增成本等形式给予了充分体现。本章从中长期的时间角度对技术性贸易措施给出口国带来的经济效应影响进行探讨。

一、技术性贸易措施设置的动因

（一）解决市场失灵是设置技术性贸易措施的合理动因

经济理论从市场失灵的角度出发，认为政府适度的贸易政策干预能够纠正市场扭曲，并提高本国的总体福利水平。技术性贸易措施正是政府针对信息不对称、负外部效应及社会公共物品供应不足等市场扭曲对其进行干预的手段。

在市场经济中，大量存在着信息不对称的情况，阻碍了消费和贸易。技术性贸易措施中的标准和技术法规，是用以衡量货物产品质量等次、安全水平的重要尺度，而合格评定程序是以检测、验证、检验等手段证明货物是否符合标准和技术法规的要求，认证更是一种广泛使用的传递信任的重要工具。这些技术性贸易措施帮助消费者做出消费决策，服务于国际贸易中的买卖双方，建立起质量互信。

同时，商品的生产、交易和消费过程中伴生了许多外部效应。例如，随着全球货物贸易，疫情疫病在国境间传入和传出；人们在追求产品功能和消费享受的过程中，消耗过多的自然资源，并产生大量电子垃圾；出口国在追求产品价格竞争力的同时，无法兼顾产品材料和制造方面的质量，给进口国消费者带来安全风险。这些市场经济的负外部性都需要通过政府的技术性贸易措施进行纠正。

《技术性贸易壁垒协定》中所规定的合理目标原则——保护人类安全或健康，保护动物或植物的生命或健康，保护环境，防止欺诈，国家安全要求，是技术性贸易措施需解决市场失灵目标的诸多表现形式。实施技术性贸易措施，追求的是社会总体福利的最大化。在 WTO 层面，TBT 协定和 SPS 协定的协调实施，所追求的是全球总体福利的最大化；进口国或出口国按 TBT 协定和 SPS 协定实施相关措施，所追求的是该国总体福利的最大化。

技术性贸易措施实现解决市场失灵中发挥的作用，在传统理论中，其属于双重作用的积极作

用，具体体现为提高生产效率，保证产品质量，推动产品更新换代，促进产业转型升级，改善人民生活水平，便利国际贸易，促进科学技术向现实生产力转化等方面。这类措施以 TBT 和 SPS 协定对其实施审查，往往在中长期来看具有合规性，即使程序上具有某些瑕疵，短期可能对贸易产生抑制。

但即使是合规的措施，符合了 TBT 和 SPS 协定中的所有原则和要求，对于特定出口国中长期出口而言，影响仍然大不相同。这在 SPS 措施中较为常见。SPS 措施中基于科学性和风险分析等，针对特定国家、特定有害生物疫区采取的准入和边境措施，产生的国际贸易影响具有特定针对性。例如欧盟基于转基因管理要求针对中国产米制品的措施，就对中国该类产品出口造成实质性影响。这类措施所依据的科学技术和理论，使特定国家产品丧失了某一特定要素优势，很快失去国际市场竞争力。本书从出口国的角度将这类措施称为合规损害措施，而其他为实现合理目标实施的措施称为合规无损害措施。

（二）保护国内产业是部分措施背后的真实目的

非关税壁垒属性决定了技术性贸易措施常常被进口国作为保护国内同类产品的手段。如利用产品注册、风险评估等手段，阻碍农产品进口，保护本国农产品；对具有价格、质量等比较优势的进口产品，开展边境措施，延长通关流程；在标准的某些细节指标中，在技术法规复杂的准入和合格评定程序中，为本国企业持续创造维持垄断优势的政策环境。这些措施通常导致出口方增加贸易成本，增加出口不确定性，人为地给货物贸易带来风险，使其知难而退。

技术性贸易措施保护国内产业的作用，属于其双重作用的负面作用，具体体现为降低出口方产品竞争优势，抑制贸易相关产业的发展，破坏公平竞争的环境等。这类措施以 TBT 和 SPS 协定对其实施进行审查，在中长期来看，往往具有非合规性，本书称其为非合规措施。

以上三类措施，分别体现以下特征：

合规无损害措施：符合 WTO/TBT 和 SPS 协定的合理目标、非歧视、贸易限制最小、科学性、透明度等重要原则，对出口国产品在进口市场竞争中基本公平和可实现。

合规损害措施：符合 WTO/TBT 和 SPS 协定的合理目标、非歧视、贸易限制最小、科学性、透明度等重要原则，但对特定出口国构成实质竞争力下降或丧失。

非合规措施：不符合 WTO/TBT 和 SPS 协定的合理目标、非歧视、贸易限制最小、科学性、协调一致、透明度等重要原则，措施制定意图为进行产业保护和贸易歧视等其他目的。

二、技术性贸易措施对出口国中长期经济效应

（一）贸易抑制还是贸易促进——中长期经济效应的理论模型

技术性贸易措施对于出口国产业和经济的短期效应显然是贸易抑制，这在各种理论研究、调查和工作实践中都有同样的结论，无论是合规还是非合规措施。

然而从趋势数据来看，WTO 收到的各成员国有关 TBT 和 SPS 措施的通报数量逐年上升（见图 4－1），全球货物贸易和中国货物出口却并没有显示下降的趋势（除金融危机爆发年份）。我们不禁要问，从中长期而言，技术性贸易措施对于贸易产生的效应也是抑制作用吗？中国社科院世界经济与政治研究所副主任李春顶教授在《技术性贸易壁垒对出口国的经济效应综合分析》（《国

际贸易问题》，2005 年第 7 期）中的理论与我们在多年工作实践中的感受和认识有很高的契合度，在此做一引述。

李春顶教授以波斯纳（Posner）的模仿差距模型对 TBT 措施的中长期贸易效应进行了分析。模仿差距贸易理论模型认为，技术的进步和创新有利于出口国在竞争中占据技术优势，从而促进出口的增加。随着时间推移，先进技术和创新成果扩散至其他国家或者通过模仿被其他国家掌握，那么技术创新国的技术垄断地位就会失去，出口优势不复存在，出口减少，甚至走向进口。

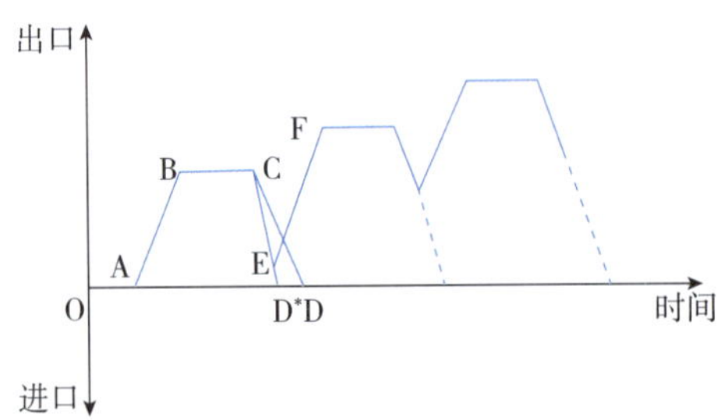

图 4－1　模仿差距贸易理论模型

如图 4－1 所示模仿差距贸易理论模型认为技术的变动有利于出口的增加，但这种增加是随着时间的推移而逐渐变弱的，最后随着他国的模仿而失去出口地位甚至走向进口，图 4－1 中从 A 到 D的实线显示了这种趋势。

下面分析实施 TBT 措施以后的结果。一般来说，TBT 措施实施是在该商品的标准化阶段，新产品不易受到措施的影响。也就是说，一般发生在图 4－1 中的 CD 段，短期它会使 CD 向左下方偏移变为 CD*。这时如果出口国不采取任何措施，则出口会沿着 CD* 以更快的速度下降；但如果出口国这时积极主动地提高技术水平突破 TBT 措施的限制则会在出口量下降到一定时间时，如在 E 点，这一 TBT 壁垒被打破同时也带来了一个技术创新，这会带来出口量更大的增加，如图中 EF 所示。如此周而复始，TBT 反而加快了出口国技术创新的速度，增加了贸易量也就是存在着贸易促进效应。

这一促进效应的发挥也是有条件的，即出口国要及时加快技术创新突破 TBT；同时这一 TBT 也不能过于苛刻，使得出口国的出口量一下变成 0，那么再想创新突破也就比较困难了。

以上是李春顶教授对于 TBT 措施贸易中长期效应的理论研究结论。应该说，与经典模型比较，TBT 措施对出口主体造成的影响都是使其丧失或减弱作为独立要素的技术优势，而突破 TBT 措施的本质同样主要依赖于主动或被迫的技术创新，因此借用本模型进行研究是适当的。

该理论模型在最后提到的相关条件，从实践的角度，还可以表述为进口国采取的技术性贸易措施属于合规无损害措施可以适用于这一理论模型，而合规损害措施和非合规措施都属于条件中过于苛刻的措施，极有可能使出口国出口量骤降为零。

（二）理论模型的实证检验——美国、欧盟、日本技术性贸易措施研究例证

1. 美国玩具安全标准研究例证

通过联合国商品贸易数据库收集整理了美国部分行业的进口数据，并结合美国相关行业出台的技术性贸易措施和对应时间节点，对中国输美产品出口量变化与合规技术措施间的相互关系进行了研究分析，数据分析结果与模仿差距贸易理论模型的预测也是一致的。下面以美国玩具安全标准出台后，中国玩具产品对美出口量变化为例。

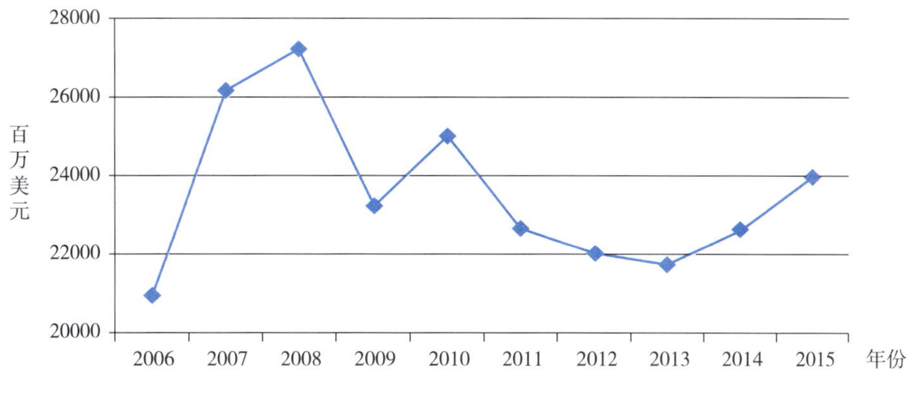

图 4-2　2006～2015 年中国对美国玩具产品出口额曲线图

2008 年，美国出台了 ASTM F 963—08 玩具安全新标准，2011 年美国又发布了修订版的玩具安全标准 ASTM F 963—11，对玩具安全性能提出了更加严格的要求。这两次标准发布与修订对中国玩具出口产生了明显的短期抑制作用，从图 4-2 中可以看出，在整体出口曲线的波动上升趋势中，由于受到两次标准变化的影响，中国对美国玩具产品出口额分别在 2009 年、2011 年出现了大幅下调，并在 2011～2013 年呈持续低迷状态。但随着中国玩具厂的生产工艺改进和技术突破，玩具出口额分别在 2010 年、2014 年间重获回升，出口曲线逐渐重现上扬态势，到 2015 年已有突破前期出口额的趋势。这表明中国玩具产品质量水平的提高，使其突破了技术壁垒的短期束缚，让玩具出口获得了新的长期增长点。

2. 欧盟氯霉素残留检测标准研究例证

为充分验证模仿差距贸易理论模型的普适性和通用性，对中国主要贸易伙伴——欧盟出台的部分技术性贸易措施进行了数据分析和实例验证，其中 2002 年欧盟大幅提高氯霉素残留检测标准对中国动物源性产品出口造成的短期负面影响最为严重，下面以中国输欧蜂蜜产品为例。

如图 4-3 所示，1999～2001 年，中国对欧盟蜂蜜出口额稳步增长，2002 年 1 月，欧盟开始实施蜂蜜药物残留检测新标准，其中对氯霉素残留限量的标准规定为 0.1μg/kg，比原标准提高了 100 倍。标准的实施导致 2002 年中国对欧盟蜂蜜出口额下降了近 83%，该措施产生的短期抑制效应一直持续至 2004 年。对此，我国农业部于 2002 年提出“氯霉素在所有动物食品中都不得检出”，从国内制度层面更加严格了蜂蜜等产品的监管要求。由于我国政府与养蜂业者的积极应对，国内蜂蜜整体质量水平不断提高，该措施的贸易抑制作用逐渐减弱，2005 年起我国蜂蜜出口额已稳步回升，到 2008 年金融危机前夕，出口量出现急剧拉升，并突破了前期最高出口额。该实例充分表明，合规技术措施可能产生短期贸易抑制效应，但从中长期水平看有利于刺激技术革新和质量进步，促进出口整体水平的提升。

3. 日本肯定列表制度研究例证

在查阅文献过程中，找到了另一学者无意间对上述理论模型给予实证检验的研究成果，在此做一引用。

中国人民大学的齐思媛等于 2011 年在《食品科学》刊登了《日本“肯定列表制度”对我国近五年向日食品出口贸易影响分析》论文，从中长期视角（2006～2011 年），以数据分析方法，对日本“肯定列表制度”这一当年极具影响的技术性贸易措施对我国农食产品出口经济效应做了实证研究，研究过程是纯数据分析，且并没有述及李春顶教授的上述理论，但其结论却验证了上述

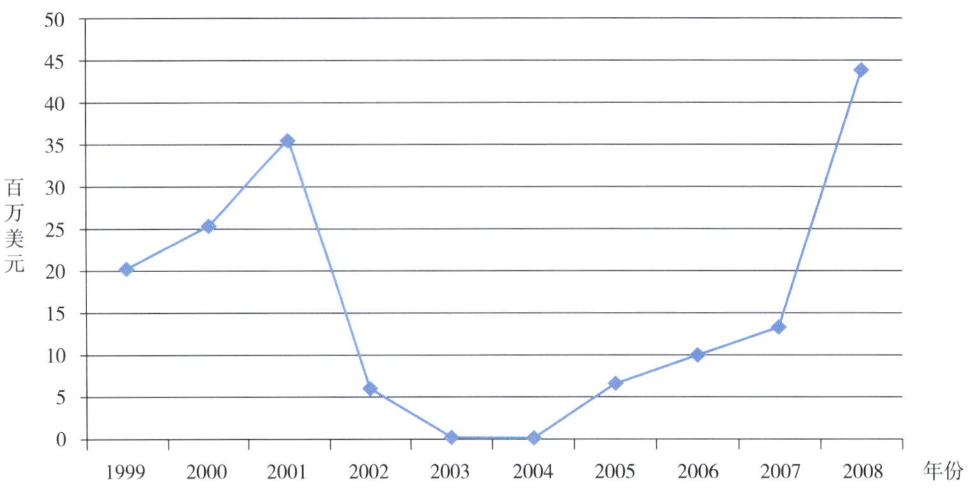

图 4-3　1999～2008 年中国对欧盟蜂蜜出口额曲线图

模仿差距贸易理论模型。

如图 4-4 所示，自 2002 年以来我国对日本农食产品出口贸易额持续上升，并保持一定的增幅。然而自 2006 年日本“肯定列表制度”颁布以来，尤其是 2008 年遭遇了“肯定列表制度”和金融危机的双重打压，我国一度出现了对日本农食产品出口贸易额大幅下降的现象，经历了 2006～2008 年长达 三 年的贸易萧条期。此后我国于 2008 年下半年开始，对日本农食产品出口贸易减幅缩小，到 2009 年 2 月出现小幅上扬，并表现出强烈的持续增长趋势。在影响最为严重的时期，2006 年 11 月～2008 年 8 月间，我国对日本农食产品出口贸易额下降 20863.6 万美元，降幅达 31.61%。

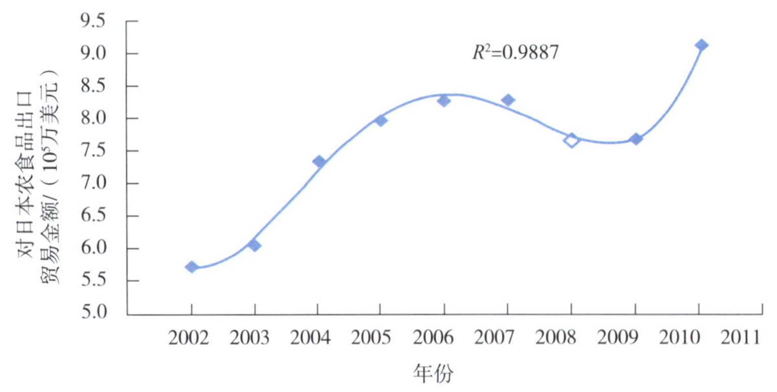

图 4-4　2002～2010 年我国对日本农食产品出口趋势图

2008 年下半年起，尤其是 2009 年 2 月以后，我国对日本农食产品出口贸易额小幅上扬，并表现出积极的态势，到 2011 年 3 月突破了历史同期最高水平。我国企业在不断提高自身生产条件和质量水平，突破“肯定列表制度”束缚后，在日本市场重新立足，并进入了一个新的增长期。

齐思媛的研究论文印证了国内部分专家对于我国向日农食产品出口贸易的预测，即：该制度在短期内将对我国输日食品产生阻碍作用，降低生产者利润，压缩净利润，同时贸易条件恶化；而在中长期食品贸易中，由于生产技术实现突破，促进了我国出口企业国际竞争力的提高，对我国的国际贸易具有间接的促进作用。

综合上述实证分析结果，模仿差距贸易理论模型在技术性贸易措施经济效应中具有普遍通用

性和较强适用性。据此可以认为，国外技术性贸易措施并不是简单的“狼来了”，那些由于科技进步、保护水平提高而制定的措施对促进我国企业转型升级，提升国际竞争力其实具有积极作用。但正如前所述，该理论的适用具有局限性，那些恶意、武断的贸易歧视和限制措施则不在此列，也应成为今后我国特别是政府应对工作的重点。因此，对技术性贸易措施的性质进行区分就显得至关重要。

第二节　建立中长期经济效应模型的意义

技术性贸易措施对经济影响兼具积极和消极的二重性作用在各界都有一定的认识，但基于不同场合和不同需求，其在短期对于贸易抑制的作用还是时常在公开场合占据主导地位。因此，经济效应模型的建立有利于从根本上统一政府、产业和专家对技术性贸易措施客观规律的认识，针对不同性质的措施，以及不同跨度的作用期间，建立起统一的工作语言体系，指导宏观和微观的政策设计与经济行为。

一、把握技术性贸易措施经济效应的客观规律

中长期经济效应模型透露出的技术性贸易措施影响的客观规律有以下两点：

（1）宏观国家层面，合规无损害措施呈现短期贸易抑制，而中长期则促进贸易增长，并在强制创新驱动下，有效提升出口国的制造水平，促进产业升级转型，很好地发挥了所谓“倒逼机制”作用。

合规损害措施和非合规措施，无论短期和中长期，对出口国产生的都是贸易抑制作用，需要严阵以待。

（2）中观产业层面，合规措施（包括一般措施和损害措施）能够促使企业规模化转型，措施越严苛，只要能够符合，对规模化的推动力越强，自然起到了淘汰产能的作用，但反之，中小企业遭受的影响也会越大。调查数据显示，丧失订单是最主要的损失形式，这促使规模化趋势的发生。

二、指导政府部门理性选择政策工具

对于技术性贸易措施工作，政府部门始终需从破和立两个方面着手理解和开展工作。

（一）作为出口国，在应对国外技术性贸易措施方面，考虑如何将中国企业的出口影响降到最低，提升中国制造的国际市场竞争力

可选政策主要包括：

（1）解决信息不对称：包括组织搜集，分析解读，建立统一的技术性贸易措施信息服务平台。

（2）主动引领和推动技术进步：包括组织和引导高投入高风险的关键技术攻关；推动国内标准和技术法规加速向国际先进水平趋近并超越，带动整体产业发展。

（3）发展技术性贸易措施服务市场和主体：包括大力培育合格评定服务市场，为合格评定机

构有序竞争创造良好营商环境；扶持合格评定机构和专业咨询服务机构，在市场服务主体缺乏的情况下，以政府力量组织提供服务平台，当市场主体成熟后退出市场。

（4）反制博弈：以本国市场为依托，构建起对等的措施体系，争取博弈空间，创造互认条件。

（5）国际合作：充分利用各种多边、双边和诸边平台，与产业紧密结合，开展磋商、谈判和争端解决等国际合作，降低中国制造出口壁垒。在风险评估的基础上，鼓励市场间合格评定机构互认合作，尝试监管互认。

（二）作为进口国，在设置技术性贸易措施方面，考虑如何更好地引领产业升级转型，消除负外部性（主要包括TBT和SPS协定合理目标），在必要时发挥产业保护作用

可选政策主要包括：

（1）主动引领和推动技术进步：使标准和技术法规水平跟上中国人均国民收入水平的提升，发挥其底线和引领作用，确保进口商品符合不断发展的消费者需求和中国制造质量提升的要求；以政府采购中的合格评定等，引导绿色和节能技术发展和应用。

（2）执法监管：基于风险管理和成本效益分析，实施边境措施和市场监管相结合的强制措施，确保具有质量安全风险的产品远离消费者，保护生态和农业安全，保护国家重要战略资源物资安全，以执法推动技术法规得到有效实施。

（3）产业保护：对于短期内受到进口产品冲击影响严重的产业，客观评估报复风险，选择最优方案，快速介入。对于竞争力尚弱的战略性产业，需以合格评定制度或SPS措施等，在中长期实施保护。

但无论短期保护还是中长期保护，都应当定期评估，适时退出。一是避免全球价值链竞合中，以进口产品为要素的产业竞争力下降；二是避免影响相关产业市场化进程。

无论破还是立，需要更多地从中长期视角审视目标措施，避免短期贸易抑制效应模糊了我们的视线。

第五章　国外技术性贸易措施应对战略和政策措施

随着世界多极化、经济全球化深入发展，世界经济在曲折分化中缓慢复苏，国际经济“游戏规则”面临深刻调整，世界科技革命和产业变革正在加速进行。中国经济已进入关键阶段，要提升发展质量，保持中高速增长、迈向中高端水平，实现提质增效升级，技术性贸易措施是关键。当前，我国技术性贸易措施体系日益完善，但从10年来我国出口企业遭受国外技术性贸易措施影响与日俱增趋势可以看出，技术性贸易措施对我国经济社会发展和对外贸易增长贡献度仍未充分发挥，研究应对工作有待进一步加强。对此，我国应从以下八个方面着力加强技术性贸易措施工作。

一、革新工作理念，围绕国家经济社会发展大局将技术性贸易措施工作纳入国家战略

一是要正确认识经济新常态下，技术性贸易措施对实现经济持续健康发展和社会不断进步的重要作用。中国经济发展正在从投资出口驱动向消费驱动转变。从需求差异理论来看，为满足中国消费者日益增长的对质量安全、健康环保的需求，急需升级完善包括技术法规、标准和合格评定程序在内的技术性贸易措施体系。同时，“互联网＋”引导着消费、生产、物流等社会经济各个领域快速变革，跨境电子商务等新业态迅猛发展，打破了固有商业模式和利益格局。这些因素促成买家驱动对全球价值链分工格局重构，成为中国企业逐渐向价值链和高附加值两端升级的重大机遇，导致市场、资源、人才、技术、标准等的国际竞争更加激烈。而技术性贸易措施作为创新技术产业化、市场化的关键环节，成为参与国际合作与竞争、保障产业利益和经济安全的重要手段，尤其是技术标准更是成为国际经济和科技竞争制高点。

此外，“中国制造2025”不仅规划升级现有的传统产业，而且制定了促进高端先进制造业跨越式发展的宏伟蓝图，包括智能制造、绿色制造、战略性新兴产业将重点获得资源和政策的青睐，也对国内技术性贸易措施工作提出了新的更高要求。

二是要准确把握技术性贸易措施经济效应的客观规律。从中长期经济效应分析可知，技术性贸易措施影响的客观规律呈现以下两个特点：在国家宏观层面，合规一般措施呈现短期贸易抑制，而中长期则促进贸易增长，并在强制创新驱动下，有效提升出口国的制造水平，促进产业转型升级，较好地发挥了“倒逼机制”；合规损害措施和非合规措施，无论短期和中长期，对出口国产生的都是贸易抑制作用，需要严阵以待。对于产业层面，合规措施（包括一般措施和损害措施）能够促使企业规模化转型，措施越严苛，只要能够符合，对规模化的推动力越强，自然起到了淘汰产能的作用。反之，中小企业遭受的影响也会越大。调查数据显示，丧失订单是最主要的损失形式，直接促使规模化趋势的发生。

对此，建议中央有关部门要高度重视技术性贸易措施对经济社会发展的支撑和保障作用，要

紧密衔接国家经济社会发展重大部署，将技术性贸易措施工作纳入国家“十三五”规划重大项目管理，解决工作中的重大实际问题，着力提升技术性贸易措施体系的整体质量效益，实现技术性贸易措施对经济社会发展贡献率的大幅提升；要以技术法规建设为重点，突出做好技术法规体系建设，加大技术法规制定力度，发挥技术法规在市场准入中的强制性作用；要全面加强技术性贸易措施制修订、实施、监督等国家工作体制机制建设，以及机构、人才、经费、科技、信息化等工作支持体系建设；要紧贴经济社会发展战略任务和重大需求，重点着眼于在中长期对贸易的促进作用，多做加法和乘法，包括运用TBT和SPS措施引领智能制造，托底绿色制造，全力支持跨境电子商务等新业态、新商业模式的快速发展，运用执法监管强力推进产品质量和安全提升，强化我国与国外产业间的竞争博弈能力，持续帮助企业打破国外非合规措施等；要在对影响中国制造竞争力的方面主动做减法和除法，在风险分析的指引下，改善执法模式和执法资源配置，实施通关便利化，主动取消与负外部性和必要产业保护无关的国际间原材料、中间产品、制造设备和科研样品器材等要素的执法监管，避免企业为此付额外的流动成本和响应时间。

二、切实转变职能，围绕深化行政体制改革加快技术性贸易措施顶层设计

在技术性贸易措施应对工作中，政府和市场角色始终没有有效划分，突出表现为帮助企业应对国外技术性贸易措施方面，始终无法找准技术性贸易措施工作与产业需求共振的脉搏，导致帮扶应对成效有限。对此，质检部门要加强技术性贸易措施应对工作，其根本就是要推进政府职能转变，加快技术性贸易措施顶层设计。

*一是建立完善政府部际技术性贸易措施协同应对工作机制。*要充分发挥技术性贸易措施部际联席会议作用，加强对全国技术性贸易措施工作规划指导，推动部际联席会议各成员单位主动将技术性贸易措施工作纳入自身政策体系中，定期开展部门会商，加强政策、规划、计划制定和国际标准、重要国家技术性贸易措施研制的协调，形成完善的政策保障环境。要充分运用联席会议制度，深入挖掘联席会议成员单位在技术性贸易措施信息、技术、人才、资金等资源方面的整体优势，集聚科技、标准资源，调动政产学研用等各方动能，促进跨部门间资源高效配置、充分共享和综合利用。

*二是建立完善质检部门技术性贸易措施工作机制。*要把技术性贸易措施上升到核心职能的战略高度，用技术性贸易措施宏观思维重新审视检验检疫监督管理工作架构和流程，查找与现代经济社会发展形势不相适应的管理模式，剔除与国际通行规则相悖的“不该管”“管不好”的内容，真正找准质检各项工作同产业共进的节奏。要树立“一盘棋”“不破不立”的思想，整合多方力量，组织做好做实顶层设计，建立有效的激励机制，加强基础研究和前瞻性研究的投入和规划，有组织、有计划、有目标、有步骤地推进技术性贸易措施工作，具体包括构建完善基础理论体系、工作任务、应对机制、保障措施等。

此外，质检部门上下也要建立地方行业联络机制，以此构建网络状行业服务机制。将技术性贸易措施理论和理念，通过有计划的培训，贯彻到行业协会和行业领军企业，逐步扭转目前技术性贸易措施工作始终在封闭体系内运行的困局。

三、实施创新驱动，围绕增创竞争新优势加快完善技术性贸易措施工作体系

创新技术性贸易措施工作，目标就是构筑参与国际竞争合作的新优势，推动形成可持续发展的新格局。但与美国、欧盟、日本等发达国家和地区相比，我国技术性贸易措施体系以及应对工作存在许多亟待完善的问题。如技术法规定义不明确，与强制性标准关系不清晰，技术法规体系整体发展不健全；再如技术标准整体技术水平较低，与国际先进标准仍存在较大差距，且存在较多领域空白等。对此，建议：

一是创新完善技术性贸易措施理论体系。包括：1）创新完善技术法规体系。推动我国立法机制的创新，进一步明确技术法规文件的内涵，梳理相关法律、法规、政策和规定；理顺技术法规的制修订和发布机制，建立健全科学的规制效益评估制度，以产品安全、人民健康安全、生态环境安全等为重点，形成覆盖全面，科学先进的技术法规体系。2）创新完善技术标准体系。通过标准化战略的持续实施，进一步增强标准体系的科学性和规范性。梳理并推动各类型标准的整合和改革，加快标准制修订进程，加快不适用和落后标准的淘汰，提高对国际先进标准的采标率；推动科研制标能力的提升，鼓励制标主体的多元化；在国内重点及新兴产业领域，强化标准的研究和制定，以及构建完善且具竞争力的标准体系。3）创新完善合格评定程序体系。健全优化我国认证机构认可工作体制，确保相关工作的规范性和高效性；加强中国特色认证认可制度的创新和发展，完善强制性产品认证、自愿性认证、认可及资质认可等制度；积极参与认证认可国际交流与合作活动，积极融入国际互认体系，推动促成合格评定的国际互认制度等。

二是创新完善技术性贸易措施应对工作体系。重点包括：1）要加快建立完善“市场导向、政府引导、企业主体、科研支撑”应对工作体系。在技术性贸易措施工作中，政府部门应坚持“有所为、有所不为”的原则，厘清理顺政府与市场的边界关系，将有限的资源配置到“市场失灵”的方面，在制定相关政策和实施监督管理的同时，为企业提供市场无法全面提供的技术性贸易措施信息、通报咨询、培训指导等公益性服务。针对市场主体能完成的技术改造和市场准入专项研究等，政府则应确实让位于市场，以免行政干预和微观干预经济活动抑制市场主体作用的发挥。2）要突出强化竞争政策和产业政策对技术性贸易措施工作的引导，重点部署市场不能有效配置资源的关键领域和公共领域的研究工作，并突出加强公共产品和公共服务供给，如加快推进节能减排、节约资源、生态保护和涉及质量、安全、卫生、动植物疫病疫情防控等领域技术性贸易措施工作，实施严格市场准入，提高我国产品质量安全和环保节能水平。3）要重点发挥行业协会力量，要在调动企业主动承担技术性贸易措施参与主体角色的同时，引导高等院校、行业协会以及社会第三方技术咨询服务机构等力量积极参与技术性贸易措施规则的制定完善工作，并为企业提供技术性贸易措施应对的针对性咨询和支持服务。4）要升级完善通报评议工作机制，提升源头应对效能。通过通报评议机制的升级和程序标准化，强化研究评议基地的建设，进一步提高该项工作的针对性、有效性和及时性，对国外措施给出分类意见，做出中长期影响判断，提出应对建议。其中对于合规一般措施，可以不予评议，仅以信息预警为主；对于合规损害措施，由于规模化效应是必然趋势，因此关注主要出口企业应对需求，提出反制博弈的可能性；对于非合规措施，以项目管理为主要形式，与产业结成紧密联系，通过各种渠道和平台，开展磋商、谈判和争端解决。此外，在质检总局内部建立起对通报评议工作的标准流程，确保各业务司局在收到评议意见和应对建议后，认真研究，组织应对。

四、把握发展机遇，围绕构建开放型经济新体制强化技术性贸易措施支撑效能

技术性贸易措施工作在我国经济工作全局中占有重要地位，政府部门需充分发挥技术性贸易措施在经济工作中的技术引领、技术保障、技术交流、技术服务作用，积极服务国家走出去战略，加快构建全方位对外开放新格局，切实维护多边贸易体制，有效推动外贸及转型升级。

一是充分发挥技术性贸易措施引领作用。要主动对接国际标准及贸易规则体系，引导传统优势产业向结构优化、技术先进、节能环保、附加值高的产业链高端发展；积极争取国际标准制订主导权，围绕推动产业结构优化，加快培育和催生经济社会发展新动力，加快低碳环保、跨境电子商务、新一代信息技术、生物产业、高端装备制造等领域技术性贸易措施工作，推动先进技术标准国际化，维护我国经济贸易利益，提升产业国际竞争力。如在推动"一带一路"战略实施中，要加强与沿线国家在计量、标准化、认证认可和检验检疫等方面的双多边合作，组织开展与沿线重点国家的计量标准比对、计量技术规范的交换，并根据沿线国家产业结构和贸易结构特点以及我国产业和贸易政策，选取沿线重点国家，有序推进与相关国家认证认可国际合作与互认进程。推进认证认可、计量和检验检测标准、方法和结果的互认，推动检验检疫证书、认证认可证书、原产地证书国际联网核查。要推动中国标准在沿线国家的应用。结合沿线国家的重大工程建设，在装备、电力、高铁等优势产业以及动植物检疫领域开展"走出去"急需的国家标准英文版翻译研究工作；开展东盟、中亚、西亚、东南亚、俄罗斯、中东欧等国家大宗进出口商品标准比对分析研究等。

二是充分发挥技术性贸易措施保障作用。要按照WTO规则和国际通行做法，逐步完善我国技术性贸易措施体系，提高运用技术性贸易措施服务国家宏观经济调控、服务进出口调控、服务经济发展方式转变、服务扩大内需、服务保护消费者和重要领域核心利益、服务外交和外经贸大局的支撑能力和有效性，提高运用技术性贸易措施合理调节进口、规范市场准入的有效性。如在服务自由贸易试验区建设中，围绕贸易便利化，主动对接国际高标准规则体系，在市场准入、贸易规则、知识产权、跨境电子商务、法律服务等领域先行先试，率先构建符合国际惯例、适应高水平对外开放的规则体系和制度框架。同时，加强国际高标准投资贸易规则研究。发挥科研院所、商业机构等智库作用，联合开展针对跨太平洋伙伴关系协议（TPP）、跨大西洋贸易与投资伙伴协议（TTIP）、中美双边投资协定（BIT）、服务贸易协定（TISA）及其他自由贸易区投资贸易规则研究，探索建立既符合国际惯例和通行规则又能引领我国未来发展要求的新型国际投资贸易规则体系。

三是充分发挥技术性贸易措施交流作用。要进一步加强WTO框架下TBT、SPS有关的多双边谈判的实质性参与，认真研究、积极提出体现我国对相关规则理解和运用的工作案文，提升对多边规则制修订的影响力，并促使有关成员修改、废止或推迟实施与WTO规则不一致的技术性贸易措施，妥善回应其他成员关注。如针对"一带一路"战略实施，加快与"一带一路"沿线国家有关农产品、食品检疫准入的谈判，推动进出口食品企业注册合作，扩大农产品食品贸易等；借力深圳前海合作论坛，召开"一带一路"技术性贸易措施暨质量合作分论坛、"一带一路"检验检疫高层国际研讨会等，建立技术性贸易措施高层对话平台和交流机制，不断加强与"一带一路"沿线国家技术性贸易措施合作。

五、坚持因地制宜，围绕推动国家“三大战略”实施优化完善技术性贸易措施区域差别化管理措施

一是紧扣发展战略重点。如推进京津冀协同发展，在生态环保工作方面，要继续严格落实《商品煤质量管理暂行办法》等一系列煤炭市场调控政策，加强检测监管，有效杜绝劣质煤炭进口，对不符合京津冀地区要求的进口煤炭加大后续监管力度，限制其在京津冀及周边地区的销售和使用，服务京津冀地区大气污染防控工作；在此基础上，结合实际，在相关法律法规的基础上，以进口铁矿石、煤炭、原油等资源性商品为主要抓手，完善进口产品的技术法规、标准和合格评定程序，推动钢铁、水泥、玻璃等“高污染、高耗能”产业的节能环保认证，逐步构建京津冀地区进口相关产品的技术性贸易措施体系，有效管控低质、劣质资源性商品进口，必要时限制相关产品的进口，更好地促进京津冀地区钢铁、矿产品、石油产品加工等传统重点产业的结构调整，引导和推动京津冀地区企业大力实施节能减排，服务于京津冀地区的环境质量改善。

二是紧扣经济结构实际。如服务“一带一路”战略助推我国产能输出方面，“一带一路”沿线地区大多是新兴经济体和发展中国家，普遍处于经济上升期，基础设施建设尚不完善，经济社会发展对钢铁、水泥、玻璃等基础原材料产品需求大，而这些恰恰是京津冀地区产能相对过剩、具有比较优势的产业。以钢铁为例，在东盟、非洲及拉美国家钢铁市场需求巨大，“一带一路”沿线国家中钢材净进口国就占70%以上。对此，建议围绕钢铁、水泥、玻璃等京津冀地区优势产能国际合作领域，积极鼓励龙头企业参与国际标准的制定，制修订钢铁、水泥、玻璃等标准，支撑企业在国外建设生产基地和生产线，带动成套设备出口，助推过剩、优势产能输出。

三是紧扣重点产业特色。如推进长江经济带建设产业转移示范区方面，对于农食产品，重点完善食品有毒有害检测、食品安全质量控制、食品市场准入和食品信息等食品安全技术法规体系建设，加强环境污染控制标准，以及制订无公害农产品、良好农业规范、有机食品、绿色食品认证和监管所需的产地环境标准等相关标准。对于高新技术产品，重点是及时收集国外技术法规、标准、合格评定程序、市场准入标准等，尤其应重视开展高新技术产品出口安全质量检测与监控措施研究，提高对产品涉及安全、健康、环保、卫生性能的检测能力，重点研究并解决新材料、新工艺、新产品的核心检测技术。同时应开展高新技术产品知识产权研究，提高企业知识保护意识。对于机电产品，重点是加强机电产品研究与开发，提高自主创新能力，使更多企业拥有更多具有自主知识产权的产品；加强产业合理布局和调整，建立促进东中西部互动的产业联动机制；加强国际机电产品市场信息的收集和分析，大力发展汽车、电子电气产品、计算机产品出口，积极开拓国际市场。

六、突出市场导向，围绕落实企业应对主体责任激发行业应对活力

为促进企业真正成为技术创新决策、研发投入、科研组织、成果转化、研究应对的主体，政府部门应创新工作和决策模式，真正激发市场对企业生产管理决策的导向作用。

一是建立市场要素价格倒逼创新机制。要充分运用由市场决定要素价格的机制，重点在对未来产业发展和国际贸易有重要影响的领域，如新型产业、新型技术、新型业态等，强化技术创新，使企业从过度消耗资源能源、低性能低成本竞争，向引进吸收国外技术性贸易措施的先进技术和理念转变，通过技术创新、实施差别化竞争转变，实现新成果专利化、专利成果标准化、标

准成果产业化，力争形成一批具有自主知识产权的先进标准，抢占全球产业发展制高点。

二是积极发挥行业龙头的示范引领作用。主动联合龙头企业，依托“互联网+”整合全国技术性贸易措施专业研究资源，创新政企应对模式，有效开展技术性贸易措施通报评议、研究应对、技术创新等，以应对带动创新，并通过龙头企业的示范引领作用，以及加强公共服务资源开放共享，最大程度激发全行业应对活力，实现转型升级。

三是扩大企业在国家技术性贸易措施工作决策中的话语权。在完善国内技术性贸易措施的过程中广泛听取产业界意见，确保国内技术性贸易措施体系发展进程与企业转型升级要求相匹配，推动外贸转型升级可持续发展；要创造更多机会让行业协会、企业参与对国外技术性贸易措施的评议和应对工作，争取更多地将自身利益融入其中，切实提升企业参与的积极性、主动性，提高企业的国际话语权。

对于企业，则应高度重视市场对技术创新、路线选择等导向作用。一是要提高预警和应对意识。要密切跟踪、及时搜集翻译、主动评议主要国外技术性贸易措施实施动态。对于涉嫌违规或不合理的，要充分运用 WTO 有关规则据理力争。同时，要增强自我保护意识，应以平常心态积极应对，并主动开展出口目的国家的经济形势分析。二是要努力提高自身研发和技术创新水平。目前我国企业在利润率高的发达国家市场份额不足，要想打入国际高端市场，企业应努力提高自身的技术水平，争取在技术上与世界同步甚至超出世界水平。三是要积极推广使用国际标准，提升国际知识产权意识，将标准化与知识产权相整合。要认真研究和积极推广使用国际标准，包括采用其他成员国的先进技术标准，由此确定企业生产和技术改造的方向和目标。要及时将专利成果转化为技术标准，实行专利与标准的紧密结合，从而突破发达国家构建的技术标准壁垒。四是要主动参与国际技术法规、标准的制修订和评议活动，最大限度地争取影响标准和法规的制修订，确保企业利益的最大化。

七、优化服务供给，围绕帮扶企业提升应对能力打造技术性贸易措施工作“公共服务和公共产品”引擎新动能

鉴于国内各行业普遍存在的企业技术实力和水平参差不齐等困难和问题，政府要帮助企业应对国外技术性贸易措施和实现自身的转型升级发展，必须要建立健全的技术性贸易措施公共服务体系。对此，政府部门应全力推动建立健全技术性贸易措施信息服务平台和技术性贸易措施技术服务平台，重点加强风险预警、决策支撑和公共检测等公益性产品供给，为各类企业提供针对性和个性化的技术性贸易措施应对服务。

一是完善技术性贸易措施信息服务平台。调查数据显示，出口企业对国外技术性贸易措施动态信息的需求始终强烈，说明多数企业特别是中小型企业在获取信息方面仍存在困难，也侧面反映了政府部门在技术性贸易措施工作提供的公共产品和公共服务缺口依然很大。对此，要进一步完善国家层面权威统一信息服务平台的建设，完善中国 TBT/SPS 通报咨询网建设，充实网站资源，确保资源的权威性、全面性和时效性，形成覆盖面广、满足差异化需求的基础性信息服务系统。应加大信息服务平台的对外宣传，推动其对企业的知晓度和服务效益，逐步树立其作为全国统一权威平台的地位，提升企业将该平台作为技术性贸易措施信息首要获取渠道的比例。要强化风险预警的公共服务功能。地方部门则可结合辖区产业特色和自身优势，开展针对性的技术性贸易措施动态信息、出口产品安全风险预警、国外技术性贸易措施规定解读等服务。要加强决策支

撑的公益性服务供给。突出强化对企业的培训与技术指导服务工作。联合行业协会，邀请业内专家、技术专家等对企业进行技术性贸易措施培训，并主动上门进行技术指导和业务咨询，帮助企业快速准确掌握国外最新要求。同时结合企业需求提供个性化公共服务产品，如对行业龙头企业、标杆企业的需求，可量身定做相关技术标准和技术措施的培训和服务。对中小型企业的需求，则可提供特有产品和特定目标市场相关信息资询服务。

二是完善技术性贸易措施技术服务平台。鉴于国内企业，尤其是中小微企业受制于自身技术和财力不足，缺乏必要的研究和检测能力，政府部门应牵头整合社会资源，建设公共技术服务平台，促进跨部门、跨区域的资源高效配置、充分共享和综合利用，以统一的技术评价体系为基础，以检测设备和检测科技资源共享为核心，围绕检测标准、质量安全等公共领域，为服务进出口贸易、科技创新、产业发展提供公共检测技术服务。

此外，虽然依托检验检疫检测机构搭建的公共服务平台已经成为也将继续成为检验检疫部门服务企业出口的有力保障。但检测机构在处理公益和市场关系时会存在较大矛盾，而在改革面前其公益性服务的资源和能力势将进一步受到冲击。对此，在不断推动技术性贸易措施技术服务平台建设的基础上，应提前主动分析检测机构改革走向市场后公共服务平台的发展困境，探索与经贸等地方主管部门合作，采取政府购买服务或项目补贴等方式向公共服务平台适当购买技术性贸易措施公益性服务，以弥补政府监管部门在相关服务中的不足，并确保为企业创新发展提供稳定可靠的公益性技术支撑。

八、全面推进共治，围绕打造可持续发展应对工作环境集聚技术性贸易措施工作合力

一是要进一步做好技术性贸易措施宣传工作。尽管加入 WTO 以来，全社会对该项工作都高度关注，政府和各界的投入力度也很大，但是，随着时间推移，一方面入世给我国带来的挑战远低于预期，大家对“狼来了”的观念逐渐改变，压力逐渐减小导致重视程度下降；另一方面受到专业、技术等客观原因影响，各方面对 WTO 理解的总体水平也出现了不同程度的下滑，导致我国技术性贸易措施工作实际效果，与我国现在经济地位极不相符。对此，建议要广泛宣传技术性贸易措施工作的巨大意义，提升社会公众对技术性贸易措施工作的认知程度，宣传内容、角度等要进一步贴近人民关心的健康、环保、质量等民生需求，让全社会认识到我国技术性贸易措施体系在促进生产转型、产品升级等方面的正面作用，突出其提升人民的消费品质，改善生产、生活环境，构筑起保护生态家园和健康安全的“铜墙铁壁”正能量，并采取“进企业、进校园、进社区”等各种形式，让社会真切享受到技术性贸易措施工作带来福祉的同时，在全社会倡导以技术性贸易措施为依据生产、服务、贸易和消费的行为。

二是要进一步推动社会共同参与技术性贸易措施工作。要进一步加强技术性贸易措施公共科技资源和信息资源开放共享，提高各类公益事业机构、技术性贸易措施研究评议基地、产业转型示范基地、技术性贸易措施创新平台的公共服务能力，为全社会特别是中小企业提供标准化政策、法规、信息、管理、技术咨询和服务；积极采取政府购买服务，推动科研院校、社会第三方检测机构向中小型企业开放科研设施或免费提供技术性贸易措施信息，帮扶企业降低应对国外技术壁垒的成本。推动行业协会改革，真正发挥行业协会的重要协调组织作用，主动组织开展技术协作、标准制定和信息预警，协助出口企业执行国际标准和标准认证工作，帮助收集国外技术和

产业供应链信息，研究行业遭遇技术性贸易壁垒的情况，提出对策和建议。

三是进一步鼓励倡导企业分享技术性贸易措施工作资源。鼓励大中型企业，特别是在技术、资源和管理方面具有竞争力，在国际市场上凭借其产品优势占有一定市场份额的企业，通过生产协作、共建平台、共享资源、开放标准等方式，开展行业培训和指导，带动上下游中小型企业发展，切实履行企业社会责任。鼓励技术领先企业向标准化组织、产业联盟等贡献基础性专利或技术资源，带领中小型企业参与关键共性、基础类、公益类、重大战略产品等重要技术性贸易措施的研究、制定，推动产业链协同创新应对。

后　记

《国外技术性贸易措施影响规律与应对策略》的成书可谓“十年磨一剑”，其主要数据来源于国家质检总局自2006年在全国范围开展的“国外技术性贸易措施对我国出口企业影响调查”。调查工作得到国家质检总局历任局领导的关心和重视，从最初发起的葛志荣副局长，到魏传忠副局长和如今的支树平局长、孙大伟副局长和张沁荣副局长，都对调查工作提出过明确的指示和殷切的期望，为这项工作持续开展指明了方向；质检总局国际合作司和标准与技术法规研究中心的历任主管领导也对调查工作的不断提升做出了重要贡献，特别是初创的李少卿、李海清、张宝峰、黄冠胜、林伟等几位领导对调查方案和问卷的设计投入了巨大的心力和智慧，宿忠民书记提出分析直接损失额在出口额中占比的建议对后续指数研究提供了关键思路；还有检验检疫和技术监督系统多年来支持和参与调查工作的广大领导和干部，排除万难开展入户调查。正是因为有了前人栽树，《国外技术性贸易措施影响规律与应对策略》的研究才能在充足可靠的数据基础上开花结果。特以本书向所有曾经对调查工作做出贡献的领导和同志们致敬。

本书的研究和撰写更是得到了国家质检总局、海关总署、国家统计局、全国组织机构代码管理中心、有关省（市）商务部门、北京科技大学经济管理学院等有关单位的大力支持和指导帮助。中华人民共和国WTO/TBT－SPS国家通报咨询中心，中国科学院科技政策与管理科学研究所，上海、宁波、深圳、江苏、广东、山东、河南、湖北、浙江、河北、黑龙江、重庆、新疆出入境检验检疫局，江苏省、广西壮族自治区标准化研究院等机构30余位专家学者参与本书的研究和编撰。其中，第一章第一、二、三节分别由中科院钟少颖、江苏省标准化研究院陈慧敏、中华人民共和国WTO/TBT－SPS国家通报咨询中心苑晓玲主笔；第二章第一～五节分别由宁波出入境检验检疫局黄婷、上海出入境检验检疫局胡亮、中国WTO/TBT－SPS国家通报咨询中心张蓉、江苏出入境检验检疫局邓杰、山东出入境检验检疫局吕超主笔；第三章第一节由广东出入境检验检疫局石璐璐、山东出入境检验检疫局林海燕、河南出入境检验检疫局徐勋、广西标准化研究院白云霞、黑龙江出入境检验检疫局许海彬、新疆出入境检验检疫局邢春水主笔，第二节由江苏省标准化研究院程光伟、浙江出入境检验检疫局程鉴冰、上海出入境检验检疫局朱虹、湖北出入境检验检疫局石长华主笔，第三节由河北出入境检验检疫局褚栋和李慧主笔；第四章由上海出入境检验检疫局郑浩主笔；第五章由深圳出入境检验检疫局张宇君主笔。此外，中国科学院沈华对第三章各省区分析与国家三大战略进行了整合，中国科学院李书舒对全书图表进行了统一编排，中华人民共和国 WTO/TBT－SPS 国家通报咨询中心张菊、重庆出入境检验检疫局唐明文等对调查数据分析给予了大力支持。在此，特向所有对本书做出贡献的单位和专家表示衷心的感谢！

编　者

2016 年 3 月于北京